Kenkyu Sosho No.629

アジア諸国の女性障害者と複合差別

人権確立の観点から

小林昌之：編

IDE-JETRO アジア経済研究所

研究双書 No. 629

小林昌之 編
『アジア諸国の女性障害者と複合差別——人権確立の観点から——』

Ajia-shokoku no josei-shogaisha to fukugo-sabetsu:
Jinken-kakuritsu no kanten kara
(Women with Disabilities in Asian Countries:
Multiple Discrimination and Human Rights)

Edited by
Masayuki KOBAYASHI

Contents

Introduction　Issues Surrounding Women with Disabilities in the Developing Countries
　　　　　　　　　　　　　　　　　　　　　　　　　　　　（Masayuki KOBAYASHI）

Chapter 1　Women with Disabilities in the Republic of Korea: Actual Condition
　　　　　　and Legal System　　　　　　　　　　　　　　　　　（Takanori SAI）

Chapter 2　Women with Disabilities in Cambodia: Legislation and Policy
　　　　　　　　　　　　　　　　　　　　　　　　　　　　　（Kenji YOTSUMOTO）

Chapter 3　Women with Disabilities in Thailand: Disability Movement and
　　　　　　Empowerment Process of WWDs　　　　　　　　　　（Chie YOSHIMURA）

Chapter 4　Women with Disabilities in the Philippines: The More Deprived Sector
　　　　　　in a Gender Equality Country?　　　　　　　　　　　（Soya MORI）

Chapter 5　Women with Disabilities in Bangladesh: Capability Analysis and
　　　　　　the Role of Woman's Self Help Group　　　　　　　　（Mami KANAZAWA）

Chapter 6　Current Status of Women with Disabilities in India: Review from Its
　　　　　　Legal System　　　　　　　　　　　　　　　　　　（Noriyuki ASANO）

〔Kenkyu Sosho (IDE Research Series) No. 629〕
Published by the Institute of Developing Economies, JETRO, 2017
3-2-2, Wakaba, Mihama-ku, Chiba-shi, Chiba 261-8545, Japan

まえがき

　本書は，アジア経済研究所が2014年度と2015年度の2年間実施した「開発途上国の女性障害者」研究会の成果である。

　本研究は，2010年度と2011年度に実施した研究会「開発途上国の障害者雇用――雇用法制と就労実態――」（小林昌之編『アジアの障害者雇用法制――差別禁止と雇用促進――』アジア経済研究所，2012年）および2012年度と2013年度に実施した研究会「開発途上国の障害者教育――教育法制と就学実態」（小林昌之編『アジアの障害者教育法制――インクルーシブ教育実現の課題――』アジア経済研究所，2015年）の成果をふまえて実施されたものである。

　小林（2012）では個別分野で最も喫緊な課題である障害者の雇用に焦点を当て，障害者が一般労働市場で就労するためには，その前提として十分な教育・訓練を受けることが必要となっていることを指摘した。小林（2015）では，その障害者の教育に焦点を当て，障害者の就学実態および障害者権利条約が謳うインクルーシブ教育実現の課題を考察した。信頼できる障害者統計を欠いていること自体も障害分野の重要課題のひとつであるが，一般に障害者の就業率と就学率は低いことがわかっている。上記研究では，男性障害者・女性障害者の別を考慮した研究はしていないものの，調査の過程では障害者と非障害者の格差のほかに，男女による格差，都市部と農村部による格差などが存在することを確認している。そこで本研究では，女性障害者に焦点を当て，開発途上国の女性障害者がおかれている現状を提示し，権利確立のための法制度と政策措置を分析し，課題を明らかにすることをめざした。

　研究会委員は，現地の法律と言葉に精通しているアジア法を専門とする研究者ならびに「障害と開発」およびアジアの女性障害者と障害当事者運動に造詣の深い研究者・実務家の委員によって構成された。研究は両者が協働する形で進められ，議論と現地調査をとおして，各章とも現地の法制度，法文化，障害当事者の動向をふまえた論考とすることができた。障害者，とくに

複合差別を受けている女性障害者の大きな問題のひとつは，開発過程や人権取組において不可視化されていることである。本書によって，わずかながらでもアジア各国の知見の共有が促進されることになれば幸いである。

　研究会では，本書を執筆した委員のほか，外部の有識者からレクチャーをいただき，貴重なアドバイスをいただいた。2014年度は，東京大学大学院特任研究員の飯野由里子氏から交差性概念に基づくジェンダーと障害の複合差別に関して，世界人権問題研究センター専任研究員の松波めぐみ氏からは，教育と条例作りをとおした女性障害者と人権に関して，埼玉県男女共同参画推進センター事業コーディネータの瀬山紀子氏からは障害女性と貧困に関して，大変興味深い内容のレクチャーをいただいた。2015年度は，米津知子氏から障害女性とリプロダクティブ・ヘルス・ライツについて，JICA社会基盤・平和構築部ジェンダー平等・貧困削減推進室長の原智佐氏からはジェンダー平等に関するJICAの取り組みと課題に関して，慶應義塾大学経済学部准教授の長沖暁子氏からは，優生保護法をめぐる歴史と運動に関して，大阪経済法科大学アジア太平洋研究センター客員研究員の元百合子氏からは，国際人権法におけるマイノリティ女性の複合差別に関して報告をいただいた。また，手話通訳者各氏には難解な議論の通訳をサポートしていただいた。ここに記して感謝の意を表したい。

　最後に，研究所の内部の匿名の査読者からも的確な批判と貴重なコメントを頂戴し，最終原稿に向けたとりまとめに大いに参考にさせていただいた。また，現地調査に際しては多くの方々に貴重な時間を割いていただき，有用な情報をいただいた。この場を借りて感謝申し上げたい。

2017年3月

編　者

目　　次

まえがき
略語表

序　章　開発途上国の女性障害者の課題 …………………小林昌之 … 3
　はじめに ……………………………………………………………………… 3
　第1節　国連の人権条約における女性障害者の位置づけ ……………… 6
　第2節　女性障害者の複合差別 …………………………………………… 14
　第3節　アジア地域の取り組みと課題 …………………………………… 22
　第4節　本書の構成 ………………………………………………………… 33
　おわりに ……………………………………………………………………… 36

第1章　韓国の女性障害者——実態と法制度—— ………崔　栄繁 … 47
　はじめに ……………………………………………………………………… 47
　第1節　韓国の女性障害者の現況 ………………………………………… 49
　第2節　女性障害者政策 …………………………………………………… 56
　第3節　障害者権利条約，差別禁止法と女性障害者 …………………… 63
　おわりに——評価と課題—— …………………………………………… 66

第2章　カンボジアの女性障害者——立法と政策——
　………………………………………………………四本健二 … 75
　はじめに ……………………………………………………………………… 75
　第1節　カンボジアにおける女性障害者 ………………………………… 77
　第2節　カンボジアにおける障害者をめぐる法的枠組み ……………… 86
　第3節　カンボジアにおける女性の権利をめぐる法的・政策的枠組み

　　　　　　　………………………………………………………………………… 93
　　第4節　カンボジアにおける障害者の権利をめぐる政策的枠組み ……… 96
　　おわりに …………………………………………………………………… 105

第3章　タイの女性障害者──当事者運動とエンパワメント──
　　　　　　　………………………………………………… 吉村千恵 … 109
　　はじめに …………………………………………………………………… 109
　　第1節　女性障害者をとりまく社会環境と先行研究 ………………… 110
　　第2節　タイにおける障害当事者運動の経緯 ………………………… 115
　　第3節　障害者運動のなかの女性 ……………………………………… 119
　　第4節　聞き取り調査からみた現在のタイの女性障害者 …………… 126
　　おわりに …………………………………………………………………… 131

第4章　フィリピンにおける「ジェンダーと障害」…… 森　壮也 … 137
　　はじめに …………………………………………………………………… 137
　　第1節　フィリピンにおけるジェンダー一般への取り組み ………… 139
　　第2節　女性障害者のおかれた現況 …………………………………… 144
　　第3節　女性障害当事者たちからの声 ………………………………… 152
　　おわりに──取り組まれるべき課題── …………………………… 160

第5章　バングラデシュの女性障害者
　　　　　──ケイパビリティ分析と女性障害当事者グループの役割──
　　　　　　　…………………………………………………… 金澤真実 … 169
　　はじめに …………………………………………………………………… 169
　　第1節　女性障害者をめぐる状況 ……………………………………… 170
　　第2節　分析の枠組み …………………………………………………… 176
　　第3節　調査の概要 ……………………………………………………… 180
　　第4節　調査結果と事例紹介 …………………………………………… 188

第5節　事例分析 …………………………………………… 194
　おわりに ……………………………………………………… 202

第6章　インドにおける女性障害者の現状——法制度からの検討——
　　　　………………………………………………… 浅野宜之 … 211
　はじめに ……………………………………………………… 211
　第1節　インドにおける女性障害者の現状と課題 …………… 212
　第2節　リプロダクティブ・ライツと女性障害者 …………… 224
　おわりに ……………………………………………………… 236

索　引 …………………………………………………………… 243

略語表

AEPWWDs	Association to Empowerment the Potential of Women with Disabilities	女性障害者の潜在能力エンパワメント協会（タイ）
APCD	Asia-Pacific Development Center on Disability	アジア太平洋障害者センター（タイ）
AusAID	Australian Agency for International Development	オーストラリア国際開発庁
BMF	Biwako Millennium Framework	びわこミレニアム・フレームワーク
BRAC	Bangladesh Rural Advancement Committee	バングラデシュ農村向上委員会
CCC	Cooperation Committee for Cambodia	カンボジア協力委員会
CEDAW	Convention on the Elimination of All Forms of Discrimination Against Women	女子差別撤廃条約
CHED	Commission on Higher Education	高等教育委員会（フィリピン）
CIL	Center for Independent Living	自立生活センター
CRPD	Convention on the Rights of Persons with Disabilities	障害者権利条約
CRPD	Committee on the Rights of Persons with Disabilities	障害者権利委員会
DPI	Disabled Peoples' International	障害者インターナショナル
DPI-AP	Disabled Peoples' International Asia-Pacific Region	DPIアジア太平洋ブロック
DPI-Thai	Council of Disabled People of Thailand	タイ障害者協会
DPO	Disabled People's Organization	障害当事者団体
DV	Domestic Violence	ドメスティック・バイオレンス
ESCAP	United Nations Economic and Social Commission for Asia and the Pacific	国連アジア太平洋経済社会委員会
GAD	Gender and Development	ジェンダーと開発
HIES	Household Income and Expenditure Survey	世帯収入と支出調査
HSC	Higher Secondary Certificate	国家統一後期中等教育修了認定試験合格（バングラデシュ）
IL	Independent Living	自立生活
ILO	International Labour Organization	国際労働機関
JICA	Japan International Cooperation Agency	国際協力機構
KALAYAAN	Katipunan ng Kababaihan Para sa Kalayaan	自由のための女性運動（フィリピン）

LGUs	Local Government Units	地方自治体
MAKIBAKA	Malayang Kilusan ng Bagong Kababaihan	新しい女性の自由運動（フィリピン）
MCDP	Magna Carta for Disabled Persons	障害者のマグナカルタ（フィリピン）
MCW	Magna Carta of Women	女性のマグナカルタ（フィリピン）
NCDA	National Council on Disability Affairs	全国障害者評議会（フィリピン）
NCRFW	National Commission on the Role of Filipino Women	フィリピン女性の役割に関する全国委員会
NGO	Non-Governmental Organization	非政府組織
OHCHR	Office of the United Nations High Commissioner for Human Rights	国連人権高等弁務官事務所
PCC	Protibondhi Community Centre	障害者地域センター（バングラデシュ）
PCW	Philippine Commission on Women	フィリピン女性委員会
PPGD	Philippine Plan for Gender-Responsive Development	ジェンダー・センシティブな開発のためのフィリピン計画
SHG	Self Help Group	自助グループ
SRH	Sexual and Reproductive Health	性と生殖に関する健康
SSC	Secondary School Certificate	国家統一中期中等教育修了認定試験合格（バングラデシュ）
UNDP	United Nations Development Programme	国連開発計画
UNICEF	United Nations Children's Fund	国連児童基金
VAWデスク	Violence Against Women Desk	対女性暴力デスク（フィリピン）
W-DARE	Women with Disability Taking Action on Reproductive and Sexual Health	性と生殖の健康に取り組む女性障害者（フィリピン）
WEDGE計画	Women's Empowerment, Development and Gender Equality Plan	女性のエンパワメント・開発・ジェンダー平等計画（フィリピン）
WEF	World Economic Forum	世界経済フォーラム
WHO	World Health Organization	世界保健機関

アジア諸国の女性障害者と複合差別

序　章

開発途上国の女性障害者の課題

小　林　昌　之

はじめに

　2006年12月の国連障害者権利条約の採択により障害者の人権に関する国際社会のコンセンサスがまとまり，障害分野においても権利に基づくアプローチによる開発枠組みが整った。同条約は，新しい権利を創造するものではなく，障害者が既存の人権を実際に享有できることをめざしており，「すべての障害者によるあらゆる人権および基本的自由の完全かつ平等な享有を促進し，保護し，および確保すること並びに障害者の固有の尊厳の尊重を促進することを目的」（第1条）としている。従来，国際人権規約を含めた主要な人権条約において，障害者は一般化された人権規範のなかに埋没して顧みられることはなかったが，障害者権利条約の制定によってようやく障害者の人権問題も可視化されてきた（Quinn and Degener 2002, 294-295）。

　障害者権利条約は，一般原則において男女の平等を謳うとともに，独立した条文を設け，締約国が女性障害者[1]の複合差別[2]を認識し，すべての人権および基本的自由を確保するための措置，ならびに自律的な意思決定力を確保するための能力開発などの措置をとるべきことを定めた。障害者と非障害者との格差に加えて，男性障害者と女性障害者とのあいだにもさまざまな格差が生じ，それを特記する必要性があるほど問題が大きくなっているとの認識からである。しかしながら，女性でありかつ障害者である女性障害者は，

女性施策，障害者施策，いずれのなかでも埋没し，そうした不可視化された存在が複合差別の問題を助長してきたと考えられる。

　ところで，女性障害者を取り上げた先行研究は少なくないものの，開発途上国，とくにアジアにおける女性障害者の実態を論じるものは少ない。Groce（1997）はジェンダーと障害の二重の差別を女性障害者が受けていることの認識が，先進国では一般的になっているなか，開発途上国の女性障害者は，貧困に加え，女性や障害者に対する伝統的な否定的態度によってその生活はさらに深刻になっていると指摘する（Groce 1997, 178）。そして，女性障害者にとって最も深刻な問題は，女性であれば享受するはずの社会的役割のほぼすべてが事実上改変され，社会的，経済的，法的地位のいずれもが脅かされることであると論ずる（Groce 1997, 183）。同様に de Silva de Alwis（2009）も女性障害者が直面する不利は，しばしば人種，貧困，少数者としての地位，社会的地位など複合的要因によって増幅されると指摘する（de Silva de Alwis 2009, 293）。そして，ジェンダーや子どもの視点から女性障害者が直面する暴力，虐待，搾取などのリスクに注目すべきであると主張する。

　開発との関係では国連や世銀などの国際機関が女性障害者の問題に着目し，Boylan（1991），UNESCAP（1995a）および Edmonds（2005）を発表している。いずれの報告書も，開発過程においてジェンダーの視点を加えるべきこと，とくに女性障害者は複合的な差別と不利益をこうむっていることに留意すべきことを指摘している。これらの先行研究からは，開発途上国の女性障害者にとって複合差別を紐解くことが喫緊の課題として存在することはわかるものの，各国においてどのようにその問題が表出し，その問題に対して国や当事者がどのように対応してきたのかは明らかになっていない。とくに2006年に障害者権利条約が採択され，批准が進んできたことで，各国でいかなる発展があり，未解決の問題が存在するのか，解明することが求められている。

　日本では，開発援助の視点から，長谷川（2009）や金澤（2011）が国連での動向をふまえながら女性障害者について論じている。国連の施策との関係では，瀬山（2006）がこれを詳細に分析する。しかしながら，いずれも国を

取り上げてその国の文脈のもとで女性障害者を論じることはしていない。一方，国を事例に女性障害者を取り上げたものとして金澤（2012）がある。金澤はバングラデシュの女性障害者の結婚について論じ，障害があるがゆえに女性障害者は女性の社会的セイフティ・ネットワークとして機能している「結婚」から排除され，生存にかかわる問題となっていると分析する（金澤 2012, 108）。このように各国に潜む女性障害者の課題を明らかにするためには，当該国の文脈のなかで掘り下げてとらえることが重要である。

　開発途上国の障害者については，「障害と開発」に関する森（2008; 2010）や障害者法制に関する小林（2012; 2015）の一連の研究があり，国別研究を行っているものの，女性障害者については正面から取り上げていない。しかし，これら障害者に関する統計や生計，教育や雇用法制の研究からは，女性障害者は就学，就労，収入などの面で下位に位置し，非障害者の女性のみならず，男性障害者とのあいだでも格差が存在していることが示唆される。女性障害者の課題は，格差の問題にとどまらず，金澤が指摘するよう生存にもかかわり，人権課題として複数の分野にまたがっている。このため女性障害者が深刻な問題に直面していることは認識されつつも，これまで国を掘り下げて研究したものは少なく，早急な解明が求められている。

　そこで本書では，女性障害者に焦点を当て，開発途上国において女性障害者が直面している人権課題を提示し，それに対して国の立法や施策，障害当事者運動がどのように対応しているか分析し，問題を明らかにすることを目的とする。とくに，序章で詳述する障害者権利条約が謳っている，女性障害者に対する複合差別に対して，対象国がどのように認識し，対応し，課題を抱えているのか，当該国の文脈のなかで掘り下げて考察する。なお，各章の論述では上記に留意しながらも，当該国で焦点となっている論点を取り上げて考察を行っている。対象国は，障害者権利条約の制定に地域として主導的に取り組んだ国連アジア太平洋経済社会委員会（ESCAP）に属するアジアの6カ国（韓国，カンボジア，タイ，フィリピン，バングラデシュ，インド）である。韓国は開発途上国ではないものの，同国はアジア地域で障害分野を先導

するひとつのモデルであり，比較対象として解明が必要となっている。

　以下，序章では，まず第1節で女性障害者の一方の属性に関連して，女子差別撤廃条約における女性障害者の位置づけを確認する。そのうえで，障害者の人権に関する国際規範であり，本研究の分析視点となる障害者権利条約における女性障害者とジェンダーの視点について，条文の成立と規定内容の考察を行う。第2節では，女性障害者の複合差別として深刻となっている暴力とリプロダクティブ・ライツ[3]の制約について，国連および日本での認識と対応の経緯を整理しつつ議論する。第3節では，本書が対象とする6カ国が属するESCAPの取り組みにおける女性障害者の位置づけを確認したうえで，各章の記述および議論に依拠して，アジア地域における女性障害者の人権課題とそれに対する政府と障害当事者の対応について論じる。第4節では，各章の位置づけと内容を紹介する形で本章の構成を示し，最後に若干の総括をする。

第1節　国連の人権条約における女性障害者の位置づけ

　1966年の国際人権規約をはじめとして，国連では分野別に複数の人権条約・決議が採択され，また重要な国際会議が開催されてきた。しかし，障害者の人権は，障害者権利条約の成立前の一般化された人権規範のなかに埋没し，顧みられることはなかった（小林 2010, 4）。一方，女性に関しては，1979年の女子差別撤廃条約（CEDAW）[4]を核として，女性に対する差別撤廃，エンパワメント，ジェンダー平等などが一貫して国連の主要議題のひとつとなってきた。以下，まず女性障害者の一方の属性である「女性」に関する女子差別撤廃条約において，女性障害者はどのように位置づけられてきたのか確認し，次に障害者権利条約がどのように女性障害者の人権保障を規定するか検討する。

1．女子差別撤廃条約における女性障害者

　元（2011）は，ジェンダーに着目すれば，女性障害者を含め，社会的に周縁化された集団に属するマイノリティ女性[5]のほとんどは，ジェンダー差別と他の事由による差別とが複雑に絡み合う重層的な抑圧構造のなかで生きているとする（元 2011, 161）。しかし，差別撤廃を重視してきた国連の人権条約や機構でさえ，あらゆる差別は事由ごとに相互排他的に発生するかのごとく，個人の経験や事象を差別事由ごとに分解して取り扱い，その結果，複合差別の被害を受けている人々は不可視化された。同様に，その人々を代表するはずの社会運動体からも複合的な差別の部分はその集団の主要課題ではないと周縁化され，たとえばマイノリティ女性は「女性」のカテゴリーにおいて不可視化されてきたとする（元 2011, 161-162, 169）。

　そうしたなか，国連では1990年代に入ってからジェンダー主流化が採り入れられるようになり，女性障害者を含め，マイノリティ女性や複合差別に関する言及も増えていった（澤 2004, 158）。女子差別撤廃条約の条文自体には女性障害者に言及する規定はないものの，女子差別撤廃条約の委員会は，締約国からの定期報告において女性障害者に関する情報が乏しかったことから，特別な生活状況において二重の差別を受けているであろう女性障害者に対する憂慮を示し，女性障害者の状況とそれに対してとられた措置について情報提供を求める勧告を出した（一般勧告第18号「女性障害者」1991年）。

　同委員会はまた，アファーマティブ・アクション（積極的差別是正措置）に関する勧告において，女性障害者の複合差別の可能性を示唆し，次のように規定した[6]。「女性のある集団は，女性だということで彼女らに対して向けられる差別による苦しみに加え，人種，民族，宗教，障害，年齢，階級，身分やその他の別の理由に基づく多重な形の差別によって苦しんでいるかもしれない。かかる差別は，これら女性の集団に本質的に，あるいは男性とは異なる程度または異なる形で影響を及ぼす可能性がある。締約国は，かかる

女性に対する多重な形の差別と彼女らへのその複合的な悪影響を撤廃するために，特定の暫定的特別措置をとる必要があるかもしれない」（一般勧告第25号「第4条1項 暫定的特別措置」2004年，para. 12）。

その後，締約国の主要義務に関する勧告が出され，そこでは締約国が女性に対する複合差別の存在を認め，差別の発生防止のために前述の暫定的特別措置などをとることが求められ（一般勧告第28号「女子差別撤廃条約第2条に基づく締約国の主要義務」2010年），これ以降，複合差別の問題が大きく取り上げられていくようになった（林 2015, 8）。同勧告において「障害」は「複合」差別を構成する属性のグループのひとつには挙げられてないものの[7]，法的保護の提供と差別的法制の撤廃に関する締約国の義務を示した箇所では，女性障害者は差別を受けやすいグループのひとつとして明記されている。すなわち，「自由を奪われた女性，女性難民，女性亡命者，女性移民労働者，女性無国籍者，レスビアン，女性障害者，人身売買の犠牲となった女性，未亡人および女性高齢者など特定の女性グループは，とくに民法や刑法，規制や慣習および慣例により差別を受けやすい」（para. 31）と記され，女性障害者が非障害者の女性と比べて差別を受けやすいとの認識が示されている。しかしながら，同勧告の認識は社会的な脆弱者グループのひとつとしての女性障害者にとどまり，女性障害者の属性である「障害」は，女性差別に影響する要素として勧告が例示する人種，民族，宗教などの属性と同等に，女性が複合差別を受ける際の個人の属性であると認識したか否かは曖昧となっている。「障害」が女性の複合差別の原因となる属性であれば，締約国は積極的差別是正措置をとることが求められる一方，社会的な脆弱者グループという認識にとどまれば法的保護や差別的法制の撤廃などだけが求められる点で両者は異なり，今後の展開が注目される。

2．障害者権利条約制定時の議論

障害者権利条約の制定時における女性障害者の権利に関する大きな論点の

ひとつは，特別な条文を設けるか，メインストリーミング化するかであったとされる（Sandoval 2009, 1199）。すなわち，女性障害者に対する差別を扱う個別の条文を設けるか，障害者権利条約のすべての条文にわたってジェンダーの視点を組み入れるか議論された。個別の独立した条文が必要だとする理由のひとつは，女性障害者は，国内・国際レベルを問わず，障害問題や女性の権利を定める政策と法制のいずれにおいても言及されることがないため，女性障害者の問題を可視化する必要性があるというものである。市民社会は女性障害者の問題に注目を集めるためには独立した条文が必要であり，かつ，それでは不十分であるのでジェンダーの視点によって補完されるべきであると訴え，国際障害コーカス[8]としては，ツイン・トラック・アプローチを主張した（Blanck, Adya and Reina 2007, 96）。

　女性障害者の権利に関しては，最終的にツイン・トラック・アプローチが採用され，後述するようにもっぱら女性障害者に言及する個別条文（第6条）を設けるとともに，複数の条文において女性障害者や性別に言及がなされた。しかし，障害者権利条約制定の初期の草案と比較すると，採択された条文は，人間の性的な欲望や意識という面でのセクシャリティの扱いは不明瞭で消極的となり（Schaaf 2011, 113），ジェンダーの視点を組み入れることにコンセンサスが得られなかった条文もあった。とくに主張の差が大きかったのは，各国の文化や宗教と関係が深い「家庭および家族の尊重」を定める第23条であったとされる（Blanck, Adya and Reina 2007, 100）。また，わずかながらある統計で格差の存在が判明している「教育」（第24条）や「労働および雇用」（第27条），女性障害者にとっても重要な「ハビリテーション（適応のための技能の習得）およびリハビリテーション」（第26条），ならびに，これらの根拠として求められるべき「統計および資料の収集」（第31条）においても十分にはジェンダーの視点は採り入れられていないとの指摘がある（Blanck, Adya and Reina 2007, 100-102）。

3．障害者権利条約における女性障害者の視点

障害者権利条約において女性障害者およびジェンダーに言及する規定は以下のとおりである。まず「前文」では，「人種，皮膚の色，性，言語，宗教，政治的意見その他の意見，国民的な，種族的な，先住民族としての若しくは社会的な出身，財産，出生，年齢又は他の地位に基づく複合的又は加重的な形態の差別を受けている障害者が直面する困難な状況」[9]に憂慮が示されている。そのうえで，とくに障害のある少女および女性が，「家庭の内外で暴力，傷害若しくは虐待，放置若しくは怠慢な取扱い，不当な取扱い又は搾取を受ける一層大きな危険にしばしばさらされている」との認識を示している。そして，「障害者の人権及び基本的自由の完全な享有を促進するためのあらゆる努力に性別の視点を組み込む必要がある」ことを強調し，締約国はこれらのことを認識したうえで条約に合意したと記している。第3条「一般原則」のなかでは男女の平等が謳われ，第6条が独立した条文として女性障害者について次のように定める。

第6条「女性障害者」
1　締約国は，障害のある少女および女性が複合的な差別を受けていることを認識するものとし，この点に関し，障害のある少女および女性がすべての人権および基本的自由を完全かつ平等に享有することを確保するための措置をとる[10]。
2　締約国は，女性に対してこの条約に定める人権および基本的自由を行使し，および享有することを保障することを目的として，女性の完全な能力開発，向上および自律的な力の育成を確保するためのすべての適当な措置をとる。

その他の分野の条文で女性障害者のメインストリーム化を求めているもの

は次のとおりである。第 8 条「意識の向上」では，性および年齢に基づくものを含む，あらゆる活動分野における障害者に関する定型化された観念，偏見および有害な慣行とたたかうための，即時の，効果的なかつ適切な措置をとることを締約国に求める。CEDAW も固定観念，偏見，有害な慣行の除去を求めるものの，障害者権利条約はジェンダーと障害に対する固定観念がそれぞれ強化し合って女性障害者に対して複合的に影響してくると定めている点で評価されている（Ortoleva 2010, 114）。

　第16条「搾取，暴力および虐待からの自由」では，性別に基づくものを含め，家庭の内外におけるあらゆる形態の搾取，暴力および虐待から障害者を保護するためのすべての適当な立法上，行政上，社会上，教育上その他の措置をとることを締約国に求める。また，虐待防止のために，締約国は，障害者，その家族および介護者に対する適当な形態の性別および年齢に配慮した援助・支援を確保すること，さらに保護事業においても年齢，性別および障害に配慮することを求める。被害者となった障害者の身体的，認知的および心理的な回復，リハビリテーションならびに社会復帰を促進するための措置は，障害者の健康，福祉，自尊心，尊厳および自律を育成する環境において行われるものとし，性別および年齢に応じたニーズを考慮に入れるものとされた。

　第25条「健康」では，障害者が障害に基づく差別なしに到達可能な最高水準の健康を享受する権利を有することを認め，障害者が，保健に関連するリハビリテーションを含め，性別に配慮した保健サービスを利用可能とするための措置を締約国に求める。第28条「相当な生活水準および社会的な保障」は，障害者に社会的な保障の権利を認め，締約国に実現のための措置を求めるなかで，障害者，とくに障害のある少女と女性ならびに高齢者の社会的な保障および貧困削減に関する計画へのアクセス保障について言及する。最後に，第34条「障害者の権利に関する委員会」においては，委員の配分が地理的に衡平に行われること，異なる文明形態および主要な法体系が代表されることと並んで，男女が衡平に代表されること，および，障害のある専門家が

参加することを考慮に入れて選出することが定められた。

なお，議論のあった「家庭および家族の尊重」（第23条）は，ジェンダーの視点を明確にしていないものの，この規定はリプロダクティブ・ライツを義務化する初めての国際文書の条文であり，長いあいだ否定されてきた女性障害者の性および生殖の権利を認識するものと評価できる（Sandoval 2009, 1204）。第23条では，障害者が当事者の自由かつ完全な合意に基づいて婚姻し，家族を形成する権利を有すること，出産についての権利を有すること，生殖能力を保持することなどが定められている。したがって，後述するような，自発的でない強制不妊手術は，リプロダクティブ・ライツを制約するものとして，本条に抵触することになる。

4．障害者権利委員会での議論

国連の人権諸条約は当該条約の履行を確保するため，締約国からの報告および情報の審査・検討，個人通報制度に基づく通報の審査，ならびに一般的な性格を有する勧告を行うことを任務とする委員会を設けている。一般的意見や一般的勧告では，条文の解釈や特定条項に関する指針，ならびに，より広範な横断的課題に関する意見の発出を行っている。障害者権利条約第34条のもとで設置された障害者権利委員会は，2015年の第14会期で，第6条「女性障害者」に関する一般的意見の検討を行い，その草案が公表されている（CRPD 2015）。

草案によると，障害者権利委員会はこれまでの観察の結果，女性障害者の人権保護について3つの主要な課題があるとした。これらは，①女性障害者に対する暴力，②女性障害者の母性と育児の権利を含む性と生殖に関する権利（sexual and reproductive rights）に対する制約，③女性障害者に対する交差的差別である（CRPD 2015, para. 5）。

障害者権利委員会は，女性障害者はジェンダーと性に基づく暴力および障害に基づく暴力の両方が悪影響を及ぼしあう地点に立ち，女性障害者がこう

むる暴力はジェンダー，障害，あるいはその両方に基づくと指摘する。女性障害者は施設，家庭，コミュニティーにおいてレイプや性的虐待を含めた暴力を受け，被害のリスクは男性障害者より高い。また，救済へのアクセスが十分ではないために被害の期間が長期化するおそれがあるとしている（CRPD 2015, para. 6）。

また，女性障害者は性と生殖の権利を行使する権利がない存在であるとされ，意思表明の機会がないまま代理によって性と生殖にかかわる決定がなされるおそれがあることも指摘されている。一部の国の後見人法制においては「最善の利益」基準のもとで強制不妊手術や強制妊娠中絶が許可されている。そうした国では，女性障害者の方が男性障害者よりも代理決定の対象となりやすいこともあり，それゆえ他の者との平等を基礎として，女性障害者にも同等の法的能力があることを再確認していく作業が不可欠であると述べる。このほか，障害者権利委員会は性と生殖の権利に関し，強制妊娠中絶と強制不妊手術，リプロダクティブ・ヘルス関連のサービスや家族計画の情報などへのアクセスの欠如，HIV/AIDS 関連のサービスへのアクセスの欠如，性的暴力ならびに無償かつインフォームド・コンセント[11]に基づく医療その他の治療の提供の否定について懸念があると提示している（CRPD 2015, para. 7）。

さらに，女性障害者が直面する交差的差別は多重な差別の形態であるとし，次のように説明する。多様なアイデンティティの層に基づき複数の形の差別が交差して，二重の差別や三重の差別であると描写するだけでは正しく理解できない独特な形の差別を生み出すものである。女性障害者は，男性障害者と比べて，強制不妊手術などによりリプロダクティブ・ライツを侵害され，後見人制度のもとにおいて法的能力を剥奪されやすく，これらは障害とジェンダーの交差を理由として生じている。法律や条約は通常ひとつの局面のみに焦点を当てており，条約のなかでは障害者権利条約が初めて複合的差別を明示している（CRPD 2015, para. 8, 9）。

5．小結

　障害者の問題は，長いあいだ，その重要性に比して開発と人権いずれの分野においても周辺化されてきた。女性障害者の問題はさらにそのなかに埋没し，障害と女性いずれの取り組みにおいても不可視化されてきた。これは分野ごとに国際条約や国内法が整備され，多くの運動体もまたそのように形成されてきたことに一因がある[12]。その結果，女性に対するあらゆる形態の差別を禁止する女子差別撤廃条約においてでさえ，女性障害者の課題に直接言及する条文は設けられなかった。1990年以降，マイノリティ女性の議論が活発化するなかで，女子差別撤廃委員会などによる勧告や宣言が女性障害者について言及するようになるものの，2000年代半ばまで十分な取り組みは行われてきていない。しかし，2006年の障害者権利条約の採択により女性障害者の複合差別の課題が国際法上認識されたことから，各国際機関による権限内での位置づけや取り組みが活発化してきている。こうしたなか第6条「女性障害者」を検討した障害者権利委員会が，2015年に複合差別に言及し，主要課題として女性障害者に対する暴力とリプロダクティブ・ライツの侵害を明示的に挙げたのは，やはりこれらの人権侵害の深刻さを示しているといえよう。

第2節　女性障害者の複合差別

　男性障害者や非障害者の女性との格差を埋めるための諸権利の実現が重要なのは無論であるが，これだけでは女性障害者の人権および基本的自由の完全かつ平等な享有は実現しない。障害者権利委員会が指摘するように女性障害者に対する複合差別が存在するからこそ，さまざまな差別の被害を受けやすくなり，ひとつひとつの差別が女性障害者以外の人と比べてより深刻にな

りやすい。複合差別は単に複数の差別が蓄積的に重なった状態ではなく，複数の文脈のなかでねじれたり，葛藤したり，ひとつの差別が他の差別を強化したり，補償したりする複雑な関係にあるといわれる（上野 1996, 204）。したがって条約が規定するとおり，女性障害者に対する複合差別が存在することをまず認識，可視化し，そこから派生する諸問題を的確に把握し，対処することが重要となってくる。障害者権利委員会は観察の結果，さまざまな差別のなかでも主要な問題は，女性障害者に対する暴力とリプロダクティブ・ライツの侵害であると指摘している。これらは喫緊の解決を要する深刻な人権侵害であるものの，現在に至るまで長期にわたり存在し続けてきた古い問題でもある。このふたつの問題に対して国連はこれまでどのように認識し，対処してきたのであろうか。また，先進国である我が国はどのような発展を遂げてきたのであろうか。

1．女性障害者に対する暴力

(1) 国連

女性障害者に対する暴力については，1993年の「女性に対する暴力の撤廃に関する宣言」[13]が，少数者グループに属する女性，先住民の女性，難民の女性，移民女性などとともに，障害を有する女性をとくに暴力を受けやすい女性の集団のひとつとして例示し，憂慮を表明している。同宣言は女性に対する暴力とは，「性に基づく暴力行為であって，公的生活で起こるか私的生活で起こるかを問わず，女性に対する身体的，性的もしくは心理的危害または苦痛（かかる行為の威嚇を含む），強制または恣意的な自由の剥奪となる，または，なるおそれのあるもの」と定義づけた。

2012年に国連人権理事会の命を受けて国連人権高等弁務官事務所が「障害のある女性と女児に対する暴力」についての主題別研究を発表した（OHCHR 2012）。研究報告では，上記宣言の定義を採用しつつ，さらに障害当事者団体の主張をふまえ，女性障害者に対する暴力には「自由意思およびインフ

ォームド・コンセントの欠如が重要な分析要素をなす，物理的な力，法的強制，経済的圧力，脅迫，心理的操作，欺罔，および誤報によって実施される暴力」も包含するとしている（OHCHR 2012, para. 4）。

　女性障害者は，家庭や施設で，家族や介護人あるいは見知らぬ人によって，コミュニティーや学校や公共の場においてさまざまな形で暴力を経験する（OHCHR 2012, para. 21）。しかし，宣言は，女性障害者が経験する暴力はほとんど不可視化されたままであり，現行の立法，行政，政策はジェンダーと障害を意味のある方法で結び付け，十分に特定のリスクや脆弱性要因の問題に対応することができていないと結論付けている（OHCHR 2012, para. 50）。また，ジェンダーに基づく暴力に取り組むプログラムは，しばしば女性障害者を考慮せず，障害者の権利を促進するプログラムはしばしばジェンダーの側面を組み込んでいないとする（OHCHR 2012, para. 51）。したがって，女性障害者に対する暴力に取り組むためには，ツイン・トラック・アプローチが必要であると勧告する。女性に対する暴力防止や司法へのアクセスに取り組む一般のプロジェクトが女性障害者を包摂し，そのアクセシビリティを保障すると同時に，女性障害者をもっぱらターゲットとする特定のプログラムや戦略を実施するべきであるとする（OHCHR 2012, para. 52）。

(2)　日本

　日本においては，女性障害当事者自身が実施した「障害のある女性の生きにくさに関する調査」の回答のなかで，一番多かった分類は「性的被害」であったことが報告されている（DPI 女性障害者ネットワーク2012a, 11）。回答者の35％が性的被害を経験し，それは介助，福祉施設，医療の場，職場，学校，家庭内などあらゆるところで起こっていることが記されている。報告書は，これらの被害は，障害のために，走って逃げることができない，判断力がないとみなされる，自分の立場の弱さを知っているなど，女性障害者の弱みにつけ込む加害者が多いからだと分析する。男性が女性を介助する異性介助の問題は深刻であり，介助の場で性的被害が発生しやすいのは，人員不足など

介助側の都合が優先されているからだと批判する（DPI 女性障害者ネットワーク 2012a, 19）。また，女性障害者の約 1 割は，夫や恋人などからの，いわゆるドメスティック・バイオレンスの被害を受けていることが報告されている。同報告書では，暴力をふるう側は，女性障害者が家事や夫の世話などの性別役割分業を果たさないことを暴力の正当化理由としていると分析する（DPI 女性障害者ネットワーク 2012a, 14）。

　障害者権利条約の批准のために行われた2011年の障害者基本法の改正[14]では，「障害者制度改革の推進のための第二次意見」（障がい者制度改革推進会議 2010b）で提起されていた，女性障害者の「複合的差別」は明記されなかった。唯一，施策の基本方針において「障害者の性別，年齢，障害の状態及び生活の実態」（第10条）を考慮すべきことが定められ，医療，介護，保健，生活支援その他自立のための支援（第14条）ならびに防災および防犯（第26条）の項目において「性別」が言及されるにとどまった。また，2013年に制定された障害者差別解消法[15]においても，障害を理由とする差別の禁止に関連して，「障害者の性別，年齢及び障害の状態に応じて」社会的障壁の除去の実施について必要かつ合理的な配慮をする必要性が規定されるにとどまった（第 7 条，第 8 条）。したがって，障害者法制においては，女性障害者に対する暴力に直接的に言及するものはない。

　しかし，関連法制としては，配偶者間の暴力で被害を受ける女性の保護を目的に制定された，いわゆる DV 防止法[16]の2004年改正が，女性障害者に対する暴力を念頭においている。同改正によって，被害者の保護・捜査・裁判などの職務関係者が人権を尊重するとともに，安全の確保および秘密の保持に十分配慮しなければならないとする条文に，当該被害者の「障害の有無等を問わず」配慮しなければないことが新たに加えられた（第23条）。

2．リプロダクティブ・ライツ

(1) 国連

　リプロダクティブ・ライツ（性と生殖の権利）は，人権の一部として，女性の自己決定論の高まりと人口政策問題の深刻化を背景に確立し（辻村 2013, 120），1994年の国際人口開発会議が採択した「行動計画」（UN 1994）で次のように定義づけられた。すなわち，リプロダクティブ・ライツとは「すべてのカップルと個人が，自分たちの子どもの数，出産間隔，出産する時期を自由にかつ責任をもって決定でき，そのための情報と手段を得ることができるという基本的権利，ならびに最高水準の性に関する健康およびリプロダクティブ・ヘルスを享受する権利」であり，「差別，強制，暴力を受けることなく，生殖に関する決定を行える権利も含まれる」とされた（UN 1994, para. 7.3）。これらは女性の人権として，1995年の第4回世界女性会議（北京）においても引き継がれ「行動綱領」のなかで詳細に規定された。なお，障害者に関して，「行動計画」は，倫理・人権をふまえて障害者のニーズを考慮し，リプロダクティブ・ライツや家族形成に関して直面する可能性のある差別を取り除くことを要請する（UN 1994, para. 6.30）。

　女子差別撤廃委員会は，1999年の一般勧告24「第12条女性と健康」において，リプロダクティブ・ヘルスを含む保健サービスを享受する機会は，女子差別撤廃条約に基づく基本的権利であることを確認した。そして身体または精神障害の女性を含む，脆弱で不利な立場におかれたグループに属する女性の健康にかかわるニーズおよび権利に対しては，特別な注意を払うべきであるとし，独立した段落で次のように定める。

　すなわち，障害のある女性は，あらゆる年齢層において，多くの場合，保健サービスを享受する物理的困難を抱えている。精神障害のある女性はとりわけ脆弱であるが，男女差別，暴力，貧困，武力紛争，混乱およびその他の形態の社会的喪失の結果女性が不均衡な影響を受けやすくなっている。精神

的健康に対するさまざまなリスクについての理解は，一般に限られたものである。締約国は，保健サービスが障害のある女性のニーズに敏感なものとなり，彼女らの人権と尊厳を尊重することを確保するための適当な措置を講ずるべきである（一般勧告24 para. 25）。

(2) 日本

日本では1940年に「悪質なる遺伝性疾患の素質を有する者の増加を防止する」ことを目的に優生手術を処する国民優生法[17]が制定され，第二次世界大戦後の1947年に優生保護法[18]に引き継がれた。同法は「優生上の見地から不良な子孫の出生を防止する」ことを目的のひとつとし，前法にはなかった，遺伝性ではない精神病および精神薄弱ならびに癩（らい）疾患[19]が優生手術の適用対象に追加された（岩本 2007, 147）。医師の認定による優生手術は，本人の同意ならびに配偶者がある場合はその者の同意を得ることとなっているものの，未成年者，精神病者または精神薄弱者についてはこのかぎりでないとされ，必ずしも本人の同意を必要としていなかった（第3条）。また，医師は，疾患の遺伝を防止するため優生手術を行うことが公益上必要であると認めるときは，優生手術の適否に関する審査の申請を行うことができると定める（第4条）。適当であると認められた場合，本人の同意なしに優生手術が行われ得る。さらに，遺伝性以外の精神病者または精神薄弱者については，精神衛生法[20]が定める保護義務者（後見人，配偶者，親権者，扶養義務者または市町村長）の同意があった場合には，本人の同意を必要とせずとも，優生手術の適否に関する審査を申請することができる定めとなっていた（第12条）。なお，精神病，精神薄弱，精神病質，遺伝性身体疾患または遺伝性奇形を理由とした医師の認定による人工妊娠中絶も，本人および配偶者の同意のもとに行うことができると定められているものの，精神病者または精神薄弱者については，上記理由で必ずしも本人の同意を必要としていなかった（第14条）。

1996年4月の「らい予防法」[21]廃止にともない，優生保護法にあった優生

手術の適用対象から癩（らい）疾患（「ハンセン病」条項）が削除された。さらに，1996年6月に改正が行われ[22]，目的から「優生上の見地から不良な子孫の出生を防止する」が外され，医師の認定による優生手術および人工妊娠中絶におけるいわゆる優生条項が削除され，名称が「母体保護法」に変更され現在に至っている。母体保護法は「母性の生命健康を保護する」ことを目的としながらも，世界女性会議で提唱されたリプロダクティブ・ライツは盛り込まれず，2000年の改正の附帯決議で「リプロダクティブ・ヘルス／ライツ（性と生殖に関する健康・権利）の観点から適切な措置を講ずるべき」ことが付されるにとどまっている（辻村 2013, 127）。

　優生保護法のもと，1949年から1996年のあいだに，本人ではなく，医師の申請に基づいて行われた優生手術の件数は1万6477件で，その7割は女性障害者であったとされる（DPI女性障害者ネットワーク 2012b, 11-12）。正規手続き以外の統計は存在しないため，実態は不明であるものの，本人の同意を得ていない不妊手術の件数はこれよりも多いとされる（岩本 2007, 149）。とくに，施設に収容されたハンセン病患者が結婚する条件として「本人の同意」による不妊手術が強制されたことなどの語りが当事者からは発せられている（優生手術に対する謝罪を求める会 2003）。

　この強制不妊手術に対する補償の問題が女性障害者運動のひとつの焦点となっている（DPI女性障害者ネットワーク 2012b, 6-8）。1998年に市民的および政治的権利に関する国際規約（B規約）人権委員会の日本の第4回報告に対する最終見解において「委員会は，障害をもつ女性の強制不妊の廃止を認識する一方，法律が強制不妊の対象となった人達の補償を受ける権利を規定していないことを遺憾に思い，必要な法的措置がとられることを勧告」（HRC 1998, para. 31）した。これに関し，日本は2006年の第5回政府報告において「本人の同意を得ない優生手術」を認める一方，旧優生保護法に基づき適法に行われた手術については，過去にさかのぼって補償する考えはないことを表明している（HRC 1998, para. 298）。

3．小結

　国連において，女性障害者に対する暴力は，障害者権利条約の制定以前から認識されていた。1993年の「女性に対する暴力の撤廃に関する宣言」にみられるように，女性に対する保護のなかで，一般女性と比べて，暴力を受けやすい女性グループのひとつとしてとくに保護の対象とするよう要請してきた。しかし，女性施策においては優先順位の低い周縁問題として不可視化し，国連の女性プログラムにおいても包摂されてこなかったことが知られている。日本でも，配偶者間の暴力で被害を受ける女性の保護を目的に制定されたDV防止法が，女性障害者に対する暴力に対応するために改正された。しかし，実際においては，相談窓口の連絡方法が電話だけであったり，避難シェルターがバリアフリーに対応していなかったり，アクセシビリティの問題が考慮されていないことが課題となっているところである。したがって，国連人権高等弁務官事務所の研究報告が提案するように，女性障害者に対する暴力への対処には，女性一般に対する政策措置へ女性障害者の包摂を進める一方，同時に，女性障害者をもっぱらターゲットとする政策措置を実施する，ツイン・トラック・アプローチが有用であると考えられる。

　女性の自己決定論の高まりと人口政策問題の深刻化を背景に，リプロダクティブ・ライツは確立され，国連は，それを人権の一部として認識している。障害者権利条約でも明確にリプロダクティブ・ライツは女性障害者の権利として扱われているものの，その後の国連の女性施策のなかでは，むしろリプロダクティブ・ヘルスを含む保健サービスを享受する機会の確保に強調点があるようである。浅野（第6章）がいうように，障害者のリプロダクティブ・ライツの問題は，女性のおかれた社会的位置づけと障害者問題との接点にある法的問題でもあり，その国における女性障害者の法的位置づけをそこで看取することができる。日本でも，1996年に優生保護法が母体保健法に改正され，優生条項が削除されたのは障害当事者による取り組みに負うところ

が大きく，社会との対峙のなかで，複合差別を可視化するためには女性障害者自身による働きかけが不可欠であることが示唆される。

第3節　アジア地域の取り組みと課題

　障害者権利条約では女性障害者の複合差別の存在が認識され，アジア太平洋障害者の10年では，女性障害者が直面しているさまざまな困難の現状が具体的な課題として認識された。アジア各国の障害者権利条約と女子差別撤廃条約の批准状況ならびに障害者立法の整備状況は表0-1のとおりである。上記の背景のもと，本節では各章の論述に拠りながら，アジア地域の対象国（韓国，カンボジア，タイ，フィリピン，バングラデシュ，インド）において，女性障害者の人権課題がどのように認識され，それに対して政府と障害当事者がどのように対応したのか考察する。以下，まずESCAPの取り組みにおける女性障害者の位置づけを確認したうえで，各章の記述および議論に依拠して，女性障害者に対する複合差別の認識と対応，暴力とリプロダクティブ・ライツの課題と対応，女性障害当事者の動向について検討する。

1．ESCAP地域の取り組み

　ESCAPでは，1993年からの「第1次アジア太平洋障害者の10年」の途中から女性障害者の複合差別は政策課題のひとつとして認識されはじめた。女性障害者は各属性のなかで抑圧され，障害者施策は平等に女性障害者に利益をもたらすとは限らないことも意識された。しかし，女性障害者が独立した項目として掲げられたのは，2003年の「第2次アジア太平洋障害者の10年」からである。この行動計画である「びわこミレニアム・フレームワーク」（以下，BMF)[23]の7つの優先領域のひとつとして「女性障害者」が組み込まれた[24]。BMFに替わるものとして2012年に障害インクルーシブな一連の開発

表0-1 アジア地域の条約締結状況と障害者立法

(2016年2月8日現在)

国 名	CRPD[1]	CEDAW[1]		障害者立法
日本	◎	◎	1970年	障害者基本法（2011年改正）
			2013年	障害者差別解消法
韓国	◎	◎	1989年	障害者福祉法（1999年改正）
			2007年	障害者差別禁止・権利救済法
北朝鮮	○	◎	2003年	障害者保護法
モンゴル	◎	◎	2016年	障害者基本法
中国	◎	◎	1990年	障害者保障法（2008年改正）
香港	−[2]	−[2]	1995年	障害差別条例（Cap 487）
マカオ	−[2]	−[2]	1999年	障害予防と障害者のリハビリ・社会包摂制度・政令
台湾	−[3]	−[3]	2007年	身心障害者権益保障法（2011年改正）
			2014年	障害者権利条約施行法[3]
ベトナム	◎	◎	2010年	障害者法
カンボジア	◎	◎	2009年	障害者の権利保護・促進法
ラオス	◎	◎		（2007年草案：障害者の権利に関する政令）
タイ	◎	◎	2007年	障害者の生活の質の向上と発展に関する法律（2013年改正）
フィリピン	◎	◎	1992年	障害者のマグナカルタ[4]（2007, 2010年, 2013年改正）
マレーシア	◎	◎	2008年	障害者法
シンガポール	◎	◎		
インドネシア	◎	◎	1997年	障害者法
ブルネイ	○			
東ティモール		◎		
ミャンマー	◎		1958年	障害者リハビリテーション・雇用法
バングラデシュ	◎		2013年	障害者の権利・保護法
インド	◎	◎	1995年	障害者（機会均等・権利保護及び完全参加）法
ネパール	◎	◎	1982年	障害者保護福祉法
ブータン	○	◎		
スリランカ	◎	◎	1996年	障害者権利保護法（2003年改正）
パキスタン	◎	◎	1981年	障害者（雇用・リハビリテーション）令
モルディブ	◎	◎		

(出所) 筆者作成。
(注) 1) CRPDは「障害者権利条約」，CEDAWは「女子差別撤廃条約」。◎は批准等，○は署名を示す。
　　 2) 中国の批准は，香港，マカオへも適用される。
　　 3) 台湾は国連加盟国でないためCRPD，CEDAWともに加盟できないが，両者を施行する国内法を制定している。
　　 4) 正式名称は，共和国法第7277号「障害者のリハビリテーション・自己開発・自立ならびに社会の主流への統合およびその他の目的を定める法律」。

目標を提示した「アジア太平洋障害者の『権利を実現する』インチョン戦略」[25]が第3次アジア太平洋障害者の10年の行動計画として策定された。インチョン戦略は，障害者のなかにも過小代表として周縁化されている障害者グループが存在するとして，障害のある少女・少年，障害のある女性を含め，多様な障害者グループを例示し，すべてのグループがエンパワメントされる必要があると謳う（para. 7）。設定された10の目標のひとつが「ジェンダー平等と女性のエンパワメントの保障」（目標6）を掲げている[26]。目標6の現状認識は次のとおりである。

　障害のある少女および女性は，重複した形で差別および虐待に直面している。扶養者への依存によってさらに深まる孤立のせいで，女性たちは多様な形態の搾取，暴力および虐待にきわめてさらされやすく，さらに HIV 感染，妊娠，妊産婦死亡ならびに乳児死亡など附随するリスクもある。障害のある少女および女性は，主流のジェンダー平等プログラムからほぼ見過ごされている。性や生殖に関する保健，一般的な保健ケア，および関連するサービスに関する知識の情報はアクセス可能な形式および言語で提供されることはまれである。「10年」の約束は，障害のある少女および女性が，主流の開発において活動的な参加者となってはじめて完全に実現されたことになる（para. 16）[27]。

第1次アジア太平洋障害者の10年の中間レビューの前後から，ESCAP 地域では女性障害者の問題に関心が高まってきた。このことは女性障害者の重要課題として，複合差別，虐待のリスク，リプロダクティブ・ライツ，運動団体への参加などの具体的な例示が徐々に増えていったことからもわかる。2013年からのインチョン戦略もこれらを引き継ぎ，開発や政策決定への平等な参加とともに，暴力・虐待からの保護およびリプロダクティブ・ライツが，焦点を当てるべきターゲットとして引き続き設定された。

2．女性障害者の不可視化と複合差別

　前項のとおり，ESCAPは女性障害者が複合差別に直面し，暴力や虐待にさらされやすく，リプロダクティブ・ライツが制約されているとの現状認識を示している。女性障害者はその個人の属性からさまざまな差別を受けやすく，そうした複合差別を受けている人々は不可視化され，周縁化されてきたことは前述のとおりである。したがって，女性障害者に対する複合差別が存在することを認識し，可視化することがまず重要となる。前節で検討したとおり，国連や日本においても女性障害者に対する差別の認識やそれへの対応は段階的であった。本書が対象とする6カ国ではどうであろうか，以下検討する。

⑴　不可視化の原因

　韓国では，家父長制の伝統から男性が優先され，それによって格差が生じることに加え，女性障害者自身も女性であり障害者である者として，自らの価値を低くみることを強いられ，その結果，被害が内面化し，問題が不可視化してしまう場合があるという（第1章）。カンボジアでは，女性に対する暴力を容認する文化的背景や暴力を受けたことを申告することに対するためらいから，夫や家族による暴力は，実際に表に出ている状況より深刻だと推察されている（Astbury and Walji 2013, 29）。バングラデシュでは障害者の法律や福祉制度が整備されつつあり，たとえば，障害者登録をすることで年金受給などの行政サービスが受けられるものの，姉妹の結婚の邪魔になるとの理由で女性障害者の存在が隠され，法や福祉の恩恵を受けられないばかりか，存在そのものが不可視化されてしまう状況にある（第5章）。

　一方，女性障害者が包摂されないまま，関連分野に進展があることで，その好評価の裏で女性障害者が埋没して不可視化されている問題も存在する。たとえば，フィリピンは，政府と女性運動がそれぞれ積極的に取り組んだこ

とで，ジェンダー問題が急速に改善した国として評価されているものの，取り組みのなかに障害当事者が包摂されなかったことから，女性施策の中心は非障害者の女性に対するものとなり，女性障害者の課題は女性施策の主流から外されてきたという意味で，ながらく不可視化されてきた（第4章）。また，バングラデシュでは，初等・中等教育におけるジェンダー平等が達成されたと評価されているものの，実際には女性障害者は障害の程度のみならず通学や校内での性的暴力の心配などから教育にアクセスできず，こうした国際的な高評価は教育を受ける機会を奪われている多数の女性障害者を不可視化する原因となっていることが判明している（第5章）。

(2) 複合差別への対応

　国による立法や政策の策定は，女性障害者が直面する問題に対する国の認識の程度にも関係する。従来，目を向けられていなかった事象でも，人権侵害の度合いが大きく，社会問題として認識された場合には，関連法制の整備・改正がなされることが多い。韓国では，次項で詳述するように，2000年代に明らかになった知的障害や聴覚障害をもつ女性障害者や児童を対象とした性暴力事件が契機となり，法律改正や新たな施策がとられるようになった。同様に，インドの2013年の刑事法改正法は，強姦やセクシャル・ハラスメントに焦点がおかれた改正であり，次項でみるように，女性障害者の保護が強く意識されている。条文の改正は，ジェンダーに関係なく障害がある者について保護しようとするものであるものの，強姦罪やセクシャル・ハラスメントについて，障害者に関する特別な規定が設けられたことから，改正は，女性障害者にとくに焦点を当てたものであったとみることができる（第6章）。

　障害者法制について，対象国はいずれも包括的な障害者立法を有するものの，韓国が唯一障害者権利条約のように女性障害者に関する個別条項を制定している。ただし，複合差別の存在を明示した法律はない。韓国の障害者差別禁止法は，第3章で「障害女性および障害児童等」について定め，生活領域での差別禁止のみならず，リプロダクティブ・ライツが否定されないこと，

雇用における男性労働者および非障害の女性労働者との平等，教育・施設における性暴力の予防など問題と認識されている主要分野に言及する（第1章）。女性障害者は女性施策の発展において取り残されているものの，フィリピンは，女子差別撤廃条約の影響を受けて，2009年に「女性のマグナカルタ」（MCW）を制定し，周縁化されて差別を受けている人たちのなかに障害者を位置づけた。MCWは国際社会の動向をふまえて，社会的保護，教育，スポーツなどに関連して，女性障害者の権利についてわずかだが言及する。それに対して，数度の修正を重ねている「障害者のマグナカルタ」（MCDP）はまったく女性障害者に言及しておらず，女性障害者は障害法制において十分な位置づけがなされていない（第4章）。インドの1995年障害者法には女性障害者に関する条文はなく，現在改正作業が進められている。2014年法案では女性障害者に対する非差別的取扱いは規定されているものの，それ以前の法案にあった虐待や暴力からの保護規定ならびにリプロダクティブ・ライツに関する規定は，女性だけに限定しない一般規定となり，女性の権利保障の側面は薄らいでいるとされる（第6章）。

　女性障害者が何らかの支援を必要としているとの認識はあるものの，立法ではなく，障害者計画によって対処しようとする国もある。カンボジアは障害者権利法（2009年）に基づいて「戦略的国家障害計画」（2014-2018）を策定し，10項目の戦略目標のひとつとして「女性障害者（児）のジェンダー平等の確保とエンパワメント」を掲げた（DAC 2014, 36）。ここでは女性障害者の人権確保のための施策の実施やリプロダクティブ・ヘルス・サービスへのアクセスを定めるものの，きわみに女性障害者が人権や権利を享有することの明言が避けられている（第2章）。なお，女子差別撤廃委員会からはカンボジアの少数民族や女性障害者は，教育，雇用，保健医療へのアクセスについて複合差別を受け，暴力の被害者となっていることに懸念が表明されている[28]。タイは，女性障害者が男性障害者に比べ社会的にも制度的にも十分な支援が得られておらず，その背景に差別や偏見が存在することを認識したうえで「女性障害者開発戦略（行動）の4カ年計画（2013-2016）」を策定して

いる。しかし，それが女性障害者の実生活のなかに反映されるまでには相当な時間がかかると想定されている（第3章）。

3．女性障害者に対する暴力とリプロダクティブ・ライツの侵害

(1) 女性障害者に対する暴力

すべての対象国において女性障害者に対する暴力，とくに性的暴力は共通の課題として存在することが各章の論述から見て取れる。過去の話ではなく，現在もなお女性障害者の人権を侵害する深刻な問題となっている。たとえば，韓国では，2000年代に知的障害や聴覚障害をもつ女性障害者を対象とした性暴力事件が大きな社会問題となり，それを契機に法律改正や新たな施策がとられるようになった。とくに性犯罪に関する性暴力特例法の改正では，女性障害者に関する規定が大きく変わり，偽計または威力を用いた障害者に対する性暴力犯罪が非親告罪に転換され，また女性障害者に対する暴行，強迫による強姦と準強姦罪の公訴時効が廃止された（第1章）。

インドでも障害がある女性はしばしば入所施設内等で暴力にさらされているとされ，後述する女性障害者の妊娠中絶に関する事件も，入所施設内における職員による強姦事件が発端となっている。2013年の刑事法改正法の焦点のひとつは強姦罪に関する規定の改正であり，刑法では「精神的又は身体的障害がある女性に対して強姦した者」については通常より重い刑罰を科すものと改められた。また刑事訴訟法では，強姦やセクシャル・ハラスメントを受けた被害告発に対する聴取の配慮対象者に精神的・身体的障害がある者が加わった。強姦やセクシャル・ハラスメントについて，障害者に関する特別な規定が設けられたことは，女性障害者にとくに焦点が当てられたものであったとみることができる（第6章）。

フィリピンの障害者差別禁止法は先進的であるといわれてきたものの，女性障害者に対する暴力については「障害者のマグナカルタ」ではなく，「女性のマグナカルタ」（MCW）の女性障害者に対する社会的保護を定める規定

において，差別，搾取，暴力，虐待からの保護が定められているのみである。MCWでは，周縁化された女性としてとくに女性障害者への言及があり，MCWに基づいて最小行政単位であるバランガイに設置される対女性暴力デスクに，女性障害者に対する暴力の解決が任務のひとつとして明記された（第4章）。

(2) リプロダクティブ・ライツの侵害

韓国では障害者差別禁止法が女性障害者に対する差別禁止の規定のなかで妊娠・出産について言及するとともに，「母・父性権の差別禁止」と「性による差別禁止」を規定する。これらは，母性権といわれる妊娠，出産，養育の権利に焦点を当てているものである。韓国国内では，同法が母性や性的自己決定に集中しすぎて，かえって女性障害者にとって同様に重要な，ジェンダーの視点からの性別役割分業の解放の側面を欠いているとの批判もでている。しかし，こうして母性権としてリプロダクティブ・ライツが明示的に認められている韓国に対しても，障害者権利委員会からはほかの多くの国と同様に強制不妊手術と強制妊娠中絶に対する懸念が表明されている[29]。

カンボジアでは前述の「戦略的国家障害計画」においてジェンダー平等とエンパワメントの具体的戦略として，女性障害者が非障害者の女性と区別なく，リプロダクティブ・ヘルス・サービスを享受できるよう政府が確保する旨を定める。しかし，サービスへのアクセスは権利であると提示する一方で，リプロダクティブ・ライツそのものへの言及は避けられている。実際，法制面では2011年の民法制定まで，ハンセン病患者や精神障害者との婚姻を禁止する婚姻家族法が存在していた。こうした障害者に対する差別的な規定があったのは，当事者の婚姻の意思よりも，内戦によって崩壊した家族制度の再建や人口減少の回復ならびに感染症対策などの立法目的が優先されたためであるとみられる（第2章）。

知的障害者の権利を訴える団体でさえ，知的障害をもっている女性の恋愛・結婚・出産に関しては否定的である場合がある。タイには知的障害者協

会など支援活動を行っている団体が多いものの，恋愛や結婚に対しては厳しい態度を示してきた。その背景には，「社会のお荷物」という意識に加え，知的障害女性に対する性暴力の問題が存在することが指摘されている。知的障害女性本人の認識する恋愛感情と男性側との感覚の相違によるトラブル，および，男性側からの性暴力または搾取による被害を防ぐ予防線的意味合いが強いと考えられている（第3章）。

フィリピンでも，リプロダクティブ・ライツや医療・保健サービスの提供機関から否定的な対応や差別的対応を受けた経験のある人が多いことが明らかになっている。差別を受けることに加え，医療・保健機関を受診する際の物理的アクセスやコミュニケーションを含めた情報アクセスの問題が，リプロダクティブ・ライツを妨げる大きな原因となっている。なお，聞き取り調査からは，女性障害者は，子どもを産んでも子育てをさせてもらえなかったり，強制不妊手術を受けさせられたりするという事例もみられる（第4章）。

インドのみならず，女性障害者のリプロダクティブ・ライツに関連して重要な先例としてひとつの方向性を示したといえるのが，インドのスチタ判決である。本事例は，施設に入所していた知的障害のある女性が強姦され，妊娠した事件において，本人の同意なく中絶することについて可否が争われた訴訟である。高等裁判所は，被害を受けた女性障害者は出産や育児について十全な理解をしていないことを理由に州政府が求める妊娠中絶を認めたものの，最高裁判所は，本人の意思の尊重と本人の最善の利益を考慮してこれを破棄した。最高裁は判決のなかで，本件により精神遅滞の人々を損なう社会的ステレオタイプや偏見に向きあう機会ができたと述べ，強制的断種や妊娠中絶の理由づけとなっている優生思想は完全に非民主的であり法の前の平等に反すると強調している。このようにインドの判例においては，女性障害者の法的能力を認め，当事者の意思を尊重する方向性が模索されていることがうかがわれる（第6章）。

4．女性障害当事者の連帯と取り組み

　障害者権利条約の制定を含め，障害者法制の整備の原動力となってきたのが障害当事者運動である。しかし，女性でありかつ障害者である女性障害者は，女性施策，障害者施策，いずれのなかでも埋没してきたのと同様に，これらの改善を求めてきた女性運動，障害者運動のなかでも周縁化されてきた。日本の経験からも示唆されるように，複合差別を可視化するためには女性障害者自身による働きかけが不可欠である。2012年のインチョン戦略もそのことを認識しており，ターゲットのひとつとして，政策決定への女性障害者の参加が挙げられた。各国において女性障害当事者による動きはあるのだろうか。

　第5章は，バングラデシュの女性障害者グループが，参加者のケイパビリティ拡大に果たした役割を検討し，「豊かさ」（well-being）の拡大に女性障害者グループが不可欠であると指摘する。バングラデシュでは障害者権利条約の理念に沿って障害者法制や福祉制度が整いつつあるものの，現実には女性障害者はそれらから取り残されており，女性障害者グループの活動が理念と現実とのギャップを埋めることに貢献している。とくに当該国における社会・文化的な背景を考慮すると，日常生活上の悩み，衛生やリプロダクティブ・ヘルス，結婚など，女性障害者特有の困難を解決するためには，男女合同で組織された一般的な障害者グループではなく，女性障害当事者によって組織されたグループが存在することが重要となっている（第5章）。韓国においても，女性障害者に関する個別条項を障害者差別禁止法に盛り込むことに成功した背景には，1990年代後半から活発になってきた女性障害者の当事者による運動があげられており，女性障害者が可視化し，人権が保障されるためは，女性障害者自身による運動が必要不可欠であることが示唆される。

　タイでは2007年に障害者エンパワメント法が成立し，その制定に障害当事者が当初から深くかかわっていたことが知られている。しかし，それは障害

者運動そのものの成果というよりは，当時の障害者リーダーの男性障害者が大学卒業以上で，社会的地位の高いサークルに属していたことが背景にあったと観察されている。現在，タイでは，男性障害者が中心となった既存の運動を基盤に，複合的ニーズを有する女性障害者が組織化されつつあり，今後，個人では取り組みが難しい性暴力被害の実態把握や予防救済への展開が期待されている（第3章）。フィリピンの障害者運動では，女性障害者がリーダーとなって牽引していたものの，女性障害者という枠組みで，女性障害者自身が自分の問題に取り組む活動は始まったばかりであり，今後の展開が期待される（第4章）。

5．小結

　女性障害者に対する複合差別が存在することを認識し，可視化することがまず重要となるが，不可視化を促している原因が複数あることが判明した。普遍的な要因として存在するのは，女性障害者自身が，女性であり，障害者である者として，自らの価値を低くみるなどして被害が内面化して，問題が不可視化してしまう場合である。法律では問題を認識し，救済や処罰を予定しているにもかかわらず，家族や施設など所属する生活環境によるみえない圧力により事実上不可視化されることもある。他方，開発途上国に居住することに関連した不可視化の要因も看取された。たとえば，女性障害者の一方属性に関する女性施策が急速に進展した場合，そこに女性障害者があらかじめ包摂されていなければ，女性障害者はその高評価の陰に埋没し，不可視化される問題が存在することが明らかになった。また，女性障害者の属性ではなく，教育分野においても，ジェンダー平等や就学率についての国際的な高評価は，やはりその陰で，実際には教育を受ける機会を奪われている多数の女性障害者を不可視化する要因になってしまうことがあることも判明した。メインストリームへの女性障害者の包摂と女性障害者への個別の対応の両方が，複合差別に的確に対処するために不可欠であることが示唆される。

目を向けられず不可視化されていた女性障害者に対する差別や暴力も，事件が起きて，社会問題として認識された場合には，権利侵害に対応するための法整備がなされることがある。韓国やインドにおける刑法等の改正は，まさに女性障害者の保護に焦点が当てられたものであった。暴力からの保護に関しては，女性障害者の一方属性である女性に対する法律や施策が，女性障害者を包摂し，その射程を広げる形で行われるという傾向がある。

　一方で，上記の状況は，逆にいえば社会問題化されるまで，女性障害者の複合差別の問題は不可視化されたままであるおそれがあることを意味する。障害者運動の結果，障害者法制が整備されるようになったものの，女性障害者は十分に自己の権利やニーズが実現したとは感じず，暴力や格差が存在したままであることが意識されるようになってきた。ゆっくりではあるが，障害者運動のリーダーであった女性障害者を中心に，女性障害者が直面する困難について自ら解決を図ろうとする動きが各国で表れており，今後の展開が期待される。

第4節　本書の構成

　本書は，女性障害者が直面している上述の人権課題に対して，国の立法や施策，障害当事者運動がどのように対応しているのか分析し，問題を明らかにすることを目的とする。各章の論述では，女性障害者に対する複合差別の認識と対応に留意しながら，当該国で焦点となっている論点を取り上げて考察を行っている。以下，各章の位置づけと要約を紹介する。

　第1章「韓国の女性障害者——実態と法制度——」（崔栄繁）は，韓国における女性障害者の生活実態とそれに対する法制度の対応を考察する。韓国は開発途上国ではないものの，同国の障害者法制はアジアのなかでも先進的であり，モデルのひとつとしてその解明は重要となっている。韓国では1990年代から女性施策が本格化したものの，儒教による家父長制文化の影響が残

っているため，まずはジェンダーおよび複合差別解消の観点から女性障害者が直面する困難や一般の女性政策を概観し，課題を整理する。つづいて韓国に対して出された障害者権利委員会の総括所見を手がかりに，障害者差別禁止法およびその運用実態を検討する。そして女性障害者がおかれている複合的な差別的状況を変えるためには，一般の女性問題として女性障害者の問題をメインストリーム化することが欠かせないと論ずる。

　第2章「カンボジアの女性障害者——立法と政策——」（四本健二）は，カンボジアにおける女性障害者をめぐる現行の法制度と政策について考察し，女性障害者固有の権利を保障するための法的・政策的課題を探る。本章は，まず国連やNGOが実施した3つの先行調査を引用しながら，家庭，地域社会，市民社会における女性障害者の状況を俯瞰する。そのうえで障害者および女性をめぐる法的・政策的枠組みを概観し，とくに国の開発方針を定めた「戦略的国家開発計画」およびそれに準拠する「戦略的国家障害計画」における女性障害者の権利保障を検討する。政策的には，女性政策においても，障害者政策においても女性障害者への言及は限定的であり，女性障害者のニーズにもとづいた実効的な施策は展開されていない。また女性障害者を対象とする特段の法的保護は行われていない。したがって女性障害者は非障害者の女性や男性障害者と比べても厳しい状況にあり，法的にも，政策的にもいっそうの配慮が必要であると結論する。

　第3章「タイの女性障害者——当事者運動とエンパワメント——」（吉村千恵）は，タイの障害者運動における女性障害者の位置づけに焦点を当て，当事者への聞き取り調査をもとに女性障害者に対する施策の形成を論じる。タイでは2007年に障害者エンパワメント法が成立し，その制定に当事者が深くかかわったものの，それは障害者運動そのものの成果というよりは，当時の障害者リーダーが大学卒業以上で社会的地位の高いサークルに属する男性障害者であったことが背景にあると観察する。立ち遅れている女性障害者の社会状況が認識され，2013年に「第一期女性障害者開発戦略（行動）4カ年計画」が策定されたものの，実効性に課題がある。しかし，男性障害者が中

心となった既存の運動を基盤に，複合的ニーズを有する女性障害者が組織化されつつあり，今後，個人では取り組みが難しい性暴力被害の実態把握や予防救済への展開が期待されると指摘する。

　第4章「フィリピンにおける『ジェンダーと障害』」（森壮也）は，早くから女性施策に取り組み，ジェンダー・ギャップが少ない国と評価されるフィリピンにおける女性障害者の問題を検討する。本章は，まず基本法である女性のマグナカルタ（MCW）および障害者のマグナカルタ（MCDP）など法律や政策における女性障害者の位置づけを検討する。女性障害者は女性施策の発展において取り残されているものの，MCWは国際社会の動向をふまえて女性障害者の権利についてわずかだが言及する。その一方で，修正を重ねているMCDPはまったく女性障害者に言及しておらず，法制面では十分な位置づけがされていないと指摘する。また，女性障害者の現実の困難を把握するために実施された女性障害者リーダーへのインタビューでは，性的暴力の問題やリプロダクティブ・ヘルスの問題が女性障害者にとって切実な問題であり，非障害者の女性では解決されつつある問題が，女性障害者にとっては依然大きな問題として存在することを明らかにしている。

　第5章「バングラデシュの女性障害者――ケイパビリティ分析と女性障害当事者グループの役割――」（金澤真実）は，障害者に対する法や福祉制度が女性障害者の現実の困難を克服するために十分に機能していない状況を可視化するために，ケイパビリティ・アプローチによる分析を提案する。本章では，女性障害者グループの参加者が得た「豊かさ」（well-being）をケイパビリティによってとらえ，ギャップの改善，すなわちケイパビリティ拡大にグループが果たした役割を検討した。分析にあたっては，①自分で所得を得ること／自分で所得の支出先をきめること，②恥ずかしさや恐れなく一外出すること／人と出会うこと，③自分の気持ちや考えを適切に表現すること，の3つのファンクショニングを詳細に考察した。そして，女性障害者特有の困難を解決するためには，男女合同で組織された一般的な障害者グループではなく，女性障害当事者によって組織されたグループが存在することが不可

第6章「インドにおける女性障害者の現状――法制度からの検討――」（浅野宜之）は，1995年障害者法など障害者法制の整備が進んでいるインドにおいて，女性障害者が直面する問題とそれに対応する法運用の現状を分析し，女性障害者の権利保障がなされ得る可能性について考察する。本章では，障害者のリプロダクティブ・ライツの問題は，女性のおかれた社会的位置づけと障害者問題との接点にある法的問題であるとの視点から，女性障害者に関する法的権利の問題として，リプロダクティブ・ライツを取り上げる。検討した女性障害者の妊娠にかかわる事例では，当初，高裁では行政側の申立てに沿った命令が出されたのに対し，最高裁では，他のステークホルダーの利益でなく，本人の意思を尊重する方向で命令が出された。そうした意味で，この判決は，障害者権利条約に適合的な新たな法律を先取りした内容であり，今後の障害者法制改革についてひとつの視座を提示していると評価する。

おわりに

　国連社会開発委員会特別報告者のベンクト・リンドクビストが「何世紀にもわたって，私たちはあたかも障害者が存在しないというような姿勢で社会を設計し，作り上げてきたのです」（Lindqvist 2000, para. 1）と述べているとおり，従来，開発過程において障害者の問題は顧みられることはなかった。とくに，アジア太平洋地域においては，1980年代前半まで障害者は表面に現れることはなく，開発過程には貢献できない存在とみなされていた（UNESCAP 1995b, 1）。この地域において障害者は最も周辺化させられた集団であり，さらにそのうち女性障害者はジェンダー・プログラムから除かれ，その対象として想定されてこなかった[30]。

　女性障害者は障害者権利条約が問題認識として示しているように，女性でありかつ障害者であることにより複合差別をこうむっている。この複合差別

をどのようにとらえていくのか。これまで女性障害者は，女性をターゲットにしたジェンダー平等や女性の権利向上の取り組み，ならびに障害者をターゲットとした取り組みのなかにおいては，一般化されて埋没し，その恩恵を受けることができなかった。女性であることによる差別，障害者であることによる差別に加え，女性障害者であることによる差別など対処すべきマトリックスは多い。とくに文化や慣習に起因する障害者と女性に対する各国の固定観念，偏見，有害な慣行は，女性障害者に対して深刻な影響を与え（Groce 1997, 178,183），女性障害者のみが受ける特有の差別として表れるおそれがある（長谷川 2009, 17）。その意味で，障害者権利条約が女性障害者について個別の条文を設けるとともに，その他の条文のなかでもジェンダーの視点を組み込んでいくツイン・トラック・アプローチを採用したことは，女性障害者の問題を可視化するうえで有用であり，女性障害者の他の属性に関連する条約，たとえば女子差別撤廃条約などにおいても採用されることによって複合差別の解消が促進されるであろう。

　各国に求められているのは，障害者権利条約の規定にしたがい女性障害者に対する複合差別を認識し，そこから派生する諸問題，とりわけ障害者権利委員会も重視している女性障害者に対する暴力とリプロダクティブ・ライツの問題へ対応することである。本書の対象国においては，障害者差別とジェンダーの問題に早くから取り組んでいるフィリピンでさえ，関連法制における女性障害者への言及は少なく，複合差別に対する認識を明示している国はなかった。しかしながら，法的権利ではないものの，複数の国が関連国家計画のなかで女性障害者を位置づけていることは，エンパワメントにつながることとして評価できるであろう。

　重要課題である暴力とリプロダクティブ・ライツに対して，障害者権利委員会は韓国を含め多くの国に対して懸念を表明してきた。とくに優生思想が存在していた国においては当事者の意思よりも，人口政策や感染症対策などの立法目的が優先され，女性障害者のリプロダクティブ・ライツが否定されてきた。このリプロダクティブ・ライツは法的能力と密接に関係するもので

あり，インドの最高裁判所が女性障害者の法的能力を認め，当事者の意思を尊重する判決を出したことは画期的である。また，女性障害者に対する暴力，とくに知的障害の女性に対する性暴力はどの国においても問題となっており，喫緊の課題となっている。これに対して韓国やインドなどにおいては，これらを犯罪として立件しやすくしたり，厳罰化することで加害者に対応するとともに，被害者救済措置から事実上排除されてきた女性障害者を支援の対象として明示するなどの動きがあり，今後の発展が期待される。

　最後に，本書では，複合差別の意味を広くとらえて論じたが，障害者権利条約の規定を国内法化して実施していくためには，法律上の概念整理が必要となっている。また，本書では限られた国しか取り上げることができず，女性障害者が直面する課題の全体像を明らかにするためには，対象国を広げて一般化していく作業が残されており，これらは今後の課題としたい。

〔注〕

(1) 「障害」の概念や用語法は重要な論点でもあるが，本書は基本的に障害者権利条約が立脚する障害の社会モデルの視点に立ち，「障害」を個人の属性ではなく，社会の側に存在する問題であるととらえる。したがって，「障害者」の表記は社会によって不利益をこうむっている人という意味を含意する（杉野 2007, 5-6）。

　　また，「女性障害者」「障害女性」の表記についても議論があるものの，本研究は障害者の視点に立脚した権利実現の研究から出発しているため「女性障害者」の表記を使用する。ただし，障害者の定義や女性障害者の議論は各国によって異なるので，各章においては対象国における文脈で論じている。

　　さらに，「障害者」が直面する不利益や差別の焦点は，障害種別によって当然異なるが，本書では資料の制約と一般化・抽象化される法律の性格から，各章の事例として個別の障害種別を取り上げたほかは一般化して論じている。

(2) 本章では翻訳，引用，議論で必要な場合を除いて，「交差的差別」「複合的困難」などを含め「女性」であり「障害者」であることにより女性障害者が被る差別を「複合差別」と表記する。

(3) 本章では翻訳，引用，議論で必要な場合を除いて，広義の性と生殖の権利を含む表記として「リプロダクティブ・ライツ」を用いる。

(4) 1979年12月18日に国連総会で採択，1981年9月3日に発効。

⑸　先住民や移民，人種や民族など少数派集団としての属性を有する女性。
⑹　市民的及び政治的権利に関する国際規約（国際人権 B 規約）に基づいて設置された，自由権規約委員会は，2000年の男女の権利平等に関する「一般的意見28」のなかで，「女性に対する差別は，人種，皮膚の色，言語，宗教，出身，財産，出生などを理由とする差別と混ざり合っていること（para. 30），また女性の権利に影響を及ぼすマイノリティ共同社会内における文化的または宗教的慣行について言及している（para. 32）。

　　また，人種差別撤廃条約に基づいて設置された人種差別撤廃委員会も2000年の「人種差別のジェンダーに関連する側面」に関する「一般的勧告25」において，人種差別というマイノリティに対する差別は，女性と男性とでは受ける態様も影響も異なり，さらに女性であることを理由に性暴力や強制避妊など特定の人種差別の攻撃を受けやすいにもかかわらず，そうした被害はジェンダーバイアスのかかった法制度などによって救済を求めにくいことを指摘し，締約国に対応を求めている。
⑺　複合は，締約国が負うべき一般的義務の範囲を理解するための基本概念であるとして，次のように規定される「性別やジェンダーに基づく女性差別は，人種，民族，宗教や信仰，健康状態，身分，年齢，階層，カースト制及び性的指向や性同一性など女性に影響を与える他の要素と密接に関係している。性別やジェンダーに基づく差別は，このようなグループに属する女性に男性とは異なる程度もしくは方法で影響を及ぼす可能性がある。締約国は，かかる複合差別及び該当する女性に対する複合的なマイナス影響を法的に認識ならびに禁止しなければならない。締約国はまた，そのような差別の発生を防止するため，必要に応じて条約第 4 条 1 項ならびに一般勧告第25号に基づく暫定特別措置を含め，政策や計画を採用ならびに推進しなければならない」（para. 18）。
⑻　障害者権利条約の策定交渉に参加するために，2002年に結成された，70を超えた国際的，地域的，国内的な障害者団体と関連 NGO の連合体。
⑼　外務省公定訳に拠る。引用以外も，基本的に外務省公定訳を参照した。
⑽　外務省公定訳は，women and girls with disabilities をひとまとめに「障害のある女子」と訳しているが，ここでは敢えて訳し分けている。
⑾　十分な説明に基づく同意。
⑿　上野（1996）は安積（1993）を参照しながら，障害者をひとつの被差別カテゴリーの例として，女性への差別との相互間の関係を検討している。そして，「障害者差別と性差別とは異なった原理で組み立てられており，一方の解放が自動的に他方の解放につながるわけではな」く，「障害者の解放もまた，男性障害者のことばで定義されており，女性障害者については語ってこなかった」（上野 1996, 214）とする。つまり，女性運動においては障害をもつ女

性が，障害者運動においては女性障害者が，それぞれのなかで不可視化し，複合差別を受けていることを示唆している。
⒀　総会決議 A/RES/48/104（1993年12月20日）。
⒁　「障害者基本法の一部を改正する法律」（平成23年法律第90号）。なお，参議院の附帯決議として，政府は，障害者権利条約の趣旨に沿うよう，「障害女性や障害児に対する複合的な差別の現状を認識し，障害女性や障害児の人権の擁護を図る」適切な措置を講ずべきことが決議された（平成25年6月18日参議院内閣委員会）。このこともあり同法に基づき策定された政府施策の基本方針においては，法の対象者として「特に女性である障害者は，障害に加えて女性であることにより，更に複合的に困難な状況に置かれている場合があること」に留意することが特記されている。
⒂　「障害を理由とする差別の解消の推進に関する法律」（平成25年法律第65号）。
⒃　「配偶者からの暴力の防止及び被害者の保護等に関する法律」（平成13年法律第31号）。
⒄　昭和15年法律第107号。
⒅　昭和23年法律第156号。
⒆　当時の原語のまま記す。現在，精神薄弱は知的障害，らい病はハンセン病と称する。
⒇　昭和25年法律第123号。
(21)　昭和28年法律第214号。「らい予防法の廃止に関する法律」（平成8年3月31日法律第28号）により廃止。なお，国の隔離政策に起因した被害や名誉の回復等に関して2008年に「ハンセン病問題の解決の促進に関する法律」（平成20法律第82号）が制定された。
(22)　平成8年6月26日法律第105号。施行は平成8年9月26日。
(23)　「アジア太平洋障害者のための，インクルーシブで，バリアフリーな，かつ権利に基づく社会に向けた行動のためのびわこミレニアム・フレームワーク」General, E/ESCAP/APDDP/4/Rev. 1, 2003年1月24日。
(24)　「女性障害者」については，以下の重要課題が存在することが列挙されている。

・女性障害者は，女性であり障害者であることで幾重にも不利であり，貧困層に属する者も多く，社会で最も疎外されている。また，男性障害者と比べて，家庭内でも差別され，保健，教育，雇用および収入を得る機会を否定され，社会的・地域的活動からも排除されている（para. 19）。

・女性障害者は，身体的・性的虐待を受けるリスクが高く，リプロダクティブ・ライツを否定され，結婚や家庭生活に入る機会が少ないという差別にも直面している。農村部では，情報やサービスの欠如により，さらに不利な立場にある（para. 20）。

・女性障害者は，障害者の自助団体においても差別されている。女性障害者の参加者も幹部も少なく，女性障害者の問題は当該団体のアドボカシー行動計画に反映されていない（para. 21）。
　・非障害者の女性の生活に効果をもたらした一般のジェンダー主流化運動は，女性障害者の生活にほとんど影響を与えなかった。女性障害者は，通常の女性運動団体に包含されず，女性障害者の問題は取り上げられてこなかった（para. 22）。
　・政府は，必要な支援サービスを提供し，発展の主流への女性障害者の完全参加を促進し，不平等を是正する特別な責任を有する（para. 23）。
　なお，中間評価を経て後半の行動指針として「びわこプラスファイブ」が採択された。女性障害者に関しても若干の追加が行われ，複合差別に関して次のように言及している。
　・政府は，障害のある少女および女性が，重複する差別を受けていることを認識し，この点に関して自助団体とともに，継続的なリーダー・管理研修を通じて，障害のある女性の経済的，社会的および政治的エンパワメントを支援すべきである。政府は，女性障害者の完全な開発，発達およびエンパワメントを確保するために，結婚，家庭，親子関係，母親になること，および性的関係に関連するものを含め，あらゆる事項に対する女性障害者差別に対処するために適切な措置をとるべきである（「びわこプラスファイブ：アジア太平洋地域の障害者のためのインクルーシブで，バリアフリーな，かつ権利に基づく社会に向けた更なる努力」General, E/ESCAP/APDDP (2)/2*, 2007年11月13日）。

(25) 「アジア太平洋障害者の『権利を実現する』インチョン戦略」General, E/ESCAP/APDDP (3)/3, 2012年11月14日。
(26) 目標2と目標8の指標においても女性障害者への言及がある。
(27) 現状認識をふまえ次の4つのターゲットが設定された。
　①障害のある少女および女性が，主流の開発機会へ平等にアクセスできるようにする。
　②政府の政策決定機関において障害のある女性の代表が参加することを保障する。
　③障害のある少女および女性が，障害のない少女および女性と対等に，性や生殖に関する保健サービスにアクセスできるように保障する。
　④障害のある少女および女性をあらゆる形態の暴力および虐待から保護するための措置を増大させる。
(28) Report of the Committee on the Elimination of Discrimination against Women (34th, 35th, 36th session), General Assembly Official Records Sixty-first Session Supplement No. 38 (A/61/38), 2006, para. 53.

⑵⁹ Committee on the Rights of Persons with Disabilities, "Concluding observations on the initial report of the Republic of Korea", CRPD/C/KOR/CO/1, 29 October 2014.
⑶⁰ "Asia and the Pacific into the Twenty-first Century: Prospects for persons with disabilities," at http://www.unescap.org/decade/prospects-a.htm（2001年8月1日アクセス）.

〔参考文献〕

<日本語文献>
安積遊歩 1993.『癒しのセクシー・トリップ——わたしは車イスの私が好き！——』太郎次郎社.
岩本美砂子 2007.「日本におけるリプロダクティブ・ライツの過去・今日・未来」岩本美砂子『リプロダクティブ・ライツに関する政策の国際比較：合衆国・東欧・韓国・日本』（科研費報告書）131-155（http://miuse.mie-u.ac.jp/bitstream/10076/9256/1/10K5963.pdf）.
上野千鶴子 1996.「複合差別論」井上俊ほか編『差別と共生の社会学』（岩波講座・現代社会学第15巻）岩波書店 203-232.
金澤真実 2011.「国際開発援助からみた女性障害者——障害者権利条約における女性障害者の主流化が開発援助に与える意義と課題——」『Core Ethics』［立命館大学大学院先端総合学術研究科］ 7 63-73.
――― 2012.「開発途上国の女性障害者の結婚をめぐる一考察」『Core Ethics』［立命館大学大学院先端総合学術研究科］ 8 101-111.
小林昌之編 2010.『アジア諸国の障害者法——法的権利の確立と課題——』日本貿易振興機構アジア経済研究所.
――― 2012.『アジアの障害者雇用法制——差別禁止と雇用促進——』日本貿易振興機構アジア経済研究所.
――― 2015.『アジアの障害者教育法制——インクルーシブ教育実現の課題——』日本貿易振興機構アジア経済研究所.
澤敬子 2004.「マイノリティ女性の権利を考えるための素描——2003年女性差別撤廃委員会による審議を手がかりに——」『現代社会研究』［京都女子大学］(7) 151-162.
障がい者制度改革推進会議 2010a.「障害者制度改革の推進のための基本的な方向（第一次意見）」（平成22年6月7日）.
――― 2010b.「障害者制度改革の推進のための第二次意見」（平成22年12月17日）.

杉野昭博 2007.『障害学——理論形成と射程——』東京大学出版会.
瀬山紀子 2006.「国連施策の中にみる障害をもつ女性——不可視化されてきた対象からニードの主体へ——」『F-GENS ジャーナル』6　9月　63-69.
辻村みよ子 2013.『概説ジェンダーと法——人権論の視点から学ぶ——』信山社.
DPI 女性障害者ネットワーク 2012a.『障害のある女性の生活の困難——人生の中で出会う複合的な生きにくさとは——』（複合差別実態調査報告書）DPI 日本会議.
——— 2012b.『「障害者差別禁止法」に障害女性の条項明記を求めて——「障害のある女性の生きにくさに関する調査」から』（障がい者制度改革推進会議差別禁止部会資料，平成24年5月11日）（http://www8.cao.go.jp/shougai/suishin/kaikaku/s_kaigi/b_18/pdf/s2.pdf，2016年1月28日アクセス）.
——— 2014.「基本方針に関する意見」『基本方針に関する障害者団体からの意見一覧』（内閣府障害者政策委員会資料，平成26年1月20日）24-35（http://www8.cao.go.jp/shougai/suishin/seisaku_iinkai/k_10/pdf/s1-1.pdf，2016年1月28日アクセス）.
日本障害者リハビリテーション協会編 2012.「特集：女性と障害」『ノーマライゼーション　障害者の福祉』32（367）2月　8-33.
長谷川涼子 2009.「『障害と開発』における女性障害者のエンパワメント——アジア太平洋障害者センタープロジェクトの事例から——」『横浜国際社会科学研究』13（4・5）15-30.
林陽子 2015.「女性差別撤廃委員会での複合差別に関する議論の進展と日本」『IMADR-JC 通信』（181）.
藤原久美子 2015.「障害のある女性が直面する現地と私たちが求める政策」『IMADR-JC 通信』（181）.
松波めぐみ 2014.「障害者の権利保障のための地方の取組——京都府条例について——」『国際人権ひろば』（115）5月（http://www.hurights.or.jp/archives/newsletter/sectiion3/2014/05/post-242.html，2016年1月28日アクセス）.
元百合子 2011.「複合差別概念の有効性に関する一考察」『ジェンダーと法』（8）161-177.
森壮也編 2008.『障害と開発——途上国の障害当事者と社会——』日本貿易振興機構アジア経済研究所.
———2010.『途上国障害者の貧困削減——かれらはどう生計を営んでいるのか——』岩波書店.
優生手術に対する謝罪を求める会 2003.『優生保護法が犯した罪——子どもをもつことを奪われた人々の証言——』現代書館.

＜外国語文献＞

Astbury, Jill, and Fareen Walji 2013. *Triple Jeopardy: Gender-based violence and human rights violations experienced by women with disabilities in Cambodia*, AusAID Research Working Paper 1. (http://www.dfat.gov.au/about-us/publications/Documents/triple-jeopardy-working-paper.pdf, 2015年2月23日アクセス).

Blanck, Peter, Meera Adya, and Maria Veronica Reina 2007. "Defying Double Discrimination," *Georgetown Journal of International Affairs*, 8 (1) : 95-104.

Boylan, Esther, ed. 1991. *Women and Disability*, London: Zed Books.

CRPD (Committee on the Rights of Persons with Disabilities) 2015. "General comment on Article 6: Women with disabilities." (Draft prepared by the Committee), CRPD/C/14/R.1, 22 May 2015.

DAC (Disability Action Council) 2014. *National Strategic Development Plan (2014-2018)*. available at (http://dac.org.kh/en/download/22/national-disability-strategic-plan-2014-2018.html, 2015年2月23日アクセス).

de Silva de Alwis, Rangita 2009. "Mining the Intersections: Advancing the Rights of Women and Children with Disabilities within an Interrelated Web of Human Rights." *Pacific Rim Law & Policy Journal* 18 (1) : 293-322.

Edmonds, Lorna Jean. 2005. *Disabled People and Development*, Manila: ADB.

Groce, Nora E. 1997. "Women with Disabilities in the Developing World: Arenas for Policy Revisions and Programmatic Change," *Journal of Disability Policy Studies* 8 (1-2) : 177-193.

HRC (Human Rights Committee) 1998. *Concluding Observations of the Human Rights Committee: Japan*, CCPR/C/79/Add.102, 19 November 1998.

Lindqvist, Bengt 2000. "Monitoring the Implementation of the Standard Rules on Equalization of Opportunities for Persons with Disabilities: Final Report on the Second Three-year Mission, 1997-2000", United Nations.

OHCHR (Office of the United Nations High Commissioner for Human Rights) 2012. "Thematic study on the issue of violence against women and girls and disability," A/HRC/20/5, 30 March 2012.

Ortoleva, Stephanie 2010. "Women with Disabilities: The Forgotten Peace Builders." *Loyola of Los Angeles International and Comparative Law Review* (33) : 83-142.

Ortoleva, Stephanie and Alec Knight 2012. "Who's Missing? Women with Disabilities in U.N. Security Council Resolution 1325 National Action Plans." *ILSA Journal of International & Comparative Law* 18 (2) : 395-412.

Quinn, Gerard and Theresia Degener 2002. *Human Rights and Disability – The current use and future potential of United Nations human rights instruments in the context of disability*, New York and Geneva: United Nations, (http://www.ohchr.org/

Documents/Publications/HRDisabilityen.pdf, 2016年11月25日アクセス).
Sandoval, Rodrigo Jiménez 2009. "Gender in the Convention on the Rights of Persons with Disabilities." *Alabama Law Review* 60 (4) : 1197-1207.
Schaaf, Marta 2011. "Negotiating Sexuality in the Convention on the Rights of Persons with Disabilities." *SUR- International Journal on Human Rights* 8 (14) : 113-131.
UN (United Nations) 1994. *Report of the International Conference on Population and Development (Cairo, 5-13 September 1994)*, (A/CONF.171/13/Rev. 1).
UNESCAP 1995a. *Hidden Sisters: Women and Girls with Disabilities in the Asia and Pacific Region*, Bangkok: UNESCAP.
―――― 1995b. *Legislation on Equal Opportunities and Full Participation in Development for Disabled Persons: A Regional Review*. United Nations.

第1章

韓国の女性障害者
―――実態と法制度―――

崔　栄繁

はじめに

　韓国は儒教による家父長制文化の影響を強く受けてきたことから[1]，家庭や社会における女性の地位の低さが指摘されてきた。たとえば，国連開発計画の統計によれば，平均寿命，1人当たりGDP，就学率など「長寿で健康な生活」「知識」および「人間らしい生活水準」という人間開発の3つの側面を測る人間開発指数（HDI）のランクは世界188カ国中で17位である。一方で，世界経済フォーラムによる経済，教育，保健，政治の分野ごとに各使用データを集計し指数化したジェンダーギャップ指数（GGI）では145カ国中115位にとどまっている[2]。

　韓国政府はこれまで女性の社会的地位の向上に取り組んできた。1987年に男女雇用平等法（남녀고용평등법），1991年に男女差別禁止および救済に関する法律（남녀차별금지 및 구제에 관한 법률）が制定された。そして，1995年の女性発展基本法（여성발전기본법）の制定は女性に関する施策の拡充に大きく寄与した[3]。2001年には女性問題に特化した女性省（여성부）を創設している（現在は女性家族省［여성가족부］）。また，2014年には女性発展基本法を全面的に改正し，男女の平等とその権利を保障する両性平等基本法（양성평등기본법）を制定し翌2015年から施行されている。こうした政府の動きの背

景には，1980年代の民主化運動の流れのなかで多くの女性団体が生まれ，それ以降，活発な女性運動が展開されてきたということがある（山下 2007, 35-38）。

女性障害者[4]については，韓国は2006年に国連総会で採択された障害者権利条約（CRPD：以下，権利条約）の交渉過程に政府と NGO がともに積極的にかかわった国のひとつであり，とくに女性障害者の個別条項である第6条（「障害のある女子」）（Article 6–Women with disabilities）[5]を盛り込むことに大きく寄与した。また，障害者差別禁止および権利救済に関する法律（장애인차별 및 권리구제에 관한 법률：以下，障害者差別禁止法）においても女性障害者の個別条項を設置するなど，女性障害者の権利保障に取り組んでいるようにみることができる[6]。これらの成果の背景には1990年代後半から活発になってきた女性障害者の当事者による運動が挙げられる。

韓国の障害者法制はアジアにおいて先進的であるとみられているものの，女性障害者の観点からはどうなのであろうか。本章では女性障害者の生活実態とそれに対する法制度の対応を分析し，なお残されている女性障害者の課題を明らかにする。本章では以下，第1節で統計や「語り」などから，家父長制の影響によって女性の地位が低いとされている韓国で，さらに「障害」という社会的不利益をこうむり得る属性を備えている女性障害者が，生活上どのような困難を抱えているかという実態について検討する。そして第2節で女性障害者政策と一般の女性政策を概観し，性別に基づいて社会的に要求される役割というジェンダーの観点や女性障害者がおかれている複合差別の解消という観点から課題を整理する。第3節で一般的な障害者法制であり女性障害者に関連する障害者差別禁止法と運用実態を概観し，障害者権利条約に関する動向を検討する。2008年に権利条約を批准した韓国政府に対して，2014年9月の国連障害者権利委員会（以下，障害者権利委員会）との建設的対話（審査）を経て，10月3日，同委員会より韓国政府報告書に対して総括所見（concluding observation）が出されており（UN CRPD 2014），これも韓国の女性障害者に対する法制度の課題を明らかにする手掛かりとする。最後にこ

れらの検討をふまえて韓国の女性障害者政策の課題を考察する。

第1節　韓国の女性障害者の現況

1．障害者の概要

　まず，障害者の概要である。韓国は障害を15の種別に分け，障害の程度によりもっとも重い障害を1級として，順に6級まで区分している。日本に類似した制度として障害者登録制度があり，障害者として登録をすることで各種福祉サービスを受給することができるようになる。2014年末の登録障害者数は249万4660人であり（うち女性障害者は104万5582人）[7]，韓国の総人口約5000万人に対する登録障害者の比率は約5.1％となっている。一方，韓国政府は障害者福祉法第31条等の規定に基づいて3年ごとに行っている実態調査により，登録をしていない障害者も含めた障害者数の推定値を出しており，2013年末現在で272万6910人の障害者がおり，うち116万2570人が女性であるとしている。この数値では障害者は総人口に対して5.59％の比率となる（보건복지부/한국보건사회연구원 2014, 110-112）。

　障害者に関する法制度はとくに1990年代後半以降，整備されてきている。おもな法律としては，福祉サービスに関する障害者福祉法（장애인복지법），障害児・者の教育に関する障害者等に対する特殊教育法（장애인등에 대한 특수교육법），雇用に関する障害者雇用促進及び職業リハビリテーション法（장애인고용촉진 및 직업재활법），そして，本章で取り上げる障害者差別禁止法など多様な領域において，法律が整備されている。

2．女性障害者が直面する困難

(1) 統計

韓国の女性障害者政策の課題の考察という本章の目的から，女性障害者に関する法制度だけではなく生活実態において，どのような困難な状況にあるかイメージをもつことは重要である。さまざまな領域の格差について，障害のある男性とない男性，障害のある女性とない女性の4者を比較した統計やデータがあれば一定程度の理解が可能であるが，韓国にはそのようなデータは存在しない。こうした統計やデータの欠如は韓国だけの問題ではなく，障害者権利委員会が権利条約上の第34条と第35条の国際監視のシステムに基づいてとりまとめる締約国各国の政府報告に対する総括所見をみれば，多くの国に共通する問題でもあることは明らかである[8]。そこで本章では，経済活動や所得と教育分野の一部という非常に限られた分野であり，かつ，同一の統計におけるデータでの比較が困難であるという限界はあるが，一般男性と女性の比較データ，障害者と障害のない人との比較データ，女性障害者と男性障害者の比較データを検討することで，女性障害者が社会的におかれている地位を推測することを試みる。

まず，韓国の一般的な男性と女性の格差についてみることとする。経済活動参加率と性別賃金労働者の賃金基準をみると，2013年基準で，経済活動参加率については男性が73.2％，女性は50.2％，賃金水準は男性が298万6164ウ

表1-1　男女の賃金格差

		2010	2011	2012	2013	2014
女性	月額給与	1,477	1,548	1,654	1,705	1,742
	対男性比率（％）	62.6	63.3	64.4	64.0	63.1
男性	月額給与	2,361	2,444	2,569	2,664	2,761

（出所）e国の指標（e-나라지표）（統計庁［통계청］2015年）を編集，筆者作成。

ォン，女性は203万2905ウォンとなっている（여성가족부 2014, 41-42）。月額の給与については2014年基準で男性が276万1000ウォン，女性が174万2000ウォンであり，女性は男性の63.1％の水準にとどまっている（表1-1を参照）。

　つぎに，障害者と障害のない人との格差についてである。一般の世帯と障害者世帯の月平均の所得の格差についてみてみると，障害者世帯のそれは223万5000ウォンであり，全国一般世帯の月平均所得415万2000ウォン（2014年6月基準）の53.8％の水準である。障害者世帯の月平均の支出額では，障害者世帯のそれは170万6000ウォンであり，一般世帯324万9000ウォンの52.5％の水準である（2014年6月基準）（보건복지부/한국보건사회연구원 2014, 19）。また，満15歳以上の経済活動参加率も全人口におけるそれが63.1％であるのに対し，障害者は39.1％である。また，経済活動参加率については男性障害者が50.26％であるのに対して女性障害者は23.73％にすぎない（보건복지부/한국보건사회연구원 2014, 22）。

　さらに，男性障害者と女性障害者のあいだにも格差はみられ，上述した経済活動参加率もそのひとつであるが，教育水準についてこの格差はより顕著である。全男性障害者のなかで27.7％が初等学校以上の学歴をもたないが，女性障害者のそれは57.8％となり，この女性障害者で初等学校以上の学歴をもたない者のなかで学校に行っていない人は21.0％に達する。女性障害者の5人に1人は学校教育をまったく受けていないということになる。また，大

表1-2　障害をもつ男女の就学歴
(％)

就学程度	女性障害者	男性障害者
無学	21.0	4.7
初等学校	36.8	23.0
中学校	14.2	17.7
高等学校	19.3	34.5
大学以上	8.6	20.2

（出所）　2014実態調査付録489ページ（付表3-4-1）より抜粋し，筆者作成。

学以上の学歴をもつ男性障害者は20.2％であるのに対し女性障害者は8.6％にすぎない（表1-2を参照）。女性障害者の学歴の低さはそのまま就労の格差につながる。上記の経済活動参加率のほかにも，男性障害者の雇用率は2014年基準で49.4％であるのに対し女性障害者は19.8％にすぎず，逆に失業率は女性障害者が9.3％であるのに対して男性障害者のそれは5.8％となっている（한국장애인고용공단 고용개발원 2015, 8）。

(2) 事件等

報道などがされた事件等をみると，2000年代初頭に江原道（강원도）で，知的障害をもつ女性が集落の人たちから6年以上にわたり継続的な性暴力を受けたことが明るみになり，この事件が契機となって韓国で初の女性障害者の性暴力相談所が開設された[9]。その他，2011年には，2000年代初頭にろう児の施設や学校における性的虐待が常態化していた事件についてその実話をもとにした映画「トガニ」（도가니）[10]が大きな社会的関心を引き起こした。これが契機となり，女性障害者と児童を対象にした性的暴行犯罪に対し，公訴時効を排除する等の内容を盛り込んだ「性暴力犯罪の処罰等に関する特例法改正案」（성폭력범제의 처벌 등에 관한 특례법：以下，性暴力特例法とする）が採択された。性暴力特例法は映画のタイトルにちなんで「トガニ法」とも呼ばれている。これについては後述する。また，重大な人権侵害の例として女性障害者の子宮摘出の問題も社会問題となった。障害者権利条約 NGO 報告書連帯（장애인권리협약NGO 보고서연대：以下，報告書連帯）が障害者権利委員会に提出した NGO レポート（パラレルレポート）では，本人の同意なしに知的障害者11人から子宮摘出手術を行った事例が報告されている[11]。

(3) 女性障害者による「語り」

つぎに，社会的不利の要因になり得るふたつの属性——障害と女性——によって複合的な困難を抱えながら生きる女性障害者の具体的な生の像を浮かび上がらせるため，もう少し女性障害者個人に焦点を当て，当事者の「語

り」をとおして実態をみてみることとする。障害種別や世代の差，ライフスタイルなど多様な個人の生涯におけるさまざまな領域すべての語りを紹介することはもちろん不可能であるが，生涯全般にわたって関連する暴力，生涯の特定の時期に経験する婚姻，リプロダクティブライツにしぼって声を紹介する[12]。

　まず，暴力についてである。
「ある程度の年の大人いるじゃないですか。通りすがりに何度かやられてしまったことがあるのですが，大人の場合，近くによってくるじゃないですか。そして胸を触っていくんですよ。何回かやられました。私はやっていないっていわれたらこちらも言い返せないじゃないですか。道端でけんかするわけにもいかないし，こういうこと結構ありますよ。体に触ってきたり，胸をもんで行ってしまうというような……」(한국여성정책연구원 2010, 30)。
「こんな（性的な暴力）話，どこにするんですか。話ができるところもないし。まあ，自分が避けていればいいのかと思って自分で避けます」(한국여성정책연구원 2010, 30)。

　つぎに家庭や結婚についての経験である。
「私の家族のなかで，私とお兄さんが視覚障害者です。結婚問題で私の両親，とくに母は私に対して早くから結婚はするなといっていました。普通の女性でも結婚すると大変だ，お前はそのうえ目が見えないのだから，結婚して男性の面倒をみながら苦労して生きる必要はない，とくに最近は離婚率も高くなっているのだから，といったような話をします。もちろん母のせいで結婚をしなかったのではありませんが。私はこのような話を小さなときから聞いて育ってきました。お兄さんには，何十年も前に就職をちゃんとしたので，そうならお前はそこでいい女性がいたら同居するなり結婚するなりしなさい，といった調子でした」(한국여성정책연구원 2010, 31)。
「韓国は男の子を望む思想，儒教思想があって，ある程度お金がある家では男性の障害者は高校まで通わせます。でも女性障害者は外に出さないようにするんです」(한국여성정책연구원 2010, 31)。

つぎは生殖，リプロダクティブライツに関連すると思われることである。「何で大変な思いをして子どもを産もうとするのか，ちゃんとした人でも大変なことなのに，子どもなんてつくらずに生きていけばいいのに，こういう言葉を聞くと本当に傷つきます」(한국여성정책연구원 2010, 33)。
「そのおばあさんの言葉は忘れられないのですが，旦那さんも障害者かと聞いてきたんです。私はその言葉のニュアンスがわかったんです。障害者は遺伝のようなものとみるせいで私が子どもを身ごもってお父さんも障害者であれば子どもも障害者が生まれてくるのではないかということが私にもわかったので。主人は障害者ではありませんよといったらおばあさんが，ああよかった，とおっしゃったのです。私がそういう遺伝ではありません，と話をしましたが，その時にはおばあさんが小さい頃にもった考え方に染まっていて，聞いてくれそうでもなく。何とも言えませんでした」(한국여성정책연구원 2010, 33)。

これらの「語り」だけからも，女性障害者は障害のない女性では経験することのないことを経験し，男性障害者でも経験することがないことを経験し，生活のさまざまな場面で障害のない人や男性障害者よりも排除されやすい位置に立たされることが推測される。

3．小括——生活の困難の複合性——

統計における所得や経済活動参加率をみると，女性障害者が一般の女性と男性，男性障害者と比較して一番低いことがわかる。こうした数値の低さの背景を上記の「語り」を参考に検討する。ある女性障害者は，韓国の家父長制の伝統から男の子が望まれる，あるいは男性優先という点では障害をもっていても男性にはそれなりにさまざまな機会が与えられることがあるが，女性障害者は家に閉じ込められがちとなると述べている。すると女性障害者は人との関係づくりや人に対する自分の意見の表明をする力が相対的にそがれてしまうことになる。また，「何で大変な思いをして子どもを産もうとする

のか，ちゃんとした人でも大変なことなのに，子どもなんてつくらずに生きていけばいいのに」ということを言われる。あるいはおばあさんから受けた言葉からも，障害は悪いこと，障害のない女性と同じようにしてはいけない，という自らの価値を低くみてしまうということが生じる。これは家庭や社会における男性障害者への扱いの差からも生じることである。他者との関係づくりにおける経験の不足や自尊感情の低さが，たとえば最初の「語り」の性暴力についてもそうした被害を受けやすくなり，解決においても自らの声が出しにくくなり，本来であれば暴力を行使した者が責任を負うべきところを「自分が避けていればいいのだ」ということになる。そしてこうした暴力はますます増長される。家父長制からくる思考や慣習，社会一般の障害に対する認識などが複合的に重なり合い，日常生活のさまざまな領域でこうした体験が積み重ねられ，それが相乗的な作用を起こして統計上の数値や事件として社会に表れてくると思われる[13]。

　ここで権利条約第6条「障害のある女子」の1項で使われている「複合的な差別」(multiple discrimination) について若干ふれる。「締約国は，障害のある女子が複合的な差別を受けていることを認識するものとし」と規定されているが，韓国の法制度上複合差別の定義は今のところ存在しない。上野千鶴子によれば，社会的弱者は複数の差別を同時に経験しており，複合差別は，複数の差別が単に蓄積した状態ではなく差別が互いに絡み合い複雑に入り組んでいる状態とし（上野 1996），加納恵子は「複数の重大な差別要因が相乗的に影響しあって生み出される深刻な権利を剥奪された状態」（加納 2004, 110）と述べている。理念ではない実定法上の差別禁止法制における女性障害者の「複合差別」の課題にしぼると，そうした「複合差別」の法律上の定義化には立法事実の積み重ねも含めて丁寧な検討が必要である。女性障害者への差別的な状況は複合的な要因が相乗的に影響しあってできたものであり，この認識のもとで差別的状況が発生している原因の分析は必要であるが，法律の適用に当たり救済されるべき複合差別とはどういった差別であるのか概念の明確化が必要であると思われる。たとえば，女性障害者特有の問題とし

て女性障害者による出産や育児の問題がある。当該分野での特定の場面における差別的な取り扱いとして考えられるのは，受診や治療，入院などの拒否や，合理的配慮を提供しないことがまず考えられる。そうした取扱いの是正においては，複合差別の定義を新たに設けなくても，障害者差別禁止法——日本では障害者差別解消法——の規定に基づく差別禁止や合理的配慮の提供，すなわち，障害差別の文脈での解決が可能となり得る。しかしながら，この場面において家族や関係者より家父長制や障害に対する認識から，たとえば女性障害者であることを理由に堕胎を薦められ，婚姻や出産，養育の機会から実際に制限や排除されることがあれば，既存の障害差別のみの枠組みでは解決できない可能性もある。女性障害者の「複合差別」の概念整理は今後の大きな課題である[14]。

第2節　女性障害者政策

　本節では，韓国政府による女性障害者施策の概要を整理する。まず分析の前提として，2015年に大きく変わった女性施策一般の根拠法を紹介する。女性施策の根拠法であった女性発展基本法が2014年に両性平等基本法に全面改正され，2015年7月より施行された。この法改正は「女性政策のパラダイムの変化」ともいわれる（박선영 2014, 11）。女性政策の理念と方向性を定めた両性平等基本法の内容と課題を整理することは，女性障害者施策を検証するうえで欠かすことはできない。

1．女性発展基本法と女性施策推進体制

　1995年の女性発展基本法の制定が本格的な女性政策のはじまりとされる。同法は「憲法の男女平等理念を具現するため，国家と地方自治団体の責務について基本的な事項を規定することにより，政治・経済・社会・文化のすべ

ての領域において男女平等を促進し女性の発展をめざすこと」を目的とする（第1条）。国・地方自治体が積極的差別是正措置をとること，女性家族省大臣（여성가족부장관）が国や自治体に対して措置に関する勧告を行うこともできるとする規定（第5条），5カ年計画となる女性政策基本計画の立案（第2章），政策決定過程や政治参画（第15条），国や自治体における女性の雇用促進と男女差別禁止規定等が盛り込まれている（第16条，第17条）。

女性発展基本法はこの間の韓国の女性施策推進をけん引し，施策の発展に大きく寄与した。性暴力や家庭内暴力の防止のための法制定を行い，国が介入して防止し，被害者を救済する犯罪とし，2012年には刑法上の性犯罪の親告制度を廃止している。家族関係においては，2005年に戸主制度が廃止され，2008年の戸籍法（호적법）の廃止とそれに先立って制定された「家族関係登録等へ関する法律」（가족관계등록등에 관한 법률）は，男女平等の家族関係確立の基盤となったとされている（이기순 2015, 7）。

また2001年，女性施策の担当省庁として女性省が新たに政府に設置され，初代の大臣（장관）に女性運動のリーダーであった韓明淑氏が就任した。現在は女性家族省と名称を変え，権益増進局，女性政策局，企画調整室，青少年家族政策室，25課で構成されている。女性省の前身は，当時の金大中政権が政府組織法（정부조직법）第18条によって1998年に設置した大統領所属の女性特別委員会（여성특별위원회）である。同委員会は1999年に「男女差別禁止および救済に関する法律」を制定する等の成果を上げている。しかし，特別委員会という組織体制では予算や人員等の限界があり，2001年に新たな省の設置となったのである。新設された女性省は，女性特別委員会の業務以外に，保健福祉省から家庭暴力や性暴力被害者の保護等の業務を，さらに労働省（노동부）から「女性の家」の業務の移管を受けている。その後，青少年および多文化家族を含む家族機能が保健福祉省より移管され，女性の総合的な施策および，権益増進等の地位向上のみならず，家族政策，青少年の育成や保護の業務を担当している[15]。

2．両性平等基本法の内容と問題点

　両性平等基本法（박선영 2014, 8-11）は2014年5月2日に国会本会議で採択され，2015年7月1日より施行された。2009年より女性発展基本法の改正論議が国会で本格化し，法案として性平等基本法（성평등기본법）案と女性家族省から出された女性政策基本法への改正案をめぐる議論が行われたが，第18代国会の閉会によって両案ともに廃案となった。その後の第19代国会において性平等基本法案と両性平等基本法案が上程され，折衝の結果，両性平等基本法の採択に至った（박선영 2014, 2）。7つの章と全53の条文からなる同法のおもな内容を紹介する。

　まず総則（第1条から第6条）のおもな内容である。第1条の法の目的を女性発展基本法の「男女の平等の促進」と「女性発展」から「両性平等の実現」とし，基本理念での「女性発展」を削除し，性差別の解消と両性の同等な参画と待遇を通じた実質的両性平等社会の実現とした。また，第2条で両性平等を「性別による差別や偏見，蔑み及び暴力なしに人権を同等に保障され，すべての領域で同等に参画し，待遇を受けることをいう」と定義し，雇用の分野のみであったセクシャルハラスメントの範囲を拡大した。第2章（第7条から第13条）では両性平等政策の基本計画の立案などを定め，両性平等委員会の審議内容の拡大や両性平等実態調査を5年ごとに行う旨が規定された。第3章（第14条から第41条）は基本施策を定め，とくに重要なものとして，現在も行われているが，法的根拠がなかったジェンダー教育や国家性平等指数等を明記し，政治や政策決定過程，公職でも男女の均衡のとれた参画のための措置をとることが明文化されたことである。国や地方公共団体に対して性差別を禁止するための施策の義務も課している。

　女性の発展から男女平等という法の目的や基本理念変更は女性施策のパラダイムの転換をもたらす可能性はあるが，課題や問題点も指摘されている。たとえば，法のタイトルや目的が「性平等」ではなく「両性平等」とされた

点である。これは「性的」のみにすると「性的指向」も含まれることに対する憂慮などから，同法への導入は見送られたという。「両性」が男性と女性という性的アイデンティティを前提としたものとしてとらえられ，かえってトランスジェンダーなどの性的マイノリティを排除してしまう恐れがある（한국여성단체연합 2014, 89）。また，公務員に対するジェンダー教育が義務化されているが対象を担当者だけでなく，すべての公務員にするべきなど内容についてもさまざまな課題が指摘されている[16]。施行後間もない現時点においては，今後の施行状況を注視すべきだろう。

3．女性障害者施策の内容

(1) 女性障害者政策の概要

韓国の障害者政策においては障害者政策総合計画という5カ年計画を立案し，推進するという体制をとっている。以前は障害福祉発展5カ年計画という名称であった。第2次障害福祉発展5カ年計画（2003～2007年）立案時に，女性障害者支援対策を主要項目として設定し，成人知力の向上，就業と所得保障，健康管理の強化，出産養育支援，暴力防止および予防を推進した。第4次障害者政策総合計画（2013～2017年）では，女性障害者の妊娠・出産支援，女性障害者体育教室運営，女性障害者社会参加支援拡大，女性障害者への暴力防止および被害者支援，性暴力被害障害者に対する助力人制度の導入を取り入れている。これが政策推進の大枠となる。

女性障害者施策のおもな担当省庁は保健福祉省（보건복지부）と女性家族省である。女性家族省は女性政策に深く関係する事業等の担当省庁となり，障害者施策の担当省庁は保健福祉省であるためである。

女性障害者に関する韓国政府の政策としては次のものが挙げられる（シン・ドンホ 2014）。おもなものとして，まず，保健福祉省では，教育支援事業として女性障害者の要望および障害特性に基づいた利用者中心の教育プログラムの提供を全国31機関で307の事業として行っている。また，2015年度

表1-3　女性障害者に対する各省庁別の施策

担当省庁	事業名	おもな内容
保健福祉省	教育支援事業	○女性障害者の要望および障害特性に基づいた利用者中心の教育プログラムの提供（全国31機関で307の事業）
	オウリムセンター（올림센터）運営	○その人の視点に立った相談における悩み解決 ○エンパワメント教育および地域社会機関と連携，事後管理等（女性障害者団体や障害者福祉館に委託し，22か所運営中）
	出産費用支援事業	○出産時，1人当たり100万ウォン支援
女性家族省	特化教育支援	○イメージ編集教育，テレマーケッター養成教育，バリスタ養成課程支援
	エンパワメント（역량강화）事業	○女性障害者のための経済・社会・文化面のエンパワメント
	暴力防止および被害者支援	○障害者相談所，障害者保護施設，家庭暴力被害者の統合障害者保護施設の設置運営機関の選定
雇用労働省	雇用支援	○女性障害者雇用奨励金の支給と優先採用 ○女性障害者への適合職種の開発
文化体育観光省	体育活動支援	○女性障害者体育活動支援
法務省	性暴力被害者支援	○性暴力被害障害者のための助力人制度の導入

（出所）　신동호（2014）4ページの表2（표2）を修正し，筆者作成。

からは女性家族省の事業であったオウリムセンター（어울림센터）[17]の運営が移管され，エンパワメント（역량강화）教育などの事業を行っている。出産費用支援事業として，出産時，1人当たり100万ウォンの支援を行っている。女性家族省は，特化教育支援としてたとえばバリスタ養成課程支援を行っている。またエンパワメント事業や暴力防止および被害者支援のための障害者相談所や障害者保護施設，家庭暴力被害者の統合障害者保護施設の設置や運営機関の選定を行っている（表1-3を参照）。

　これらの政策をみると，教育，出産等に対する支援，性暴力被害者の救済，雇用支援ということがおもな政策となっていることがわかる。保健福祉省では，教育関連事業や母性権と呼ばれている妊娠や出産，養育等の支援を行う一方で，女性家族省は，1点目として性暴力被害の対策，2点目として実社

会への参加のための職能技術習得に力を入れている。1点目の性暴力被害者に関する事業では，障害者相談所（女性障害者性暴力相談所と同義）が全国25カ所において民間委託方式で運営されている。たとえば，女性障害者最大のNGOネットワークである韓国女性障害者連合（한국여성장애인연합）[18]は6カ所で運営している。障害女性共感（장애여성공감）という団体が女性家族省からの委託を受けソウルで運営している障害者相談所の場合，これまでに100人前後の性暴力被害者の支援を行っている。このうち70％が知的障害者とのことである。裁判支援や家族相談支援など，被害者1人当たり10から15種類の支援が必要なので支援数に直すと1500ほどの支援として数えることができるとのことである。また，相談案件は長期的なものが多く，司法事例も多いとのことである[19]。性暴力に関連して，障害者保護施設が4カ所で運用されている。2012年の入所者数と退所者数は78人で同一であり，継続して入所している入所者数は108人となっている[20]。これらの数字は2011年に比べると若干増加している[21]。2点目についてはとくに，出産後に職場復帰できない経歴断絶女性の問題を重視している[22]。韓国は障害者を含む社会政策の方向性として，雇用政策に重点をおいており（崔 2012），この点がはっきりと出ているように思われる。女性家族省のスローガンも「仕事と家庭の両立」となっている。これについては性役割の固定化につながるとした批判も聞かれる[23]。

雇用関係の施策に関連して，雇用労働省の障害者雇用奨励金支給制度をみると，2010年4月1日以降，入社時期や障害の程度，性別によって，月額15

表1-4　障害者雇用奨励金支給内容

（ウォン）

		軽度（障害者）男性	軽度女性	重度男性	重度女性
2010年4月1日以降	入社3年未満	30万	40万	40万	60万
	入社3〜5年	21万	28万		
	満5年を経過	15万	20万		

（出所）　신동호（2014）8ページの表6（표6）より抜粋。

万ウォンから60万ウォンが支給される。女性障害者や障害の重い人に手厚くなっており，入社3年未満の軽度の男性障害者は30万ウォン，軽度の女性障害者は40万ウォン，重度の男性障害者は40万ウォン，重度の女性障害者は60万ウォンとなっている。軽度の障害者は入社3年未満，3〜5年，満5年を経過と3つに分類され入社から時間がたつほど支給額が減るのに対して，重度障害者は変わらない（表1-4参照）。

(2) 性犯罪特例法

先述のとおり，女性障害者に対する性暴力事件が社会に大きな衝撃を与え，法制度が整えられてきた。女性障害者への暴力に対する法律は刑法，障害者差別禁止法，犯罪被害者保護法（범죄피해자보호법）のほか，性犯罪に関する性暴力特例法や児童青少年性保護等に関する法律（아동 청소년 성보호 등에 관한 법률）がある。ここでは性犯罪処罰特例法について救済の手続きも含めてみることとする。

性犯罪特例法は障害者に特化した法律ではもちろんない。しかし，映画トガニの衝撃から2011年の法改正につながり，それにより女性障害者と未成年者に対する規定が大きく変わった。障害者への性暴力類型の細分化，量刑の強化，偽計または威力を用いた障害者に対する性暴力犯罪を非親告罪に転換，13歳未満の女性児童と女性障害者に対する暴行，強迫による強姦と準強姦罪の公訴時効の廃止などである。とくに注目すべき点は，偽計や威力による性暴力犯罪を親告罪ではない犯罪とした点である。改正前は刑法第302条の心神耗弱者の姦淫罪を適用しており，これは親告罪として被害者の告訴がなければ加害者の処罰はできないものであった。しかし，改正により性暴力特例法第5条に第5項と第6項が追加され，非親告罪とされたことで被害者の告訴は必要なくなったのである。女性障害者，とくに知的障害がある女性の場合には，刑法上の暴行や脅迫にならない程度の偽計や威力などで犯罪に巻き込まれることが多く，自ら告訴することはそれほど簡単ではない。また親告罪では，告訴を取り下げれば処罰されないため加害者側が和解を求めること

が多く，これを拒否すれば二次被害に遭う可能性も高かったため，和解を受け入れることも多かったという。しかし，非親告罪となったことで加害者に法的制裁を加えることができる機会は増えた[24]。

また，相談体制なども整っている。被害を受けた本人などが警察に申告すると，被害者は検察が運営する性暴力被害者の支援施設であり，指定の病院に設置されているヘバラギセンター[25]（センター長は病院長）において，陳述分析家や速記者を指定し，国選の弁護人と相談員が被害者から直接陳述の内容を聞くこととなる。その陳述内容を分析し，司法手続きに入る仕組みになっている[26]。これは，とくに知的障害や発達障害のある女性が被害者として多いため，事実内容の確認と意思の疎通を慎重に行う必要があるためである。

次節では女性障害者に特化していない一般的な障害者関連法制度のなかでとくに女性障害者に関連する障害者差別禁止法や権利条約に関する動向を検討する。

第3節　障害者権利条約，差別禁止法と女性障害者

1．障害者差別禁止法

障害者差別禁止法は障害者の権利を保護し，差別被害者の救済を定める法律であり，韓国の障害者施策上，重要な法律のひとつである。同法では，障害者あるいは障害者の関係者に対する直接差別，間接差別，合理的配慮（正当な便宜）の拒否等の差別を禁止する。女性障害者については，第5節の第28条（母・父性権の差別禁止）で「何人も障害者の妊娠，出産，養育等，母・父性権において，障害を理由に制限・排除・分離・拒否してはならない」「国家および地方自治団体で直接運営し，又はそこから委託あるいは支援を受けて運営する機関は，障害者の避妊および妊娠・出産・養育等における実質的な平等を保障するため，関係法令が定めるところにより障害種別および

程度に適合した情報・介助者派遣サービス等の提供および補助機器・道具等の開発等，必要な支援策を準備しなければならない」「国家および地方自治団体は，妊娠・出産・養育等のサービス提供と関連して，この法に定める差別行為を行わないように広報・教育・支援・監督しなければならない」などの規定がされており，第29条（性による差別禁止）では，性的自己決定権が確認され，「家族・家庭および福祉施設等の構成員は，障害者に対し障害を理由に性生活を享有する空間およびその他の道具の使用を制限する等，障害者が性生活を享有する機会を制限し，又は剥奪してはならない」と規定がなされている。これらの規定をみると，母性権といわれる妊娠や出産，養育という面に焦点が当てられている。性を否定されてきた歴史をもつ女性障害者の声が反映されたものであるが，「母性」や性的自己決定に関する規定のみがなされ，ジェンダーの視点からの性的役割からの解放という側面が欠けているとの批判がある[27]。

女性障害者に関する事例や紛争解決の実態については，国家人権委員会によれば，同法第28条，第29条に該当する女性障害者特有の案件というのはあまりなく，一点，女性障害者の出産における正当な便宜の問題が取り上げられたことがあったとのことである。それ以外には，教育や雇用など同法の他の条項で対応しているもの，あるいは「障害者差別」ではなく女性差別の問題で取り扱っている場合があるのではないかとのことであった[28]。

障害者差別禁止法の運用面において，こうした女性障害者の取り扱い実態しかないことになっている理由として考えられることのひとつは，国家人権委員会が女性と男性の統計上の区別を行っていないためにそれらが明確にできないということである。女性障害者の事例とそうではない事例を体系的に把握していないという批判がされている[29]。統計やデータの収集においては，障害者差別禁止法に関するものに限らず，政府機関の統計が全体的に性別ごとのデータを収集していないということが，国連障害者権利条約 NGO 報告書連帯（UN 장애인권리협약 NGO 보고서연대）[30]が国連障害者権利委員会に提出したパラレルレポートのなかでも指摘されている（Korean DPO and NGO

Coalition for UN CRPD Parallel Report 2014)。

　もう一点，これは推測の域をでないが，女性障害者の社会参加そのものが男性障害者ほど進んでいないため，障害者差別禁止法で規定する各生活領域において女性障害者特有の差別事例や必要とされる正当な便宜（崔　2010, 51-52）が浮かび上がってきていないという可能性が考えられる。上述のとおり，女性障害者は学歴が低く経済活動の参加率も男性，女性，男性障害者と比較すれば一番低い。所得も低くならざるを得ない。このような状況では，法が禁止する差別を差別と認識する機会，生活活動において不当な扱いを不当であると認識する機会，あるいはそれを申し立てる機会が制限されているのではないかと思われる。

2．障害者権利条約と国家人権委員会

　前述のとおり，2014年10月3日に国連障害者権利委員会より韓国政府に対して総括見解（concluding observations）が出された[31]。女性障害者に関してもいくつか出されている。

　まず，女性条項である第6条関連である。障害者権利委員会は，①障害関係の法制度にジェンダーの視点が取り入れられていないことに留意し，家庭内暴力の防止のための効果的な措置が欠如していることに懸念を示し，②ジェンダーの視点を障害法政策にメインストリーム化することと，女性障害者に特化した政策の開発を勧告し，③DVや性暴力防止のための教育プログラムを策定するときに障害の視点を取り込むことで，居住施設の内外における女性障害者への暴力に対する効果的な措置をとることを勧告し，④女性障害者が，一般教育を終えたあるいはそれから排除されたということにかかわりなく，女性障害者の選択とニーズによる効果的な生涯教育を受けることを確保することを勧告し，⑤女性障害者の妊娠中や出産における支援を増やすことを勧告した。

　つぎに，国連障害者権利条約NGO報告書連帯のパラレルレポートに子宮

摘出手術の指摘があった第17条においては，強制不妊手術を根絶するための適切な措置をとることや，地域や入所施設において，強制不妊手術に対する保護を提供し，それがアクセシブルで効果的であるようにすることを勧告している。また，強制不妊手術の実態調査を行うことも勧告した（UN CRPD 2014, para. 33-34）。

また，第27条の労働条項についても男女障害者の格差をなくすための政策をとることを勧告しており，第31条の統計・データの収集についても性別や年齢等，区分されたデータ等の作成を勧告している[32]。

こうした国連の動きに対して，障害者権利条約第33条が定める独立した履行のための監視機関たる国家人権委員会は，障害者権利条約に特化した監視活動は現在のところは行っていない。ちなみに韓国においては，同条約第33条が規定する条約履行の監視の体制として，日本の障害者基本計画に該当する障害者政策総合計画の履行状況の監視がすなわち権利条約の履行状況の監視に当たるとされる。日本において内閣府の障害者政策委員会が障害者基本計画の実施状況を監視することが，すなわち，権利条約の履行状況の監視に当たるとされることと同様の仕組みである[33]。

これについて，国家人権委員会の担当者によれば，2019年の次の障害者権利委員会との建設的対話までに関連部署や機関における総括所見の履行状況について，国家人権委員会が監視するための5カ年計画を立てる予定であるとのことである[34]。

おわりに――評価と課題――

以上，韓国における女性障害者の制度や実態について考察した。一般の女性施策が1990年代から本格化したのに対して，女性障害者については女性障害者への性暴力事件を契機に2000年以降ようやく独自の政策が行われるようになったということからみれば，この15年で女性障害者の施策に関する法律

や制度上のメニューはかなり充実してきたといえよう。性暴力に関しては映画化されたトガニ事件を契機とした法改正も含めてとくに取り組みが早い。性暴力問題は，国連障害者権利委員会が締約国に対して示している総括所見からわかるとおり各国に共通する問題であり，女性障害者に特化した性暴力相談所が全国に25カ所設置されたことや，その他の性暴力被害者の救済のための韓国の仕組みは，他の国々に参考になると思われる。性暴力への取り組み以外にも，相談事業や職業訓練などの施策が行われ，女性障害者の社会参加を促進している点は評価できるものである。エンパワメント事業は低い社会的地位におかれた者が失いがちな自己肯定感を向上させる点で意義があり，手に職をつけるための事業も大切である。

　一方で課題もみえてきている。女性問題と「障害」が複合的に重なり合い，相乗されつくられてきた女性障害者の複合的な生きにくさ，生活のしづらさ，複合的な差別的状況をどのように解決していくか，明確な方向性は示されていない。まず，女性障害者を含む女性の地位の相対的な低さの原因を取り除く必要がある。本章でも紹介した国際比較の数値をみても韓国のジェンダー観点からみた格差は大きい。女性の地位を改善することが必要であり，そこには家父長制の伝統の克服が含まれる。その点で，それまでの女性発展基本法が両性平等基本法へ改正され，ジェンダーの視点で両性の平等が女性施策の基本的な理念となった。法律の内容にはさまざまな課題を含みながらも，今後，実態がどのように変化するのか注目したい。一方で，女性障害者の複合的な差別的状況を変えるうえで，一般の女性問題における女性障害者問題のメインストリーム化は欠かせない。両性平等基本法においてマイノリティ集団に対する規定はされておらず，女性施策一般に女性障害者の視点がどれだけ盛り込まれるのか明確ではない。一般の女性政策にジェンダーの観点を取り入れることは女性障害者の複合的な差別的状況を改善するために必要であり，今後の課題である。2014年11月，「北京プラス20ポスト2015　ジェンダーの観点からみた韓国社会の変化」というシンポジウムが開催され，女性問題についてマイノリティ女性が一堂に会して討論する機会がもたれたのは

初めてとのことであった[35]。さまざまな立場の女性の交流が進むことで，多様な領域において女性施策の今後の発展が期待される。

　差別禁止法については，女性条項に関しては十分に機能していないといえよう。法の実効性を高めるためには，女性障害者の複合的な差別状況を明確にするための調査，研究が必要である。そのためには，まず，差別禁止法の救済機関である国家人権委員会が，自らが受理し，調査した申し立て案件の内容を性別ごとに分析することが求められる。そして，女性障害者の社会参加の障壁を複合差別の視点からとらえなおし，法律を見直すことも必要であると思われる。

〔注〕
(1) 韓国の家父長制について，ジェンダーの観点からの論考として瀬地山角『東アジアの家父長制』(勁草書房，1996)。
(2) HDIついては国連開発計画（UNDP）のURL（http://hdr.undp.org/en/data）を参照，GGIについては，世界経済フォーラム（World Economic Forum）のURL（http://reports.weforum.org/global-gender-gap-report-2015/rankings/）を参照。参考までに日本は，HDIは23位，GGIは101位となっており，韓国と似通った数値となっている。
(3) 本章で言及する韓国の法律の韓国語原文は韓国法制処（Ministry of Government Legislation）の国家法制情報センターのウェブサイト（http://www.law.go.kr/LSW/main.html）を参照。（2016年1月17日アクセス）。その他，日本語訳は崔。障害者差別禁止法の日本語訳は崔（2011）。
(4) 韓国では「障害者」を「障害人」（장애인）と表記する。日本においてはさまざまな議論があり，本章では一般的に使用されている「障害者」という表記を，翻訳等も含め採用する。また「女性障害者」の表記については，「障害女性」という表記もあり得るが，本章では混乱を避けるため固有名詞や訳語を除き「女性障害者」に統一する。これら表記の違いについては，自らが行っている運動（障害者運動や女性運動）の理念や実践により，あるいは自らのアイデンティティにより，軸足を「障害」に重点をおく場合は「女性障害者」，「女性」におく場合は「障害女性」という表現・表記になる，という（キム・ミヨン氏ほか）が，本章では深く立ち入らない。
(5) 権利条約の邦訳については日本政府訳を用いる。以下，外務省URL（http://www.mofa.go.jp/mofaj/files/000018093.pdf，2016年1月14日アクセス）を参照。

⑹　障害者差別禁止法については崔（2010）を参照。
⑺　登録障害者数については「장애인 등록 현황」（2014년 12월 기준）（보건복지부）（「障害者登録現況」［2014年12月基準］［保健福祉省］）　http://www.mohw.go.kr/front_new/jb/sjb030301vw.jsp　（2016年1月15日アクセス）。
⑻　たとえばオーストラリアに対する総括所見のパラグラフ54やスウェーデンに対する総括所見のパラグラフ56をみると年齢やジェンダーなどに分類されたデータの充実が勧告され，ニュージーランドに対する総括所見のパラグラフ68では，障害のない男性と女性，障害のある男性と女性の比較が可能なデータの作成を勧告している。韓国に対しても総括所見のパラグラフ60で「委員会は韓国が性別・年齢・障害種別・居住地・地域性・政策の対象者をもとに分類された資料の収集・分析・配布を体系化することを勧告し，利用可能な形態で統計を提供し，すべての障害者が自由に統計にアクセスできるようにすることを勧告する」としている。障害者権利委員会が出している締約国に対する総括所見は国連人権高等弁務官事務所のURL（http://tbinternet.ohchr.org/_layouts/treatybodyexternal/TBSearch.aspx?Lang=en&TreatyID=4&DocTypeID=5，2016年1月14日アクセス）を参照。

　　韓国については see: U.N doc CRPD/C/KOR/CO/1 "Concluding observations on the initial report of the Republic of Korea" para. 60.（邦訳は崔）。
⑼　한겨레（http://legacy.www.hani.co.kr/section-005100032/2002/03/005100032200203181917234.html，2016年1月15日アクセス）。
⑽　2011年に上映された映画で，原題の「도가니」（トガニ）は坩堝（るつぼ）の意。日本語版のタイトルは「トガニ 幼き瞳の告発」。韓国南部の光州のろうあ者福祉施設・光州インファ学校で2000年から2005年にかけて行われた入所児童に対する性的虐待と，それを施設や地域ぐるみで隠蔽していたこととその顛末を題材にした映画。
⑾　"Parallel Report for the UN Committee on the Rights of Persons with Disabilities" Article17 "Protecting the Integrity of the Person."

　　パラレルレポートについては国連人権高等弁務官事務所のURL（http://tbinternet.ohchr.org/_layouts/treatybodyexternal/SessionDetails1.aspx?SessionID=935&Lang=en，2016年1月15日アクセス）を参照。
⑿　한국여성정책연구원（2010）30-33ページから抜粋。邦訳は崔。さまざまな生活領域における実態把握，施策立案のための女性障害者の指標開発のための研究。
⒀　松波めぐみは，複合差別は障害差別と女性差別を足し算したものではなく掛け算したものであると述べている（松波2014）。また，日本においては，DPI女性障害者ネットワークでは2012年に女性障害者の生活の困難や複合差別の実態調査を行っている（DPI日本会議・DPI女性障害者ネットワーク

2012)。生活実態の調査と制度の調査を行っており、韓国の女性障害者が直面している性暴力や日常生活や社会生活からの排除や制限と類似した事例が多く出されている。

⒁　日本においては政府の審議機関として第18回内閣府障害者制度改革推進会議差別禁止部会で議論された。詳細は内閣府ホームページ（http://www8.cao.go.jp/shougai/suishin/kaikaku/kaikaku.html#bukai18）。また、女性障害者の複合的な困難について、行政文書以外で法律や条例としてははじめて京都府の障害者差別禁止条例第２条で「⑷全て障害者は、障害のある女性が障害および性別による複合的な原因によりとくに困難な状況に置かれる場合等、（中略）その状況に応じた適切な配慮がなされること」と規定された。

⒂　女性家族省ホームページ（http://www.mogef.go.kr/korea/view/intro/intro01_03.jsp，2016年１月15日アクセス）を参照。

⒃　たとえば이준일（2015）33ページ。

⒄　「オウリム」は、付き合い、ふれあいの意。

⒅　韓国女性障害者連合は社団法人格をもつ韓国最大の女性障害者団体のネットワークである。女性省の初代大臣を務めた韓明淑氏もこの団体の出身である。また2014年まで国家人権委員会常任委員であった張明淑氏も当団体の出身である。団体の概要等についてはホームページ（http://www.kdawu.org/index/main.php）を参照のこと。

⒆　2014年11月11日、障害女性共感代表ペ・ボクチュ氏へのインタビュー。障害女性共感はソウル市ソンパ区に事務所をおき、いわゆる全国団体ではない。女性障害者の自立支援や文化活動、性暴力相談所の運営などをしている女性障害者の当事者団体（http://wde.gizmo.kr/）である。

⒇　2014年11月13日の保健福祉省障害者政策局障害者権益支援課、障害者サービス課インタビュー時に障害者サービス課事務官のシン・ドンホ氏提供資料。

㉑　2014年11月11日、障害女性共感代表ペ・ボクチュ氏へのインタビュー。

㉒　2014年11月13日の保健福祉省障害者政策局障害者権益支援課・障害者サービス課でのインタビューにて。

㉓　2014年現地調査での障害法研究会事務局長キム・ミヨン氏へのインタビュー。

㉔　장애여성공감 부설장애여성성폭력상담소，한국성복력상담소，한국성폭력위기센터（2014）。または、2015年10月29日の「障害女性共感」ヤン・エリア相談員へのインタビューによる。

㉕　「ヘバラギ」はひまわりの意。

㉖　장애여성공감 부설장애여성성폭력상담소，한국성복력상담소，한국성폭력위기센터（2014）31-32ページ。または、2015年10月29日の「障害女性共感」ヤン・エリア相談員へのインタビューによる。

⑵⑺　キム・ミヨン氏へのインタビューでは，たとえば子どもがいる女性障害者が働くための正当な便宜規定がなされていない，という点を述べていた。
⑵⑻　2015年 2 月，国家人権委員会障害者差別 1 課の障害者権利条約の担当者のインタビュー。
⑵⑼　キム・ミヨン氏インタビュー。
⑶⑽　2013年 4 月に22の障害者団体や市民社会団体，5 つの後援団体，ひとつの幹事団体で構成されたネットワークで，国連障害者権利委員会の韓国政府の最初の政府報告書の建設的対話（審査）にパラレルレポートを作成し，提出することを目的としていた。2014年10月，韓国に対して総括所見がだされたことで，翌年 1 月に解散した。
⑶⑴　UN CRPD（2014）。第 6 条に関しては para. 13-14を参照。
⑶⑵　第31条に関しては U.N doc CRPD/C/KOR/CO/1 "Concluding observations on the initial report of the Republic of Korea" para. 60-61.
⑶⑶　内閣府では障害者権利条約の国内モニタリングについての国際調査（内閣府，2014），また，政府報告書の作成から国連における審査までの過程についての国際調査（内閣府，2015）を行っており，筆者は両報告について，調査委員として韓国を担当した。報告書の内容は以下，URL より参照が可能である。国内モニタリング調査については（http://www8.cao.go.jp/shougai/suishin/tyosa/h25kokusai/index.html），
　　最初の政府報告の検討プロセスについての調査は（http://www8.cao.go.jp/shougai/suishin/tyosa/h26kokusai/index.html）を参照。
⑶⑷　2015年 2 月，国家人権委員会障害者差別 1 課の障害者権利条約の担当者のインタビュー。
⑶⑸　2014年11月12日，韓国女性障害者連合常任代表ユ・ヨンヒ氏インタビュー。

〔参考文献〕

<日本語文献>
上野千鶴子　1996.「複合差別論」『差別と共生の社会学』（岩波講座現代社会学15），203-232.
加納恵子　2004.「女性障害者問題を読み解く――「女性身体規範」をめぐって――」林千代編著『女性福祉とは何か――その必要性と提言――』ミネルヴァ書房　102-117.
崔栄繁　2010.「韓国の障害者法制――障害者差別禁止法を中心に――」小林昌之編『アジア諸国の障害者法』　アジア経済研究所　29-63.

―――― 2011.「障害者差別禁止及び権利救済等に関する法律」『韓国の障害者差別禁止法制』2011年5月13日 内閣府 障がい者制度改革推進会議差別禁止部会発表資料 (http://www8.cao.go.jp/shougai/suishin/kaikaku/s_kaigi/b_4/pdf/s2.pdf) 8-39.

―――― 2012.「韓国の障害者雇用制度」小林昌之編『アジアの障害者雇用法制――差別禁止と雇用促進――』 アジア経済研究所 25-54.

DPI日本会議・DPI女性障害者ネットワーク 2012.『障害のある女性の生活の困難 複合差別実態調査 報告書――人生の中で出会う生きにくさとは――』 DPI日本会議.

内閣府 2014.『平成25年度障害者権利条約の国内モニタリングに関する国際調査報告書』.

―――― 2015.『平成26年度障害者の権利に関する条約の包括的な最初の報告の検討プロセスに関する国際調査報告書』.

松波めぐみ 2014.「『障害女性への複合差別』の政策課題化――問題の可視化と当事者のエンパワメントに向けて――」『研究紀要』［世界人権問題研究センター］(19) 251-238.

山下英愛 2007.「韓国における女性運動の現状と課題」『東西南北』［和光大学総合文化研究所年報］30-45.

＜韓国語文献＞

국가인권위원회［国家人権委員会］2014.『2014 장애인차별금지법 모니터링 결과보고서』국가인권위원회［『2014 障害者差別禁止法モニタリング結果報告書』］.

―――― 2015.「2015「장애인차별금지법」시행 7 주년기념토론회」［2015「障害者差別禁止法」施行7周年記念討論会 資料］.

박선영［パクソンヨン］2014.「양성평등기본법의 입법 의의와 과제」［両性平等基本法の立法 意義と課題］『제 88 차 여성정책포럼 양성평등기본법과 여성정책 패러다임』자료 2-14頁［『第88回女性政策フォーラム 両性平等基本法と女性政策のパラダイム』資料］.

보건복지부 / 한국보건사회연구원［保健福祉省・韓国保健社会研究院］2014,『2014년 장애인 실태조사』［2014年障害者実態調査］.

신동호［シンドンホ］2014.「여성장애인 지원 현황과 추진 방향」［女性障害者支援の現況と推進方向］.

이기순［イギスン］2015.「양성평등기본법 시행령 시행규칙의 주요내용 및 향후 추진과제」［両性平等基本法施行令・施行規則の主要内容および今後の推進課題］『양성평등기본법 성공적 시행을 위한 전문가 간담회』자료［『両性平等基本法の成功的な施行のための専門家懇談会』資料］7-13頁.

이줌일 [イ・ジュンイル] 2015.「양성평등기본법 내용 및 향후 보완과제」[両性平等基本法の内容および今後の補完課題]『양성평등기본법 성공적 시행을 위한 전문가 간담회』자료 [『両性平等基本法の成功的な施行のための専門家懇談会』資料] 33-39頁.

여성가족부 [女性家族省] 2014.『2014년 한국의 성평등보고서』[2014年 韓国の性平等報告書] 여성가족부.

장애여성공감 부설 장애여성성폭력상담소, 한국성복력상담소, 한국성폭력위기센터 [障害女性共感付属障害女性性暴力相談所, 韓国性暴力相談所, 韓国性暴力危機センター] 2014.『성폭력피해자 법률지원안내서』[性暴力被害者法律支援案内書]

한국장애인개발원 [韓国障害者開発院] 2014「여성장애인 고용촉진을 위한 양질의 시간제 일자리 활성화 방안연구」[女性障害者の雇用促進のための良質の時間制の働く場活性化の方策研究] 한국장애인개발원.

한국장애인고용공단 고용개발원 [韓国障害者雇用公団雇用開発院] 2015.『한 눈에 보는 2015 장애인통계』[一目で見る2015障害者統計] 한국장애인고용공단.

한국여성단체연합 [韓国女性団体連合] 2014.『심포지엄 베이진 20 post2015젠더관점에서 본 한국사회의 변화』[女性の発展のための制度と機構] 자료, 77-98頁 [『シンポジウム 北京20ポスト2015 ジェンダーの観点からみた韓国社会の変化』資料].

한국여성장애인연합 [韓国女性障害者連合] 2014.「여성장애인」[女性障害者]『심포지엄 베이진 20 post2015 젠더관점에서 본 한국사회의 변화』자료 [『シンポジウム 北京20ポスト2015 ジェンダーの観点からみた韓国社会の変化』資料].

한국여성정책연구원 [韓国女性政策研究院] 2010.「2010 연구보고서-13여성장애인지표 개발 연구」[2010研究報告書—13 女性障害者 指標開発研究]

통계청 [統計庁] 2014.「한국통계월보 (2014 년 6 월기준)」[韓国統計月報] (2014年6月基準)

＜英語文献＞

Korean DPO and NGO Coalition for UN CRPD Parallel Report 2014. "Parallel Report for the UN Committee on the Rights of Persons with Disabilities."[New York] UN.

UN CRPD (Convention on the Rights of Persons with Disabilities) 2013. *Implementation of the Convention on the Rights of Persons with Disabilities Initial Reports Submitted by States Parties under Article 35 of the Convention, Republic of Korea* [27 June 2011] (CRPD/C/KOR/1).

UN CRPD (Convention on the Rights of Persons with Disabilities) 2014. *Concluding Observations on the Initial Report of the Republic of Korea*. (CRPD/C/KOR/CO/1).

World Economic Forum 2015. *The Global Gender Gap report, 2015*. Geneva: World Economic Forum.

第 2 章

カンボジアの女性障害者
——立法と政策——

四 本 健 二

はじめに

　本章の目的は，カンボジアにおける女性障害者をめぐる現行の法制度と政策について考察し，女性障害者固有の権利を保障するための法的・政策的課題を明らかにすることである。

　邦文の先行研究として，四本（2010）は，カンボジアにおける障害者の定義および統計，障害者をめぐる行政的な施策の枠組み，障害者の権利条約などの国際人権文書の枠組みへの参加の動向ならびにそれらをふまえた国内立法の整備動向を明らかにした。この論文では，カンボジアにおける「障害者の権利に関する法律」（以下，障害者の権利法）の制定を出発点として，障害者政策がどのように展開されるかが今後の課題であると指摘した。しかしながら，その当時は女性障害者が固有に直面する問題やその解決に向けた課題にまで研究の視野を広げることはできなかった。したがって，本研究は，第1に，カンボジアの女性障害者というアクターの権利を保障するための法制度と政策に焦点を当てている点で，第2に，さまざまな社会生活の局面でカンボジアの女性障害者が直面する課題を多面的に考察することを意図している点で特徴的である。

　他方，海外では，Alwis（2010）が，女子差別撤廃条約に盛り込まれた規

範と障害者の権利条約に盛り込まれた規範の双方を，複眼的に女性障害者の権利として把握する観点の必要性を指摘している（Alwis 2010）。また，Astbury and Walji（2013）は，まさにカンボジアにおける女性障害者に対する暴力と権利侵害に焦点を当てた研究である。この研究の特徴は，第1に，これまで研究課題として取り上げられてこなかったカンボジアの女性障害者に焦点を当てた点で先駆的であり，第2に，調査方法において都市と農村における女性障害者と女性非障害者の状況を対比することで，単に障害の有無によって女性がおかれた状況が異なることのみならず，都市の女性障害者と農村の女性障害者を取り巻く問題状況が異なることを明らかにした点で他に類をみない。第3に，こうした調査の結果をふまえてアストブリーらは，女性非障害者に比べて女性障害者が家族から精神的，肉体的，性的暴力を受ける比率が著しく高く，とりわけ都市の女性障害者にとって，家庭が安全な場所ではないと結論づけた。第4に，こうした調査の結果，農村の女性障害者が都市の女性障害者よりもドメスティック・バイレンスを受ける比率が低いことを見い出したものの，その理由は今後の研究に残された課題であるとしている。さらに，同時期に国連開発計画（以下，UNDP）は，カンボジアの障害当事者団体，選挙監視NGOと協力してカンボジアにおける女性障害者の政治参加についての研究を行っている（UNDP 2010）。

　上記の課題に取り組むために，本章ではまず，カンボジアの女性障害者が，家庭と社会において直面している課題の一端を明らかにするために，2006年にカンボジアで活動する国内・国際NGOの連合体であるカンボジア協力委員会（Cooperation Committee for Cambodia: CCC）がカンボジア東部プレイヴェン州の農村で行った障害者農民の生活実態調査に即して，農村の女性障害者とりわけ肢体不自由者が直面する課題を検討する。また，女性障害者の家庭での地位と状況をめぐって，前述の，モナシュ大学の研究者がオーストラリア国際開発庁（AusAID）の資金協力を得てカンボジアで行った女性障害者の人権状況調査に即して，カンボジアの女性障害者が直面する人権問題を検討する。さらに，女性障害者の社会での地位をめぐって，UNDPが行った調

査に即して，第1に，女性障害者が自らの政治参加をどのように考えているか，第2に，有権者代表としての女性障害者議員の政治参加の実態というふたつの観点から，女性障害者の政治参加について検討する。

　これらの分析を通じて，女性障害者が家庭，地域社会，市民社会においておかれている状況を明らかにする（第1節）。つぎに，カンボジアにおける障害者をめぐる法的枠組み（第2節），カンボジアにおける女性をめぐる法的・政策的枠組み（第3節）をそれぞれ概観し，カンボジア政府のこれまでの「社会経済開発5カ年計画」（Royal Government of Cambodia 1996; 2001）および「戦略的国家開発計画」（Royal Government of Cambodia 2014）において障害者および女性の権利をめぐる課題がどのように位置づけられているかを検討する。さらにそのうえで，「戦略的国家障害計画」（Disability Action Council 2014）においてカンボジアにおける障害者の権利をめぐる政策的枠組み，とりわけ女性障害者の権利の保障がどのように位置づけられているかを検討する（第4節）。

第1節　カンボジアにおける女性障害者

1．農村における女性障害者

　2006年にCCCは，プレイヴェン州23カ村の障害者がいる137世帯を対象に，農村における肢体不自由者の障害の原因とその結果，生活に及ぼす影響，障害者家族の生計，社会からの排除と差別の状況を明らかにすることを目的として，障害者（男性79人，女性58人）から聞き取り調査を行った（CCC, 2006, 6, 18）。

　肢体不自由の態様は，約半数の51％がポリオ，手足の欠損，骨折，四肢麻痺，下肢の対麻痺，半側麻痺，先天的欠損，脳性麻痺，筋ジストロフィー症，内反足などの疾病が占め，次いで事故（22.6％），先天的原因（15.3％），従軍

中の負傷（6.6%），対人地雷触雷（4.4%）による（CCC 2006, 18）[1]。

このうち，疾病に起因する障害の比率は，男性と男児において43%であるのに対して，女性と女児においては62%を占める。また，障害の原因の第3位に挙げられている先天的障害は，男性と男児においては13%，女性と女児においては19%であり，とりわけ18歳未満の若年障害者の障害の原因において先天的原因が31%を占めている（CCC 2006, 19）。

上記のデータは，後遺症の残る疾病に罹患した際には，男性の治療が優先され，女性の治療が疎んじられている可能性を示唆しており，また，妊娠中の母親が摂取する栄養，母子保健に関する知識，母子保健サービスへのアクセスに問題があることが推認される。

また，障害者がいる世帯の生計については，1世帯当たりの人数は平均5.31人であるが，生計に貢献する労働力となり得るのは平均2.51人にすぎない。この背景として，56世帯が本来生計を維持するための労働力を障害者家族の世話をするために割かなければならないと答え，その結果，137世帯中88世帯が生計を維持するのに労働力が不足していると答えている（CCC 2006, 21）。さらに，障害者がいる世帯の生業とそれに障害者自身が従事する比率は，稲作105世帯において37世帯，養鶏78世帯において55世帯，野菜栽培76世帯においては44世帯となっている。その反面，村内での日雇い労働69世帯において障害者が作業に従事しているのは16世帯，村外への出稼ぎ56世帯において障害者が村外で就労しているのは8世帯にすぎない。その一方で，障害者の家事分担は，137世帯中，掃除76世帯，食事の準備補助74世帯，子守り65世帯，水汲み49世帯，洗濯34世帯などとなっている（CCC 2006, 24）。

このことから，障害者の農村での日常生活は，家庭の外で世帯の生業である肉体労働に従事することは限られているが，農作業や家事には従事していることが看取される。

この調査は，障害者の地域社会からの排除と差別をめぐって，障害者の就学，婚姻，地域社会の冠婚葬祭等への参加にも着目している。すなわち，障害児の就学に関して，障害者が家族や地域社会によって学齢期に就学を拒絶

された例は，この調査では看取されなかった。しかし，76人の男性障害者の平均学歴は3.9年で，22人（29％）の未就学者を含む一方で，19人（25％）は，小学校を卒業している。それに対して56人の女性障害者の平均学歴は2.5年で，23人（41％）の未就学者を含み，6人（11％）しか小学校を卒業していない（CCC 2006, 26）。

　このデータは，障害者のあいだでは初等教育において女性障害者が男性障害者よりも就学率が低く，在学年数も短く，卒業に達する率も低いことを示している。しかし，同じ地域における非障害者男女の就学についてのデータを示していないので，障害者と非障害者のあいだの就学率，在学年数，卒業率の差を読み取ることはできない。障害者の就学率が低い理由について調査は，「障害者とりわけ女性障害者の家族は，学齢期の女性障害児の就学に熱心ではない」（CCC 2006, 26）との見解を示しているが，家族への聞き取り調査の結果などの根拠は示されていない。ただし，女性障害者の多くが初等教育を修了していないことは，その後の社会生活において必要な情報へのアクセスと理解，本人の意思表明，周囲との人間関係の構築に影響を及ぼすことが推認される。

　また，障害者の婚姻に関しては，18歳以上の女性障害者39人中13人が，婚姻について自分の家族または相手の家族とのあいだでのトラブルを経験しているのに対して，同様の問題を経験した男性障害者は，62人中7人にすぎない。しかしながら，実際には18歳以上の男性障害者65人中11人（17％），女性障害者40人中21人（53％）が未婚である（CCC 2006, 26）。このことから，障害者とりわけ女性障害者にとって婚姻が困難である状況が認められる。

　さらに，障害者（児）の村の冠婚葬祭への参加は，6歳以上の障害者（児）133人中101人（76％）で，もっとも一般的な欠席の理由は，物理的に移動が不可能であるか，年齢が若すぎるかである。他方で，18歳以上の障害者の地域開発への参加はそれほど高い比率を占めない。105人の障害者中，村の食糧増産事業，村長が招集した集会，NGOの活動など，何らかの地域開発活動に参加したのは53人（50％）であるが，性別からみると男性障害者65人中

39人（60％）に対して女性障害者は40人中14人（35％）にすぎない（CCC 2006, 28）。

　上記の調査結果も非障害者の冠婚葬祭や村の会合への参加率などのデータを示していないので，非障害者と比較して障害者の参加率のみが低いとは断定できない。しかしながら，外形的には，障害者が仏教行事から排除されることはないが，物理的なアクセシビリティには問題がある傾向が看取される。また，障害者の地域の政治的・社会的活動への参加の度合いについては，男女ともに高くはなく，とりわけ女性の場合は低いといえるが，他方で障害者に比べて非障害者が積極的に参加しているというデータも示されていない。

　以上のことから，カンボジアの農村における障害者は，その原因において成人男性が，女性よりも危険な作業に従事して障害を負うことが推認される。他方で，女性と女児の障害の原因における疾病の比率が，男性と男児の障害の原因における疾病の比率よりも高いことから，男性の健康ニーズが優先され，女性の健康ニーズが疎んじられている可能性を示唆している。また，障害者は，世帯の生業に従事することが限定的な一方で，おもに軽作業の家事にかかわっていることが看取される。こうした農村社会では，女性障害者は男性障害者よりも早期に小学校を中途退学する傾向があり，婚姻について自分の親族または相手の家族とのあいだでのトラブルを経験し，半数が未婚である。また，障害者は，地域の冠婚葬祭等から排除されることはないものの，物理的なアクセシビリティに問題があるために行事への参列を結果的に断念せざるを得ない場合がある。他方で，障害者の地域開発や政治参加については，男女ともに低調で，とりわけ女性の場合は低い傾向を読み取ることができるが，この調査からは非障害者と比べて障害者の参加の度合いがとりわけ低いというデータは示されておらず，また自らの意思で参加しないのか，主催者によって排除されているのかは判然としない。

2．家庭における女性障害者に対する人権侵害

　これまでおもにドメスティック・バイオレンスの研究をしてきたモナシュ大学（オーストラリア）の社会学者ジル・アストブリー（Jill Astbury）とジェンダー研究者ファレーン・ワルジ（Fareen Walji）は，オーストラリア国際開発庁の資金協力を受けた調査の結果を2013年に「３重の危険——カンボジアの女性障害者が経験するジェンダーに基づいた暴力と人権侵害——」として発表した。

　Astbury and Walji（2013）は，カンボジアの都市部２カ所と農村部３カ所において，18歳から45歳の女性障害者177人と女性非障害者177人の計354人を対象とした聞き取り調査として実施され，そのうち暴力や人権侵害を経験したと申告した30人には，さらに詳細なインタビューを実施した。調査協力者のもつ障害には視覚障害（10.6％），聴覚障害（3.4％），歩行困難（23.3％），記憶障害（15.4％），その他生活上の困難（7.1％），意思疎通の困難（7.1％）が含まれている（Astbury and Walji 2013, 18）。

　調査の結果，明らかになったことは，女性のうちで障害者と非障害者を比較した場合に，配偶者から暴力を受ける割合については著しい差は見い出せなかった。しかしながらアストブリーらは，そもそも女性障害者が結婚している割合が女性非障害者の半分程度であることも勘案する必要があると指摘する（Astbury and Walji 2013, 19）。特筆すべきは，夫以外の家族から受ける行動の制約と暴力である。家族に常に居場所を知らせるように求められる女性の割合は，女性障害者において48％であるのに対して女性非障害者においては37.5％であり，医療サービスを受けるのに事前に夫の許可を要する割合は，女性障害者においては48.6％であるのに対して，女性非障害者においては34.7％である（Astbury and Walji 2013, 22）。

　Astbury and Walji（2013）は，女性障害者が医療サービスを受けるにあたって夫の許可を得ることを行動の制約一般に包摂し，全体としてネガティブ

な印象を読者に与えている。しかしながら，女性障害者の行動を制約し，常に家族に居場所を明らかにするよう求めることは，家族にとって女性障害者が権利の主体というよりも保護の対象であることを推認させる反面で，家族が常に女性障害者のことを気にかけていることを反映しているとも解釈できる。また，女性障害者が医療サービスを受けるにあたって夫に許可を求めることが，障害に関係のある治療・リハビリに対する医療サービスであるかどうか，また，許可を求めた結果，医療サービスを受けることを拒絶されたかどうかをこの調査は明らかにしていない。

　女性障害者と女性非障害者が夫から受ける暴力の種類別の割合では，無視されるなどの精神的暴力（48.9％／41.8％），身体的暴力（26.6％／23.4％），性的暴力（24.4％／16.8％）のいずれにおいても，女性障害者が被害を受ける割合が高い（Astbury and Walji 2013, 20）。また，夫以外の家族から受ける暴力について障害の有無による差違は著しく，身体的暴力（25.4％／11.4％），精神的暴力（52.5％／35.2％），性的暴力（5.7％／1.1％）のいずれにおいても女性障害者の割合は高い（Astbury and Walji 2013, 22-24）。これら被害女性のうち女性障害者の68％は，夫からの暴力について誰にも打ち明けることができず，夫以外の家族による暴力についても55％が，誰にも打ち明けることができないでいる。一方で，女性障害者において夫による暴力の相談相手としては両親が68％，夫以外の家族による暴力の相談相手としても両親が55％ともっとも高く，兄弟姉妹がそれぞれ44％，20％とそれに次ぐ（Astbury and Walji 2013, 25-26）。しかしながら他方で，夫以外の家族による暴力の加害者としても，両親が31.3％，男性の家族が27.1％を占め，女性の家族は，6.3％にすぎない（Astbury and Walji 2013, 25）。

　カンボジアにおける婚姻の形態は基本的に「入り婿」であることから，この調査でいう「両親」は，おもに女性障害者の実の両親であると推認される。したがって，もっとも身近な相談相手である実の両親が，他方では女性障害者に対する暴力の加害者となる比率が高いということは，暴力が婚姻以前から長期にわたっており，被害者は相談相手を得られずに家族のなかで孤立を

深めてゆくという，深刻な事態が長期にわたる実態を読み取ることができる。

こうした調査結果を受けて Astbury and Walji（2013）は，カンボジアにおいては女性障害者が夫以外の家族から受ける精神的，身体的，性的暴力の被害は，きわめて深刻であって，とりわけ都市部において家庭は，女性障害者にとってリスクの高い環境であると結論づける。そのうえで，女性に対する暴力を容認する文化的背景や暴力を受けたことを申告することに対するためらいから，夫やそれ以外の家族による暴力の実際の被害はもっと深刻なのではないかと推察する（Astbury and Walji 2013, 29）。そのうえで，支援国の援助機関に女性の権利と障害者の権利の双方の視点をもった援助政策の立案と案件の形成をすすめるように提言する。また，カンボジア政府に対しても，女性障害者に対する家族の態度変容を促すように女性に対するドメスティック・バイオレンス対策に障害者の視点を盛り込むとともに，女性障害者がドメスティック・バイオレンスの被害を打ち明け，相談する相手が身近な人々であることから，コミュニティにおいて被害女性の訴えにどのように対応するかを含めた障害者に対する反ドメスティック・バイオレンス教育が必要であると主張する（Astbury and Walji 2013, 30-32）。

3．市民社会における女性障害者

2010年に UNDP は，障害者団体であるハンディキャップ・インターナショナルとカンボジアの選挙監視 NGO である自由で公正な選挙のためのカンボジア委員会（以下，COMFREL）と協力して「カンボジアにおける女性障害者の政治参加」調査を行った。

上記の調査は，文化的・社会的規範，女性の役割に対するステレオタイプ，貧困，政治参加に対する女性自身の過小評価，政治的思惑や構造的要因が相まって，女性の政治参加を抑えているという問題意識にたって，性別や障害がいかに女性障害者の政治参加を阻害しているか，そのうえで，カンボジアの女性障害者が調査の時点でどの程度政治参加しているか，何が女性障害者

の政治的影響力と政治参加の意味を理解することを制約し，あるいは逆に伸張しているか，そして女性障害者の政治参加を促進する政策と実践に示唆を与えることを目的とする (UNDP 2010, 5)。

カンボジアでは2007年から5年ごとにコミューン (行政村) の評議会議員選挙が行われており，UNDP (2010) は，2012年に予定されていた第2回コミューン評議会議員選挙に向けて障害者とりわけ女性障害者の立候補と投票を促進したいUNDPの意図に基づいて実施されたものと考えられる。

UNDP (2010) は，村から国政レベルに至るまで公職への就任，選挙の有権者登録と投票，村の集会など地域の意思決定の場への出席，自助グループや障害当事者団体の活動への参加を政治参加としてとらえ，コンポンチャム州，コンポンスプー州およびプノンペン首都圏の3地域から18歳以上のさまざまな障害の態様と年齢層の女性障害者それぞれ100人を対象として聞き取り調査を行い，同様の聞き取り調査を上記3地域から各30人の男性障害者と女性非障害者にも行って，それらの結果を比較した (UNDP 2010, 11-13)。

UNDP (2010) は，それ以前に取り組まれてこなかったカンボジアの女性障害者の政治参加についての実証的な調査であり，カンボジアの女性障害者が直面する社会的な格差が彼女らの政治参加に負の影響を与え，とりわけ女性障害者が女性であることと障害者であることによって受ける不当な扱いの結果であると受け止めていることを明らかにした点で先駆的である。

女性障害者が政治や政治参加をどのように理解しているかについてUNDP (2010) は，定性的分析から女性障害者の多くが「政治」という言葉の意味を理解できないものの，「政治」という単語を聞くと不安や恐れを感じ，村の指導者が司るもの，あるいは村長に従うことと考えていると分析する (UNDP 2010, 17)。このことは，選挙人登録資格についての知識，選挙人登録を行ったかどうか，投票したかどうかを尋ねた定量的分析にも表れており，障害者と非障害者のあいだでは障害者が，男性障害者と女性障害者のあいだでは女性障害者が，そして都市と農村のあいだでは農村の障害者に知識が少なく，選挙人登録と投票を行っていないという結果が出ている (UNDP

2010, 18, 21)。とりわけ投票については女性非障害者の94％超が2009年の国民議会総選挙において投票しているのに対して女性障害者の投票率は60％にも満たない（UNDP 2010, 18, 22）。複数回答による選挙人登録をせず，または投票に行かなかった理由は，選挙人登録手続についての情報がなく，あるいは理解できなかったから（30％）がもっとも多く，次いで選挙人名簿に自分の氏名が登載されていなかったから（29％），いつ，どこで投票するかわからなかった（15％）というものである（UNDP 2010, 25）。他方で，政治に関心がないからと答えた女性障害者が4％にすぎなかったことは，女性障害者の政治参加が本人の意思に反して阻まれており，具体的には，選挙についての情報にアクセスできていないことや村の選挙管理委員会によって選挙人名簿から削除されたことが推認できる。その背景には Astbury and Walji（2013）が示したように，農村の女性障害者には低学歴や行動の制約があり，そもそも障害者に理解できる形式と内容で選挙についての情報が与えられていないのではないかとも考えられる。

　女性障害者の政治参加に対する態度について UNDP（2010）は，地方政治家は総じて人権の観点から女性障害者の政治参加が重要であると指摘するものの，国政に参画する政治家に比較して障害者の権利法や障害者の権利条約についての知識がなく，コミューン評議会議員のあいだでは，性別や障害に基づく差別を考慮しようとする意識に欠け，多くの地方政治家は，女性障害者の政治参加に対する障壁や教育の不足について，女性障害者の教育水準が低いのは能力に欠けるためであるという思い込みにとらわれている，と結論づける（UNDP 2010, 20）。このことは，地方政治家が女性障害者の政治参加を阻んでいるのは，彼女ら自身の問題であるので，手続や制度をいかに女性障害者に受け入れやすいものにするかという発想よりも，女性障害者が既存の手続や制度をいかに受け入れるかが重要との発想に傾きやすいと考えられる。UNDP（2010, 21）が，「地方政治家は，女性障害者の政治参加の促進を自身の政治公約に盛り込まない」と断言するのは，こうした女性障害者のみならず障害者一般に対するステレオタイプの結果であると考えられる。

女性障害者の選挙への参加について UNDP（2010）は，選挙人登録に必要な書類の入手方法が障害者全体に対する障壁となっており，市民向けの広報手段が障害者にアクセス可能でかつ受け入れ可能なものでないために，選挙についての情報の不足が有権者登録のもっとも高い障壁となっていると分析する（UNDP 2010, 27）。これを改善するためには，とりわけ村レベルにおいて自助グループや障害当事者団体が地域行政と女性障害者双方をサポートとすることが肝要であろう。

　女性障害者の議員・村長への就任について UNDP（2010）は，女性障害者が政党の役員や議員をはじめとする要職につくことは，地方政治から国政に至るあらゆるレベルできわめて低く，他方で女性障害者も農村において政党に加わることが政治参加の機会よりもむしろ障害者支援の配分システムに加わることと考えていると指摘する（UNDP 2010, 31）。したがって，女性障害者が選挙に立候補し，議席を得ることを推進するには，政党が女性障害者の候補者を発掘する努力が不可欠であるとともに，さきに指摘したとおり，自助グループや障害当事者団体が女性障害者の政治に対する理解と政治参加を促すことが求められる。

第2節　カンボジアにおける障害者をめぐる法的枠組み

1．国際文書への署名・批准の動向

　カンボジアは，紛争当事者と関係諸国による「カンボジア紛争の包括的政治的解決に関する協定」（以下，パリ和平協定，1991年）の締結，国連による暫定統治（1991～1993年）とそのもとでの制憲議会選挙（1993年），カンボジア王国憲法の制定（1993年）という一連の過程を経て新国家を樹立した[2]。この和平プロセスにおいて国連をはじめとする国際社会の支援を受けたカンボジアは，その後も国連をはじめとする国際機関や欧米諸国による国際人権

文書への署名，批准の働きかけを受け続け，ほぼすべての国際人権文書の締約国となっている[3]。また，国連人権委員会は，1993年の決議1993/6において「国連によるカンボジア暫定統治終了後も国連人権センターの活動を含む国連のカンボジアにおけるプレゼンスを確保すること」[4]を国連事務総長に要請し，同年10月には国連人権センター・プノンペン事務所（現・国連人権高等弁務官事務所・カンボジア事務所）が開設され，カンボジアが締約国となっている国際人権文書に対する国家報告の起草支援など人権分野でカンボジア政府への支援を継続している。

こうした国連の人権分野での活動に対して，カンボジア政府は，当初から一方で，国連による事実上の自国に対する人権状況のモニタリングを「カンボジアでは，人権状況が依然として危機的状況にあるとの印象を世界に伝え，投資家や援助国に信頼を失わせている」（『朝日新聞』1995年3月26日付け）と批判しつつも，他方では，外交的に国際人権文書への署名，批准をすすめている。障害者の権利についてもカンボジア政府は，障害者の権利宣言（1997年署名），障害者世界行動計画（1982年署名），国連障害者の機会均等準則（1993年署名），ESCAP・アジア太平洋障害者の10年（1992～2003年，2003～2012年）（1994年署名）の締約国となど国際法の枠組みには積極的に参加している。また，障害者の権利条約およびその選択議定書には2007年10月に署名し，2012年8月に同条約を批准し，2013年1月19日をもってカンボジアに対する効力を発生した。また最近では，カンボジア政府は，2012年にESCAP・アジア太平洋障害者の10年を総括し，第3次ESCAP・アジア太平洋障害者の10年（2013～2022年）を宣言したインチョン会合に参加し，"Make the Rights Real"（「権利を現実のものに」）を合言葉に，障害者の権利の実現をめざして10目的（goals），27目標（targets），62指標（indicators）を設定した「インチョン戦略」の採択にも加わっている[5][6]。

しかしながらカンボジア政府は，これらの国際的枠組みによって課された条約上の義務を履行するにあたっては，資金と専門的人材の不足から国際協力に頼らざるを得ないという状況にある。障害者の権利条約の履行もその例

外ではなく，同条約によって課された義務の履行状況を注意深く見守る必要
がある。

2．国内法制の立法動向

　1970年代にカンボジアに波及したインドシナの地域紛争は，ポル・ポトの率いる民主カンプチア（いわゆるクメール・ルージュ政権，1975～1979年）の成立と崩壊，ベトナムの支援を受け，社会主義国家の建設を標榜したカンプチア人民共和国（いわゆるヘン・サムリン政権，1979～1989年）の成立とカンボジア国への国名変更（1989～1993年），国連による暫定統治（1991～1993年）を経て，カンボジア王国の成立によってようやく収束した。

　社会主義カンボジアの建設を標榜して1979年に成立したヘン・サムリン政権は，1981年に制定したカンボジア人民共和国憲法に傷痍軍人への援護（第28条）および障害者となった幹部，服務員，労働者のための社会保障制度の整備（第29条）を盛り込んだが，おおむね全土にわたる権力を掌握したのは1980年代の半ばであり，1980年代を通じて有効な障害者法制，障害者政策の展開はみられなかった[7]。その後，ヘン・サムリン政権は，関係諸国の仲介によるクメール・ルージュとの和平交渉に向けた機運の高まりを受けて，1989年4月に国名をカンボジア国に変更し，カンボジア国憲法（以下，1989年憲法）を制定した。同憲法は，「市民の権利及び義務」を定めた第3章の総則的規定である第32条において，法の下の平等および男女の同等の権利と自由を認めたが，その具体的内容は，「法律の留保」によって下位の立法に委ねられた。その結果，同年7月にベトナムの支援を受けて制定された「婚姻及び家族に関する法律」（以下，婚姻家族法）には，障害者に対する差別的な規定が盛り込まれた。すなわち，婚姻の成立要件を定めた第6条は，(1)性的不能の男性，(2)ハンセン病，結核，癌，性感染症の完治していない者，(3)精神障害者（insane）または精神疾患（mental defect）のある者との婚姻を禁止する規定をおいた。このことは，当事者の婚姻の意思を法的に実現すると

いうよりもクメール・ルージュ政権下で崩壊した家族制度の再建，内戦によって生じたひとり親家庭の減少と人口減少の回復，医療保健インフラの脆弱な社会における感染症対策という立法目的を前面に押し出した結果であるといえよう。なお，後述の1993年憲法施行後もこの婚姻家族法は直ちには改正されず，それに代わる民法が2011年に制定されるまで効力を有した。

　前述のとおり，カンボジアは国連の暫定統治下で制憲議会選挙を行い，豊富な人権カタログを盛り込んだカンボジア王国憲法（以下，1993年憲法）を制定した。このうち「クメール市民の権利及び義務」を規定した第3章の総則的規定である第31条第1項は，「国際連合憲章，世界人権宣言並びに人権，女性の権利及び子どもの権利に関する条約及び協定が定める人権を承認し，尊重する」ことを定め，さらに第2項において「クメール市民は，法の下に平等であり，人種，皮膚の色，性，言語，信条，宗教，政治的傾向，門地，社会的地位，財産その他の地位にかかわらず，同等の権利及び自由を有し，同等の義務を果たす」ことを宣言した。したがって，障害者については明示的に列挙されていないが「その他の地位」に含まれると解することができる。また，女性の権利については第45条において「女性差別は，排除する。女性の労働の搾取は，禁止する。男女は，あらゆる側面，特に，婚姻及び家族に関して平等である」という規定をおき，障害者に関しても第6章「教育，文化及び社会」において「国家は，傷痍軍人及び国のために命を犠牲にした軍人の遺族を援護する」（憲法第74条）という規定をおいた。

　1993年憲法の施行後，2009年に障害者の権利法が施行される以前は，障害者の権利に関する規定は，法律のほか大臣会議令や省令に別個に盛り込まれていた。それらはおもに3つに類型化することができる。

　第1の類型は，国家の基本的な統治機構の整備に関する法の領域であって，国の障害者施策をいずれの省庁の所管事項とするかを定めるものである。政府のなかで第1義的に障害者施策を所管する官庁は，おおむね国民議会議員選挙の都度にその編成と所管事項に変更が加えられてきた。このことはその名称の変遷に端的に表れている。当初，1992年に国連による暫定統治のもと

で発足したカンボジア暫定政府は，社会福祉・労働・退役軍人庁をおき，1998年の国民議会議員総選挙後には同庁を省に昇格させるとともに，退役軍人事務を分離して女性・退役軍人省を新たに設置し，障害者行政を社会福祉・労働省の所管とした。2003年の総選挙に際して，その前年の2002年には社会福祉・労働省の所管事項を拡大して社会福祉・労働・職業訓練・青少年更正省とし，2003年の総選挙後には労働・職業訓練省を分離新設したうえで，従来の女性・退役軍人省を女性省として退役軍人に関する事務を社会福祉部門に統合して社会福祉・退役軍人・青少年更正省とした。こうした統治機構の整備と併行してすすめられた公務員制度の整備においては，障害者を不当に差別する規定を盛り込んだ法令が制定された。すなわち1994年に制定された公務員通則規程は，身体障害者の採用に制約を設けることとして，第2章「国家公務員の採用」において国家公務員の採用要件を「指針及び規則において求められる職責を全うするに足る身体的能力を満たすこと」（規程第11条第5号）とし，結果として障害者の公務就任権に制約を加えた。この規程のもとで，公務員のなかで大きな割合を占める教員と軍人について，教育・青少年・スポーツ省は，大臣会議が発出した決定に基づいて教員の採用にあたっては「健康かつ障害のないこと」を要件とし，国防省は，障害を負った軍人を除隊させている（ILO 2003, 8-13）。

　第2の類型は，外資の導入による経済成長の促進に関する法の領域であって，障害者の就労について定めるものである。すなわち，1997年に制定された「投資に関する法律の施行に関する大臣会議令」は，外国投資家による障害者雇用比率をポイント化し，そのポイントに応じて法人税の免除期間を決定することとした（ILO 2003, 6）。しかしながら，1997年に制定された労働法は，障害者の雇用に対する差別禁止規定をおいていない。このことは，労働力となる障害者を国内企業の労働市場からインセンティブと引き換えに外国投資企業に誘導し，障害者の就業促進と国内企業の生産性向上，外国企業の投資促進の3つの課題を同時に実現しようとしたためと考えられる。

　そして，第3の類型は，障害者の社会参加についての啓発やリハビリテー

ションに関する法の領域であって，障害者スポーツの振興や障害者のための施設やサービスの提供について定めるものである。たとえば，「国立リハビリテーション・センターの設置及び障害者に対する職業訓練の提供に関する暫定政府政令」(1991年)，「国家パラリンピック委員会の設置に関する大臣会議令」(1997年)や「国立障害者センターの設置に関する社会福祉・労働・退役軍人省令」(1997年)，「障害者活動評議会の設置に関する社会福祉・労働省令」(1999年)などがそれに当たる。しかしながら，それらの多くは，障害者問題について啓発し，あるいは一定のサービスを提供するものではあったが，障害者の権利を保障するものではなかった。

カンボジアにおいて障害者の権利法は，1996年に当時の社会福祉・労働・退役軍人庁において起草作業が開始され，同法案は，大臣会議による修正を経て，2009年5月29日に国民議会，同年6月16日に上院において採択されたのち，7月3日に国王が審署，公布し，1993年憲法の規定に基づいて2週間後に施行された[8]。

障害者の権利法は，前文および14章60カ条からなり，その目的は「カンボジアにおける障害者の権利の保障と促進」(第1条)であると明記したうえで，それに続く第2条においてさらに前条の内容を障害者の権利と自由の保障，障害者の利益の保護，障害者に対する差別の予防・軽減・撲滅，身体的・精神的な専門的リハビリテーションを通じた障害者の完全且つ平等な社会参加を確保(第2条)することであると規定する[9]。

この立法目的を達成するために政府は，社会福祉・退役軍人・青少年更正大臣を議長として関係省庁，障害当事者団体，雇用者団体ほか民間の代表からなる障害者活動評議会を通じて障害者政策の総合調整に当たらせ(第2章)，政府として障害者に配慮した政策の策定(第3章)，治療と医療リハビリテーションの提供(第4章)，税制上の優遇措置(第8章)，公共施設へのアクセス(第5章)，インクルーシブな教育の推進(第6章)，障害の有無による雇用上の差別の禁止と民間企業および国家機関に対する「一定の比率」の障害者の雇用(第7章)を推進することを定めた。

なお，障害者の権利法第4条は，障害者を「身体的，精神的機能の欠損，損失または形態障害の結果，日常生活又は行動に制約を有する者」と定義づけているが，障害の態様，程度の基準は，社会福祉・退役軍人・青少年更正省と保健省の，傷痍軍人についてはこれら両省と国防省の合同省令に定めるものとした。

障害者の権利法の制定を受けて，その翌年の2010年にカンボジア政府は，公務員通則規程，投資法とその施行のための大臣会議令や労働法の規定を修正する「障害者の就労のクォータ制に関する大臣会議令」（以下，クォータ制大臣会議令）を制定し，障害者の雇用の拡大策を打ち出した。

同大臣会議令は，「障害者の権利に関する法律及びカンボジア政府の障害者政策の実施を促進し，能力を有してその職責を全うできる障害者に就労の機会を提供し障害の故に蔑視されてきた障害者の尊厳，福祉並びに権利を伸張し，障害者の権利条約の締約国であるカンボジアの義務を履行することを目的」（第2条）とし，この立法目的を達成するために大臣会議令は障害者雇用のクォータ制（第2章），採用（第3章），雇用者の責務（第4章），罰則（第5章），附則（第6章）をおいた。

障害者の雇用は，省庁および国家機関においては，50人または定員の2％にあたる「この大臣会議令第11条に基づいて職種に応じて要件を満たし，その職責を全うすることのできる障害者を雇用しなければならない。ただし，国軍における障害者の比率は，国防省令に定める」（大臣会議令第5条）人数とした。また，100人以上の従業員を有する法人においては，定員の1％にあたる障害者の雇用を義務づけ（大臣会議令第6条），雇用実績および雇用計画を社会福祉・退役軍人・青少年更正大臣に報告させることとした（大臣会議令第9，10条）。また，この比率を超えて障害者を雇用した省庁または法人には，社会福祉・退役軍人・青少年更正省令に基づいて，障害者基金から報奨金を支給することとした（大臣会議令第7，17条）。また，第5条にいう「この大臣会議令第11条に基づいて職種に応じて要件を満たし，その職責を全うすることのできる障害者」が働く場合の職種は，社会福祉・退役軍人・

青少年更正大臣が労働・職業訓練大臣の協力を得て定め，関係省庁および法人に送付するほか，広く一般に公表することとした（大臣会議令第11条）。さらに，障害者を雇用する省庁や法人に対しては，職種，労働条件，労働環境，補助具等について適正な配慮義務を課した（大臣会議令第14条）。

以上のように，カンボジアにおける障害者法制は，国際法の領域においては国際機関等からの働きかけもあって障害者関連の国際人権文書への署名，批准は順調にすすんでいるものの，条約上の義務の履行については，財政面，人材面での困難があることから，今後も国家報告の提出状況などの推移を見守る必要がある。他方で国内法の整備は，1993年憲法の制定以前は，婚姻家族法（1989年公布・施行）が，精神障害者の婚姻を禁止するなど障害者の権利保障に配慮を欠く法令が散見され，1993年憲法の制定以後も労働法が障害者に対する差別禁止規定をおいていないなど障害者の権利を制約する立法が見受けられたが，民法の制定および障害者の権利法の制定を契機として，障害者の権利について一応の保障を定め，その立法目的達成のために官庁と一般企業における障害者雇用のクォータ制が導入されるなどの進捗がみられる。しかしながら，体系的な障害者の権利保障には，婚姻，教育，就労をめぐる法律上の差別禁止のみならず，公共施設のバリア・フリー化の義務づけ，法廷手話通訳を含む手話通訳者の利用と行政文書の点字化など行政サービスへの障害者のアクセシビリティを向上し，障害者が直面する社会的障壁を除去して法令の適用を裏づけるための制度整備が必要であろう。

第3節　カンボジアにおける女性の権利をめぐる法的・政策的枠組み

1．国内法制の立法動向

カンボジアは，国連による暫定統治期間中の1992年に女子差別撤廃条約に

署名，加入している。また，その翌年に制定された1993年憲法は，第3章「クメール市民の権利及び義務」の総則的規定において，「カンボジア王国は，国際連合憲章，世界人権宣言，並びに人権，女性の権利及び子どもの権利に関する条約及び協定が定める人権を承認し，尊重する」（憲法第31条）ことを宣言し，これに続いて選挙における両性の平等（同・第34条），性別を問わない職業選択の自由と同一労働・同一賃金の原則，女性による家事労働の価値，性別を問わない団結権（同・第36条），女性差別の禁止，女性の労働搾取の禁止，婚姻と家族における平等（同・第45条），「人身取引，売春，女性の尊厳を傷つける猥褻行為による搾取」の禁止，妊娠を理由とする解雇の禁止，出産前休暇と復職の権利（同・第46条）を定めるなど女性の権利に関して豊富な人権カタログを提示している。

これまでのところ，カンボジアにおいて女性の権利保障のために制定された主要な法律は，2005年に公布・施行された「ドメスティック・バイオレンスの防止及び被害者の保護に関する法律」（以下，DV防止法）および2007年に公布・施行された「人身取引及び性的搾取の取締に関する法律」（以下，人身取引等取締法）である。

DV防止法は，2001年から女性省がUNDPの支援を受けて起草作業に着手し，2005年に議会で草案が採択されたのち公布・施行されたが，これを後押ししたのは国連ミレニアム開発目標であった。カンボジア政府は，2003年に策定した「カンボジア・ミレニアム開発目標」にDV対策を盛り込み，法整備にも着手した。

DV防止法は，8章37カ条からなり，その構成は総則（第1章），適用の範囲（第2章），管轄と手続（第3章），防止および被害者の保護（第4章），裁判所の管轄権（第5章），教育，啓発および研修（第6章），罰則（第7章），附則（第8章）からなる。配偶者，被扶養の子，被扶養で同居する者への暴力，精神的苦痛を与える行為，性的虐待を禁止する（法第2～6条）。また，DVの防止または被害者の保護，行政機関による事前の介入（同・第9条）を定め，防止措置としてDVの禁止命令，共有財産の処分禁止命令，被害者

宅等への接近禁止命令を定めた（同・第14条）[10]。

　人身取引等取締法は，1999年から司法省がユニセフの支援を受けて起草作業に着手し，2007年に議会で草案が採択され，公布・施行された。人身取引等取締法は，9章52カ条からなり，「人を取引し，又は性的に搾取することを取締り，もって善良な民族の伝統の保持及び発展を図り，人権及び人としての尊厳を保障し，国民の健康及び福祉を増進すること」（法第1条）を目的とし，その未遂，幇助，教唆を処罰対象（同・第4条）とし，人身取引を「便宜又は財産上の対価を授受する目的で，不法に人を取引し，又は他人に引渡し，若しくはこれを収受すること」（同・第11条）と定義づけて禁錮刑を科す（同・第14～16条）。また，「売春」（第3章），「未成年者の売買春」（第4章），「猥褻」（第5章）をおき，犯罪組成物，犯罪供用物，犯罪生成物の没収および営業禁止規定（法第49条）をおくことで人身取引から派生する売春の強要，「児童ポルノ」の処罰を可能にした[11]。

2．女性政策の枠組み

　カンボジア政府の大臣会議官房国家女性局を改編して1996年に設置された女性省は，1999年から「第1次5カ年戦略計画」（Neary Rattanak I）を開始した。また，2003年の国民議会総選挙に勝利したフン・セン首相が，2004年から諸制度の改革を通じた「グッド・ガバナンス」を核として，インフラストラクチャーの復興と建設，農業分野の向上，能力開発と人材育成，民間部門の開発と雇用創出の4分野に重点をおく開発の枠組みとして「成長，雇用，平等および効率性のための四辺形戦略」[12]の開始を宣言すると，上記の重点4分野と政府が掲げる主要な改革（地方分権，行政改革，財政改革，司法改革，土地改革）を盛り込んだ「第2次5カ年戦略計画」（Neary Rattanak II）を2003年から2008年にかけて実施し，さらに，2009年からは同様に「第3次5カ年戦略計画」（Neary Rattanak III）に着手し，現在は「第4次5カ年戦略計画」（Neary Rattanak IV）の3年目に当たる（MoWA 2009, 1）。しかしながら，

これらの「5カ年戦略計画」では，とくに女性障害者に焦点を当てた計画は看取されない（MoWA 2014, 1）。

第4節　カンボジアにおける障害者の権利をめぐる政策的枠組み

1．「社会経済開発5カ年計画」から「戦略的国家開発計画」へ

カンボジアは，新国家樹立直後の1994年から復興・開発計画を策定し，「第1次社会経済開発5カ年計画（1996～2000）」に着手した。この「計画」においては内戦終結後の社会の再建と外資導入による経済基盤の確立が主要な目的とされた（RGC 2014, 1）。これに続く「第2次社会経済開発5カ年計画（2001～2006）」においては，経済成長と貧困削減に加えて国連ミレニアム・サミット（2000）が採択した「ミレニアム開発目標」達成に向けた取り組みが強調された（RGC 2014, 1）。さらに，「第3次社会経済開発5カ年計画（2006～2010）」においてカンボジア政府は，国民の団結と平和で民主的な国家の建設を謳ったが，これらは2008年に予定された国民議会総選挙に向けた政権公約の意味合いをもつものであったといえる。

上記の「5カ年計画」において障害者をめぐる取り組みは，障害者問題のメインストリーム化が謳われているものの，具体的には障害の予防とリハビリテーションの充実が盛り込まれているにすぎない。また，RGC（2014）には障害者の雇用機会の創出と障害者年金の創設を検討することを盛り込んだものの，ミレニアム開発目標において障害に直接言及した開発指標は盛り込まれていない。

2．「戦略的国家開発計画」における女性の位置づけ――成果と課題――

カンボジア政府は，「戦略的国家開発計画（2014～2018）」の第2章におい

て2013年までの主要な実績と2014年以後の課題を整理している（RGC 2014, 57）。そのなかで，当時残された課題のうち，女性の地位に関するものとして言及されているのは，さきに挙げた「四辺形戦略」の一角を占める民間部門の開発と雇用の創出における女性の地位をめぐってである。すなわち，第1に，カンボジアも締約国となっている「女子差別撤廃条約」の趣旨が国民のあいだに十分に周知されておらず，国内の法令の内容にも十分に反映されていないこと，第2に，女性公務員と民間企業の女性従業員の適正な採用，昇進，能力開発を保障する法令の整備が不十分であること，第3に，ジェンダーのメインストリーム化が官公庁と民間企業の双方において十分に行われていないこと，第4に，男女の雇用と職業訓練の機会の均等についての法令や政策を普及・実施するための予算が十分に確保されていないという点である（RGC 2014, 61）。

　この評価を前提として「戦略的国家開発計画」は，社会のセイフティ・ネットの創出分野における第1の優先的政策課題として，貧困層と社会的弱者層のための福祉の強化を挙げ，社会福祉・退役軍人・青少年更正省に設置された「ジェンダー・ワーキング・グループ」を中心に女性関連政策の内容を普及することとしている（RGC 2014, 61）。

　また，「四辺形戦略」の別の一角を占める能力開発と人材育成における女性の地位をめぐっては，男女の平等をあらゆる部門で推進してゆくことを掲げ，これを「戦略的国家開発計画」の評価・モニタリング基準にも盛り込むこととした。これまでのところ，具体的には女性の雇用の創出と収入向上をめざして国内13カ所に女性のための職業訓練所を開設した結果，農業，製造業の双方において雇用目標を達成したほか，女性経営者協会が2012年に設立されて以来，その会員数が150人に達し，経済界における女性の発言力が増したと評価する一方で，個人経営の小売業において給与が低いことを指摘する（RGC 2014, 74）。

　さらに，ミレニアム開発目標の達成に即しても，カンボジア政府は市場の需要に対応した女性の職業訓練の推進，中小企業による経済活動の奨励，農

村の女性の生活改善を通じて，公共，民間部門における女性の経済面でのエンパワーメントに貢献してきたという評価を下している（RGC 2014, 74）。

その一方で，いまだに政府による女性に対する職業訓練と民間部門における女性の雇用機会とのあいだの連携が十分ではなく，とりわけ，地方の女性のための職業訓練所と民間部門のあいだの協力関係が十分ではないという課題を指摘している（RGC 2014, 74）。

以上の評価から読み取れることは，「戦略的国家開発計画」における女性の位置づけは，あくまでも経済成長を推進するため女性の労働力を活用しようとするものであり，その構造は，第1に，女性一般の雇用を促進し，第2に，政府主導で行う職業訓練を通じて一定の技能を習得した女性労働者を民間企業で就労させ，第3に，女性経営者協会における情報交換や経営ノウハウの蓄積を通じて女性経営者の発掘を奨励するという重層的なものである。しかしながら，それらを牽引するはずの官公庁においてすら，女性の採用と昇進が予定どおりに進まず，その背景には予算が不足していることが看取できる。

3．「戦略的国家開発計画」における障害者の位置づけ――成果と課題――

障害者をめぐる政策は，「戦略的国家開発計画」の中核をなす「四辺形戦略」のうち，民間部門の強化，中小企業支援，雇用創出とともに「民間部門の開発と雇用創出」に盛り込まれる社会保障の向上の一端に位置づけられている（RGC 2014, 61）。

13項目にわたる社会保障の向上のための優先政策のなかで障害者に関するものは，障害者の権利法に基づいて設置された障害活動評議会を通じて，障害者の権利法の規定を実施し，障害者の権利条約の履行を促進する，というものである（RGC 2014, 62）。

具体的には，障害者福祉の強化策として以下の9項目を挙げている。すなわち，第1に，障害者の権利を擁護し，伸張する立法によって就労をはじめ

とする障害者に対する差別を低減する。第2に，障害者年金基金を設立して，毎年2万人を超える障害者に給食と送迎を伴う身体リハビリテーションと無償の住宅を提供する。第3に，とりわけ最貧困層に属する障害者を支援する。第4に，自助グループの結成，小規模小売業の起業を促進するコミュニティに根差したリハビリテーション（CBR）事業を実施する。第5に，カンボジア盲人協会，全国障害者連盟，全国障害者センターといった障害当事者団体の結成を奨励する。第6に，盲，ろう，精神障害のある子どもに特別の教育その他のサービスを提供するセンターを設置し，障害児対策事業を実施する。第7に，障害者の芸術，スポーツ活動，手話通訳付き放送を奨励する。第8に，障害者の権利条約を批准する。第9に，アジア太平洋障害者の10年（2013～2022）とアジア・太平洋の障害者の「権利を実現する」というインチョン戦略を支持する，である（RGC 2014, 62）。

以上のように，「戦略的国家開発計画」において障害者に関する言及はきわめて曖昧で限定的である。その内容も障害者の人権の実現や自由の保障といった観点からではなく，あくまでも政府による支援の対象として位置づけられている。より具体的には，第1に，障害活動評議会による障害者の権利法の実施のモニタリングと履行の促進がどのようにすすめられるのか具体性に欠け，強制力をもった実効的な措置を講じることが可能なのか疑問である。第2に，2017年1月の時点で，障害者年金基金の設立に必要な法令の起草作業に着手されておらず，ドナーへの拠出の働きかけも行われていない。第3に，障害者雇用を促進するための具体策がいまだに公表されていない。

4．「戦略的国家障害計画」

カンボジア政府は，さきに挙げた障害者の権利法の制定（2009年），障害者の権利条約の署名・批准（2012年），ESCAP・アジア太平洋障害者の10年（2013～2022年）への参加という障害者の権利保障に関する国際的，国内的対応をふまえて，それらをより実体化するために，障害者の権利法にもとづい

て2009年に障害活動評議会を設置し,「戦略的国家障害計画 (2014-2018)」を策定した。

　この「戦略的国家障害計画」は,「障害者とその家族が,あらゆる局面で完全かつ非障害者と平等に権利を保障され,人としての尊厳を守られた社会において質の高い生活をおくること」を展望し,「持続可能な開発を達成するために,インクルーシブな社会の実現に向けて政府機関,民間部門,市民社会の参加を促進すること」を目的とする (DAC 2014, 18)。具体的には,第1に,「包括的な福祉を含め,障害者とその家族が,尊厳をまもり自立した生活をおくることができるように生活水準を向上すること」および,第2に,「法の下の平等と司法へのアクセスを促進し,あらゆる形態の障害をもつ女性と子どもの平等を促進するとともに,緊急時には折檻,虐待,搾取と暴力から逃れる施策を提供する」ことを達成目標とする (DAC 2014, 18)。そのために,第1に,「障害者に対する社会保障,教育,職業訓練,雇用と就労その他のサービスの提供」,第2に,「障害者の社会における政治的意思決定への参加の奨励」,第3に,「物理的な環境,公共交通機関と公共施設における物理的アクセシビリティ,知識,情報,コミュニケーションへのアクセシビリティの改善」を行うこととした (DAC 2014, 18)。

　また,これらの施策をすすめてゆくうえでの「障害者の尊厳と私的自治,自らの選択の尊重」「非差別」「社会への完全かつ効率的な参加」「人類の多様性としての障害の差異とその受容」「衡平」「アクセシビリティ」「男女の平等」「障害者の権利と自由の保障」など12項目を指導原則として掲げた (DAC 2014, 19)。

　ところで,「戦略的国家障害計画」は,現状分析としてカンボジアの強みを障害者の権利条約を批准済みであること,障害者の権利法を制定済みであること,障害者に対する理解が広がりつつあること,および強力な障害者団体と障害当事者の自助組織が存在することを挙げる。その反面,弱点としては,障害者関連の法令が国民全体に周知されていないこと,法令の実施と政策の実行が未だいまだ限定的であること,人材と予算が不足していること,

国家の開発計画において障害者をメインストリーム化する手続が不明瞭であること，障害者に対する差別がいまだにみられること，関係省庁と市民社会のあいだの協力がいまだ限定的であること，障害者関連の統計が未整備で最新のデータに更新されていないことを挙げている（DAC 2014, 20-21）。

　そのうえで，「戦略的国家障害計画」は，以下の10項目にわたる戦略目標を掲げる。すなわち，「生活水準を向上し自立を強化するための，障害者の雇用と適切な就労機会の確保を通じた貧困の削減」「障害者に対する身体的・精神的リハビリテーションを含む良質の医療サービスの提供」「障害者に対する差別，虐待，暴力，搾取を撤廃するための司法機関による介入の強化」「障害者の個人の自由，災害時の安全とリスク管理の強化」「障害者に対する良質な教育と職業訓練機会の確保」「障害者の意見表明，情報へのアクセス，政治参加の推進」「文化的，宗教的およびスポーツ，レクリエーションその他の社会的活動への参加の確保」「物理的な環境，公共交通機関と公共施設へのアクセス，知識，情報，コミュニケーションへのアクセスの改善と強化」「女性障害者（児）のジェンダー平等の確保とエンパワーメント」「国際的，地域間的，地域的，国内的，国内地域的な協力の拡大と強化」である（DAC 2014, 24-40）。

　さきに取り上げた「戦略的国家開発計画」において，社会保障の向上のための優先政策のなかで障害者に関するものは，障害者の権利法に基づいて設置された障害活動評議会を通じて，障害者の権利法の規定を実施し，障害者の権利条約の履行を促進する，というものである。これを具体化したのが「戦略的国家障害計画」である。両「計画」を対比してみると，「戦略的国家開発計画」における障害者福祉の強化策8項目が，「戦略的国家障害計画」の戦略目標10項目のうち医療，教育，労働にほぼ対応していることが看取される。ただし，「戦略的国家開発計画」が障害者に対する福祉の給付という観点から構成されているのに対し，「戦略的国家障害計画」では障害者の諸権利の実現という観点が前面に押し出された書きぶりとなっている点で異なっている。

「戦略的国家障害計画」がさらに踏み込んだ目標として掲げたのは，第1に，「障害者に対する差別，虐待，暴力，搾取を撤廃するための司法機関による介入の強化」，第2に，「障害者の災害時の安全とリスク管理の強化」，第3に，「障害者の意見表明，情報へのアクセス，政治参加の推進」であっていずれも障害者の権利に深く結びついている点で共通している。この背景として「戦略的国家開発計画」が経済財政省を中心に農業，運輸通信，鉱工業，労働の各省という「開発系官庁」主導で策定され，基本的にマクロ経済指標の改善を意図しているのに対して，「戦略的国家障害計画」が障害者に焦点を当てて社会福祉・退役軍人・青少年更正省のほか内務，教育，保健，女性の各省という「内務系官庁」が深く関与しているためであると推認される。

5．「戦略的国家障害計画」と女性障害者

さきに挙げた10項目にわたる戦略目標のうち「女性障害者（児）のジェンダー平等の確保とエンパワーメント」が9番目の戦略課題として掲げられている（DAC 2014, 36）。

この戦略課題は，さらに8項目の戦略に細分化されている。このなかで女性障害者に関連するのは，以下の5項目である。すなわち，第1に，女性と子どもに関する政策の効果的な実施を通じて，女性障害者（と障害児）があらゆる人権および基本的自由の完全な享有を確保するための施策を実施すること，第2に，政府の政策と戦略を介して，人権の享有と行使を促進する目的で，政府の意思決定に女性障害者の意見を反映し，女性のエンパワーメントを確保すること，第3に，女性が国家経済と社会の根幹であることから，とりわけ女性障害者自身が，政府の四辺形戦略の実施を通じて態度変容し，女性をめぐる状況を改善すること，第4に，女性障害者と若年女性障害者が，非女性障害者と若年非女性障害者との区別なくリプロダクティブ・ヘルス・サービスを享受できることを確保すること，第5に，女性の権利の伸張を通

じて，女性障害者が女性の非障害者と同等の価値を有することにかんがみ，平等な就労の機会と報酬を確保することである。

　また，戦略課題は，これらの項目を実行するための主管官庁として女性問題を担当する女性省を筆頭に，社会福祉行政を所管する社会福祉・退役軍人・青少年更正省，地方行政にかかわる内務省と農村開発省，労働問題を所管する労働・職業訓練省，産業振興を担う商業省，保健政策を所管する保健省，教育行政に携わる教育・青年・スポーツ省，文化芸術を所管する文化省，宗教団体を所管する宗教省を関係省庁と位置づけ，それらに加えて全国的な女性団体であるカンボジア全国女性評議会と障害当事者団体にも協力を求めている（DAC 2014, 36-37）。

　ところで，「障害者の権利条約」は第6条「障害のある女子」において女性障害者に対する複合的差別の存在を前提としてすべての人権および基本的自由の完全かつ平等の享有のための措置を締約国に求めている（同条第1項）。これに照らして「戦略的国家障害計画」は，政府が，女性障害者（児）のあらゆる人権および基本的自由の完全な享有を確保するための施策を実施することを謳うことで，人権と基本的自由の享有そのものを宣言することを避けた。同様に，政府に女性障害者と女性非障害者の平等な就労の機会と報酬の実現を課した一方で，リプロダクティブ・ライツに関しては，リプロダクティブ・ヘルス・サービスにアクセスする権利として構成してリプロダクティブ・ライツそのものへの言及を避け，女性に対する暴力にはふれていない。また，政府の意思決定に女性障害者の意見を反映し，女性のエンパワーメントを確保することについては，自由な政治参加と政治的意思表明という人権保障の前に「政府の政策と戦略を介して」「人権の享有と行使を促進する目的で」と2重の体制制約原理を設けた。さらに，「女性が国家経済と社会の根幹である」と女性を持ち上げつつも「女性障害者自身が，政府の四辺形戦略の実施を通じて態度変容し，女性をめぐる状況を改善する」こととして，政府の政策への追従を求め，状況を改善する責任は，女性障害者に転嫁している。

6．「戦略的国家障害計画」の問題点

　さきに紹介した「戦略的国家開発計画」がカンボジア政府（大臣会議）の決定を受けて，形式としては，国民議会と上院の審議と採択を経て国王が審署し，首相が副書する「戦略的国家開発計画の実施に関する法律」として公布・施行されたのに対して，「戦略的国家障害計画」は，首相が名誉議長，社会福祉・退役軍人・青少年更正大臣が議長を務め，関係省庁および障害当事者団体の代表者によって構成される障害活動評議会によって策定された点で性格が異なる。すなわち，「戦略的国家開発計画」の実施は，立法と政府による執行という性格を帯びるのに対して，「戦略的国家障害計画」は民間人を交えた政府外郭団体の事業計画にすぎない。そもそも障害活動評議会は，独自の事務局をもち，経費は社会福祉・退役軍人・青少年更正省予算から交付されるものの，評議会構成員として関係省庁の大臣が名目的に名を連ねる障害者政策の調整機関にすぎない。実際に計画の細目を実施するためには，関係省庁がそれぞれに予算を措置する必要があるため，「戦略的国家障害計画」に年毎の予算が明記されていないのは，計画策定の時点で関係省庁からの予算拠出を明言できなかったからであり，「戦略的国家障害計画」が「財源」（DAC 2014, 44）において関係省庁に予算拠出計画の策定を求め，さらに計画実施のために民間に資金協力を求めているのは，予算的裏づけにめどが立っていなかったためであろう。

　それでも，上記のように計画すべてを実現する可能性が乏しいにもかかわらず，カンボジア政府が障害活動評議会に「戦略的国家障害計画」を策定させ，その内容を関係省庁のホームページなどを通じて喧伝しなければならない事情は，「戦略的国家障害計画」の「結語」（DAC 2014, 47）からうかがい知ることができる。すなわち，この計画を策定すること自体が，「障害者の権利条約」第4条第1項（a）「一般的義務」によって課された「全ての適当な立法措置，行政措置その他の措置をとること」および同（c）「全ての政策

及び計画に障害者の人権の保護及び促進を考慮に入れること」ならびに第33条第1項の「国内における実施及び監視」の要請に応えるものであり，ESCAP・アジア太平洋障害者の10年「インチョン戦略」が締約国に求めた「国レベルの調整」に応える必要があり，なによりも自ら制定した「障害者の権利法」第3章が政府に障害者に配慮した政策の策定を求めているからにほかならない。

おわりに

　本章の目的は，カンボジアにおける女性障害者をめぐる立法と政策について考察し，その課題を明らかにすることである。

　カンボジアの女性障害者をめぐる状況は，農村における調査によれば，女性の健康ニーズや学習ニーズが疎んじられている環境のもとで，家族の生業に従事することには限定的な反面，おもに家庭での軽作業の家事に従事しながら生活している。ときに彼女らは十分な初等教育を受けられず，婚姻適齢に達しても婚姻について自分の家族または相手の家族とのあいだでトラブルを経験する。また，地域の冠婚葬祭等から排除されることはないものの，地域開発や政治参加についても消極的である。さらに，アストブリーらの調査によって女性非障害者と女性障害者のあいだには暴力や人権侵害の被害において著しい差異が看取される。すなわち，カンボジアにおいては女性障害者が夫以外の家族から受ける精神的，身体的，性的暴力の被害は，きわめて深刻であって，とりわけ都市部において家庭は，女性障害者にとってリスクの高い環境であると結論づける。さらに，女性障害者が政治活動に参加することについて別の調査は，女性障害者が政治活動に参加する比率が低い原因として，障害に起因する障壁の高さとともに地域行政の差別的な対応，自らの能力と政治的貢献に対する女性障害者自身の自己評価の低さ，女性障害者が参加することを阻む社会の圧力のせいであると分析する。

カンボジア政府は，外交的には女子差別撤廃条約や障害者の権利条約を含む国際人権文書への署名，批准を積極的にすすめているものの，それらによって課された条約上の義務を履行するにあたっては，資金と専門的人材の不足から国際協力に頼らざるを得ないという状況にある。したがって，障害者の権利条約の履行もその例外ではなく，履行の進捗状況を注視する必要がある。一方，国内法的には，カンボジアの障害者の権利法は障害者の権利について一応の保障を定めたが，労働法が障害者に関する規定をもたず，国家公務員通則法が障害者の公務就任権に一定の制約を加えている点など，体系的な障害者の権利保障には，障害者の権利法が定立した規範に反する個々の法令の規定を見直し，改正を加えてゆくとともに，法令の適用を裏づけるための制度整備が必要であろう。

　政策的には女性省を中心に展開される女性政策においても，社会福祉・退役軍人・青少年更正省を中心に展開される障害者政策においても女性障害者についての言及は限定的である。女性障害者に限っていえば，特段の法的保護が行われているわけではない。また，障害者政策においても女性のニーズにもとづいた施策が実効的に展開されているわけでもない。以上のことから，カンボジアにおける女性障害者は，男性障害者や女性非障害者と比較して家庭，地域社会，市民社会において厳しい状況あることは明らかであり，法的にも，政策的にもいっそうの配慮が必要であろう。

〔注〕
(1) プレイヴェン州は，カンボジア国内にあって内戦中は激戦区でなかったために戦闘も対人地雷の埋設も限定的であった。
(2) パリ和平協定の締結にいたる過程，国連によるカンボジア暫定統治および「カンボジア王国（1993年）憲法」については，四本（1999）を参照せよ。
(3) 国際人権文書への署名，批准状況については，〈http://tbinternet.ohchr.org/_layouts/TreatyBodyExternal/Treaty.aspx?CountryID=29&Lang=EN，最終アクセス2015年2月23日〉を参照せよ。
(4) Cf. U.N.Doc A/49/635, para. 102.
(5) アジア太平洋経済社会委員会（ESCAP）は，1992年の総会決議48/3におい

て「アジア太平洋障害者の10年」(1993～2002年)を宣言し，2002年の総会決議58/4においてその10年間の延長(2003～2012年)を宣言した。
(6) なお「インチョン戦略」の邦訳として，障害保健福祉研究システムのホームページにアップロードされた日本障害フォーラムによる仮訳(http://www.dinf.ne.jp/doc/japanese/twg/escap/incheon_strategy121123_j.html#INTRODUCTION，最終閲覧年月日：2015年2月23日)を参照せよ。
(7) ヘン・サムリン政権による権力掌握の過程については，天川(2001)を参照せよ。また，1980年代の立法動向については，四本(2001)を参照せよ。
(8) 障害者の権利法については，四本(2010)109ページ以下を参照せよ。
(9) 障害者の権利法の内容については，四本(2010)110ページ以下を参照せよ。
(10) カンボジアにおけるドメスティック・バイオレンスとその防止法制については，四本(2007)を参照せよ。
(11) 詳しくは，四本(2004)199ページ以下を参照せよ。
(12) 「四辺形戦略」の概要については，福島(2006)第7章「カンボジアの国家再建計画」を参照せよ。

［参考文献］

＜日本語文献＞
天川直子 2001.「カンボジアにおける国民国家形成と国家の担い手をめぐる紛争」天川直子編『カンボジアの復興・開発』 アジア経済研究所 21-65.
小林昌之編 2010.『アジア諸国の障害者法』アジア経済研究所.
——— 2012.『アジアの障害者雇用法制——差別禁止と雇用促進——』アジア経済研究所.
——— 2015.『アジアの障害者教育法制——インクルーシブ教育実現の可能性——』アジア経済研究所.
福島清介 2006.『新生カンボジアの展望——クメール・ルージュの虐殺から大メコン圏共存協力の時代へ——』日本国際問題研究所.
四本健二 1999.『カンボジア憲法論』勁草書房.
——— 2001.「カンボジアの復興・開発と法制度」天川直子編『カンボジアの復興・開発』 アジア経済研究所 111-149.
——— 2004.「カンボジアにおける社会問題と法——トラフィッキング取締法制の展開を中心に——」天川直子編『カンボジア新時代』アジア経済研究所 177-222.
——— 2007.「カンボジアにおける女性の権利——ドメスティック・バイオレン

ス防止法制の展開を中心に——」『アジアのマイノリティと法Ⅱ』関西大学法学研究所　67-98.
——— 2010.「カンボジアにおける障害者の法的権利の確立」小林昌之編『アジア諸国の障害者法』アジア経済研究所　93-118.

＜英語文献＞

Astbury, Jill, and Fareen Walji 2013. *Triple Jeopardy: Gender-based Violence and Human Rights Violations Experienced by Women with Disabilities in Cambodia,* Canberra: AusAID. (http://www.dfat.gov.au/about-us/publications/Documents/triple-jeopardy-working-paper.pdf 2015年2月23日アクセス)

CCC (Cooperation Committee for Cambodia) 2006. *The Challenge of Living with Disability in Rural Cambodia: A Study of Mobility Impaired People in Social Setting of Prey Veng District, Prey Veng Province,* Phnom Penh: CCC.

De Silva de Alwis, Rangita 2010. *The Intersections of the CEDAW and CRPD: Integrating Women's Rights and Disability Rights into Concrete Action in Four Asian Countries,* Wellesley: Wellesley Centers for Women.

DAC (Disability Action Council) 2014. *National Disability Strategic Plan.* Phnom Penh: Disability Action Council.

ILO (International Labour Organization) 2003. *Cambodia Country Profile Employment of People with Disabilities: The Impact of Legislation (Asia and the Pacific)* Geneva: ILO.

MoWA (Ministry of Women's Affairs) 2009. *Five Year Strategic Plan 2009-2013 Neary Rattanak III,* Phnom Penh: Ministry of Women's Affairs.

——— 2014. *Five Year Strategic Plan 2009-2013 Neary Rattanak IV,* Phnom Penh: Ministry of Women's Affairs.

RGC (Royal Government of Cambodia) 1996. *Socio-Economic Development Plan,* Phnom Penh: RGC.

——— 2001. *Socio-Economic Development Plan,* Phnom Penh: RGC.

——— 2014. *National Strategic Development Plan (2014-2018),* Phnom Penh: RGC.

UNDP (United Nations Development Program) 2010. *Political Participation of Women with Disability in Cambodia.* UNDP Cambodia.

第3章

タイの女性障害者
―― 当事者運動とエンパワメント ――

吉村　千恵

　はじめに

　タイの障害者に関する資料や情報は，他の東南アジア諸国と比べてより多く目にすることができる。それは，ESCAPやUNICEF，WHOなどの国連機関やNGOなどの国際関係団体がタイに事務所を構え，多数のプロジェクトをタイで実施してきていることが一因である。同時に，障害当事者団体も1980年代から活発に運動を展開してきていることも大きい。それらの障害者団体は，国際機関や日本など先進国による障害者支援活動の現地のカウンタパートまたはインフォーマントとして受け皿になっている場合も少なくない。タイの障害者運動は，国際的な動向および国内の障害当事者による内発的なニーズに基づく運動の両方の側面から発展してきた。タイの障害者に関する資料や情報が得やすいということは，海外の国際協力団体がタイの障害者団体とかかわりをもちながら活動を展開してきたことを示している。

　本章では，以上のように海外の障害者運動の影響を受けつつ展開してきたタイの障害者運動のなかの女性障害者の動向および現在の課題に焦点を当てる。とくに1980年代以降活発になった障害当事者運動が，法律や障害者エンパワメント国家計画などに影響を与えるなかで[1]，女性障害者への対策がいつの時代から関係者に意識されてきたのか，そして当事者運動の現場で女性

障害者の関与がどのように発展してきたのか考察する。そのうえで，障害者運動の展開が女性障害者へもたらした影響，女性障害者たちの生活の変化，今後の展望などを現地調査をもとに検討する[2]。

まず第1節ではタイの女性障害者がおかれている社会環境とそれらを分析した先行研究を紹介し，第2節で1980年代以降のタイの障害者運動の歴史や社会的インパクトについて，第3節でタイ社会のなかで女性であり障害者である女性障害者の状況，ならびに女性障害者たちによる働きかけの結果として2013年に策定された第1期女性障害者開発戦略（行動）4カ年計画について概説する。つぎに第4節では，現地調査での聞き取りをもとに，障害女性ネットワークの参加者，および，その参加者とは逆に障害者運動とのかかわりが少ない女性障害者の，生活やライフコースの状況，ならびに直面している問題などについて考察する。最後に，まとめとしてタイの障害者運動と女性障害者のエンパワメントについて検討し，今後の展望について述べる。

第1節　女性障害者をとりまく社会環境と先行研究

障害者に関するプロジェクトや資料が頻繁に確認できるようになるのは，1981年に採択された「国連障害者年」，その翌年の「障害者に関する世界行動計画」および，1983年から始まった「国連障害者の10年」以降である。この国連の一連の活動計画等は，タイ国内の障害者に関する活動や福祉分野に一定の影響を与えた。たとえば，1975年に障害者人権宣言が出され，1981年に国際障害者年が採択されると，当時首相であったプレーム・ティンスーラーノン陸軍大将が，「タイ政府は障害者リハビリテーション法を制定する」と宣言した[3]。この発言から実際に法制定に至るまでには，さらに約15年の月日を要するが，その年月が障害者の当事者運動を活発化させる一因ともなった。

1991年に，「1991年障害者リハビリテーション法」（以下，1991年法）が制

定された。1990年代は，「人間中心の開発」という新しい概念を得て，国連をはじめ，さまざまな国際機関が，その活動対象を経済発展やインフラ整備から，他分野へ方向転換を図る時期だった。タイの障害者運動もその影響を受けながら形成されてきた。とくに，1980年以降は，障害当事者による国際障害者団体であるDPI（Disabled Peoples' International: DPI）の設立に影響を受け，タイの障害当事者によるDPI-Thaiが設立され，障害者を市民として認めるよう訴える活動が1980年代以降活発になった。また，1991年法制定後，タイの障害者たちの活動目的は，より広く社会的な問題解決を求め，リハビリテーションや就労から，人権や市民権の獲得へと移っていった。

その後，国連障害者権利条約の採択，およびタイ政府の同条約署名・批准のプロセスのなかで，タイの障害者リーダーたちは政府代表団の一員として存在感を示し，その結果「2007年障害者エンパワメント法」（以下，2007年法）[4]の制定にも深くかかわるようになった（吉村 2012）。国連障害者権利条約を強く意識したこの法律は，障害者の権利や地域生活支援など障害当事者の視点を盛り込んだ画期的な法律となった。

以上のような，障害者に関する法制度や生活に視点を当てた研究は，日本においても西澤（2010），飯田（2007）らなどわずかではあるが行われてきた。それらの研究では，2007年法の意義や権利侵害に関する救済方法，障害者リーダーの活躍や関与に関するタイの特異性などが明らかにされてきた。しかし，女性障害者が，女性であるがゆえに抱えるニーズやそのニーズ実現を求める運動や政策への反映，女性障害者自身のリーダーシップの発揮と位置づけ，社会的背景から受ける権利侵害，ライフコースなどに焦点を当てたプロジェクトや研究はほぼ皆無である。

その理由として，男女にかかわりなく，障害者のおかれている状況が厳しい点に関心が向かい，国際機関も当事者団体も，まずは社会全体や障害者全体への働きかけを目的としたことが挙げられる。障害者の性による差異が及ぼす生活環境や社会参画の機会のちがいには関心が払われてこなかったといえる。そのこと自体が，女性のニーズを無自覚に深刻化し，または，男性と

の格差を拡大することとなった。タイ社会のなかで,女性やセクシャル・マイノリティの人々のおかれている状況やニーズに関する活動や世論が盛り上がったのも,2000年代以降である。

　一方,タイの女性に関する研究には,タイ女性の背景にある家族制度や歴史的見地からの女性の立場の変遷,社会参画の状況などの研究の蓄積がある。まず,一般にはタイの家族は父系制・母系制のどちらにも当てはまらない双系制だと説明される（水野 1976）。しかし,タイ国内の北部・中部・東北部・南部などでは宗教や文化の相違から,父系的性格が強い,または母系的性格が強いなど多様な家族形態がみられる。母系的性格が強い東北部などでは,農地や屋敷地などの相続は娘（とくに末娘が多くみられる）に対して行われることが多く,娘ら家族（娘婿や彼らの子ども）が同居または同敷地内でともに生活するケースも多い。また,同敷地内に親族が暮らし農作業や家事など協働・共食している場合もある（水野 1976）。そのような地域では,子どもや老親のケアだけではなく現金管理など主要な家庭内業務を,母系的直系を軸に行っていることも多い（木曽 2013）。それらの家族では,家父長的性別役割分担に基づく女性の被抑圧的な状況は見受けにくい。逆に,バンコクなど中部タイで暮らす華人の家族では,家父長制的性格が強い家族形態や性別役割分担が強いこともある。しかし,そのような性的役割分担性格もタイ人との婚姻・現地化が進むなかでみえにくくなっている。いずれにせよタイには多様な家族形態があることに変わりはない。

　さらに,タイでは家事の市場化が進んでおり,家族構成員内の家事負担が少ない。ともすれば女性が担うべきとされる食事・洗濯・アイロンがけなどの家事が,外注化または家事労働者雇用などの方法で一般的に行われている。そのため,タイの女性の家庭内家事負担が少ないことについて,性別役割分担が強固ではない,または男女平等が進んでいると評されることが多い（斧出 2008；落合ら 2004）。しかし,これは落合らが述べるように「女性の社会的地位が高い」ということではない。家庭内の性別役割分担が,経済成長の過程のなかで,家事の外注化・市場化に転換した結果であり,市場化した家

事サービスの担い手の多くが，結局は，女性であることには変わりない。

　また，1900年代前半まで，とくに富裕層では一夫多妻の慣行があり，その後の婚姻法制定により一夫一妻制となる過程においてかなり議論を要していることなどから（飯田 1993），タイ全体として女性の地位が，慣行や法制度のなかで上位にあったとはいえない。女性の社会的地位も，CEO や会社や団体の代表につく女性の割合が他国に比べて高いことから，社会のなかでの男女平等の割合が高いといわれるが，後述するように「男女」の差異よりも，「階級」の差異の作用が大きい点も注意が必要である。

　戦後の経済成長に合わせて，現在までに，売買春労働や家事労働者として雇用される女性が増加し，歴然とした社会階層が形成されている。歴史的にもサクディナーと呼ばれる社会的地位や，奴隷制の時代から近代化のなかで，差異化（階層化）の対象が，階級からジェンダーや性産業従事者[5]などの差異に移行したともいわれる（飯島・小泉 2000）。一方で，一定の経済成長を遂げたタイでは，専業主婦の増加が，新中間層世帯の新たな現象としてみられることも報告されている（橋本・クア 2008）。さらに，ホワイトカラーとして働く女性たちが，女性の家事労働者を雇い，家事や育児を担わせている報告もある（斧出 2008）。つまり，近代化の過程で，階級が可視化されにくくなったと同時に，女性の商品化や家事の担い手としての性別役割分担に関しては，より低い不可視の階級に属する女性たちに代替されたのである。

　日本社会の福祉制度を考える時，日本の社会政策の改革・改変・新設は，家父長的ジェンダー関係を強化する作用があり（大沢 1993），長いあいだ，女性は国家の代替的でアンペイドのケアの担い手として期待されてきた。タイでは，既述のように家事や育児の外部化が容易で，家庭内における男女の性別役割分担が流動的であったとしても，主婦化や子どもの教育事情の変化，社会保障が不十分なままでの高齢化社会への突入などにより，今後，女性に期待される役割が変化する可能性もある。

　以上のことからわかるように，家族形態やタイ社会のなかでの女性の地位や立場，構築され，求められる女性像は，社会的地位，経済状況，家族の文

化圏，時代によって異なる。タイの女性を語るときには，その抽出事例や物差し，無意識にかける「メガネ」に注意する必要がある。

　女性障害者は，一般社会のジェンダー規範および障害の問題などの複合的問題を併せ持ったり（松波 2014），異なる経験や語りを有する（伊藤 2004；瀬山 2003）。それは女性であること，障害者であること，だけでは決して表現できない経験の蓄積である。女性としての経験も，障害の有無によって大きく異なり，時には，同じ女性であるがゆえに，女性障害者をさらに差別化する（瀬山 2003）。周辺化された女性障害者は，女性やジェンダー研究，または，フェミニズムの視点から抜け落ちた存在となる。男性中心の一般的な運動にジェンダーの視点が抜け落ちているように，ジェンダー問題のなかでは女性障害者の視点が抜け落ち，女性障害者をさらなる周辺においていくこともある[6]。フェミニズム運動において議論されるリプロダクティブ・ライツの一部である産む権利あるいは産まない権利（母親や女性としての選択）および女児であることを理由に堕胎されないことと，障害をもつ可能性が高い胎児の生命の権利（生まれ・生きていく権利）の議論（笹原 2007）も，相互に否定や肯定ができない，不可触的でパラレルな関係のままである。また，フェミニストが前提とする就労，結婚，育児などで問題視されるジェンダーの問題も，女性障害者にとっては「当たり前」のことではない（伊藤 2004）。伊藤は，女性障害者たちは，時には，フェミニストの女性たちが解放されたいと願っている「家事や育児における女らしさ」が，たとえフェミニストたちが間違っていると指摘したとしても，一度は「経験してみたい」あこがれになる点を指摘する（伊藤 2004）。そこには，何層もの社会的な隔たりが存在する。

　したがって，タイの女性障害者のおかれる状況を理解するには，タイ社会の女性の位置づけだけではなく，障害者の状況，そしてそのふたつが重なるがゆえの複雑さについても考察する必要がある。

　市民運動や当事者運動は，当事者のニーズに端を発するがゆえに，社会変革につながる運動だといわれる。しかし，女性運動など，ジェンダーに特化

した運動を除いて，環境運動や労働運動，（少数）民族運動など，さまざまな運動が展開されているなかで，ジェンダーに焦点を当てながら展開された運動はほとんどない。ジェンダーの問題に焦点が当てられるのは，ある運動が一定の段階まで展開された後の，よりミクロな課題[7]として取り上げられるときである。

　タイの障害者運動の歴史のなかでも，女性障害者がリーダーシップを発揮し，表舞台で活躍した事例もある。社会的地位や本人の能力いかんによっては，女性障害者でも意思決定の場に参画し，過去の資料などでも登場することも少なくない。しかし，以上のような女性の社会的状況の多様性にかんがみると，数名の女性リーダーの登場によって，タイの女性障害者の声が届いているといえるかどうかは疑問である。タイの障害者運動のなかで，女性障害者は果たしてエンパワメントされたのだろうか。以下，考察していきたい。

第2節　タイにおける障害当事者運動の経緯

　1983年以前からタイには，古くは傷痍軍人対応のための赤十字社，障害児教育センターや傷痍軍人協会，社会福祉協会，バンコク盲人協会など，それぞれの経緯から王室の支援を受けて設立された団体（財団や法人）がそれぞれの活動を行っていた。しかし，全国規模で活動し，かつ，障害当事者によって運営される団体はなかった（吉村 2012）。1983年に，視覚・聴覚・身体・知的障害家族の4団体の連合である，タイ障害者協会（Council of Disabled People of Thailand: DPI-Thai）が，全国レベルの障害者団体として設立された（吉村 2012）。その後，自閉症児親の会や精神障害者家族会なども構成団体となっている。

　DPI-Thai は，DPI の加盟団体のひとつであり，DPI を通じて国際ネットワークとつながっている。DPI は，現在世界の120団体以上が加盟している国際 NGO であり[8]，国連経済社会理事会に登録され，国連会議に出席する

資格をもつ国連 NGO でもある（ニノミヤ 1999, 10-11）。DPI は，5つの地域ブロックに分かれており，日本とタイは，アジア・太平洋ブロックに属する。1981年の DPI の設立，そしてアジア・太平洋ブロックでの活動開始を発端として，日本とタイの障害者の長いかかわりが始まったといえる（吉村 2012）。

初めての DPI 世界総会がシンガポールで開かれたのは1981年で，国連国際障害者年の年である。この第1回総会には，タイから身体障害者であり，後に DPI-Thai の初代代表となるナロン・パティバチャラキット（Narong Patibatsarakit）氏やろう者で女性のマンファ氏をはじめとする障害者7人が参加した。この会議でマンファ氏は，身体障害者が多数を占めていた会場で，手話通訳者配置など聴覚障害者への配慮がなされていないことから，聴覚障害者に配慮した意思伝達の重要性を訴え，その発言意義が認められて世界運営委員に選ばれた。ナロン氏はアジア太平洋ブロック運営委員になった[9]。タイに，DPI に加盟資格のある DPI-Thai が設立されたのは，2年後の1983年である。当団体の設立にかかわった障害者たちは，その後，1991年法制定に向けて重要な役割を果たした。

当時，タイの障害者にとって，障害を受容し，障害者に権利があると主張する DPI の考え方は新鮮だった。ナロン氏は当時を振り返り「この会議では本当に新しい考え方をたくさん得た。DPI は，施政者に対する圧力団体となり，障害者の権利のために社会と闘う必要があると学んだ。障害者団体は，障害者が社会の他の人と同じ機会を得られるように働かなければならない」と述べる[10]。その場でタイの障害者の生活改善のために働く決意をしたメンバーは，帰国後，DPI-Thai の設立に向けて活動を開始した。シンガポールから帰国した後，ナロン氏は，1982年に身体障害者協会（National Assembly of the Disabled）を設立[11]，翌1983年に DPI-Thai が設立されたことは既述のとおりである。

設立当時の運営委員は，当事者および支援者両方によって構成されていた。当時の登録メンバーは約250人であった。そのなかには，上記のおもな団体

関係者に加え，シリントーン・リハビリテーションセンターの設立者や盲人職業推進センターの幹部など多くの人が含まれていた。初代代表には，ナロン氏が選任された（吉村 2012）。

設立総会ではふたつの重要事項を決議した。まず，自分たちで運動の方針を決め活動する団体を設立することを宣言した。これは DPI の定義に沿って，障害を社会環境の不備からとらえることを確認するものであった。もうひとつは，障害者のための法律制定を政府に対して求める活動を行うということである。障害者の完全参加を求める活動方針は DPI シンガポール会議で学んだものだった。その後の活動で，最もエネルギーを注いだのは，法制定へのロビーイングであった。生活のなかで，さまざまな問題に直面していた障害者にとって，障害者関連法を策定することは希望そのものであった。

1991 年に，初めての障害者法となる「1991 年障害者リハビリテーション法」が制定された。同法の前文には，「障害者も，国家の重要な一市民であるにもかかわらず，障害ゆえに困難な生活状況におかれてきた。障害者には，職業・社会参加などの機会が障害をもたないものと同様に保障されなければならない。同法によって障害者には，適切な保護と福祉が提供されるべきである。具体的には，問題解決のためのリハビリテーションによる能力開発，教育，職業訓練などの実施である」と記されている。

同法をもとに，その後，施行規則の策定および障害者手帳の発行が行われ，障害者割当雇用制度，免税措置，障害者手当の支給などが実施された。この時は，そもそもまずは障害者法の成立が重要であるとされたことから，女性障害者に特化した条文は設けられなかったが，男女問わず，障害者リーダーたちは生活改善に向けて同法に大きな期待を寄せていた。しかし，1991 年法およびその関連法だけでは，障害者をめぐる社会的状況は，障害当事者が期待したほど変化しなかった。世界的には，1990 年代は，開発政策が経済成長中心から人間の安全保障へと転換していった時期である。具体的には，障害者や女性，子ども，環境，公衆衛生に関するプロジェクトや予算措置が増加し，プロジェクトの対象地域や対象者に開発の影響が届き始めていった。障

害分野も例外ではなく，とくに1990年代後半以降は，国際機関だけではなく，日本の小さなNGOなども個別にプロジェクトを開始し，草の根レベルでの交流も増加していった。

　2002年には，JICAによるアジア太平洋地域全体への障害者支援プロジェクトが本格化し，その活動拠点となるアジア太平洋障害者センター（APCD）が，タイのバンコクに設立された。APCDは，アジア太平洋地域の障害者全体に向けたプロジェクトを実施してきたが，タイに拠点が設けられたことにより，タイの障害者は大きな影響をうけた。とくに，プロジェクト・フェーズ1の方針であった，自立生活運動（IL）のトレーニングやILセンター（Center for Independent Living: CIL）の設立支援プロジェクトの結果，まずはタイに3カ所のCILが設けられた。プロジェクト終了後もセンターは増加し，現在は，タイ国内に10カ所のILセンターができている。

　CILの基準に従い，国内10カ所のCILにおいて，それぞれの運営メンバーに占める障害当事者の割合は，51％を超えている。また，各CILのネットワークであるタイILネットワーク（TIL）の運営メンバーの構成も，同様に，障害当事者が51％以上を占めている。

　活動内容は，CILの柱である，介助サービス，ピア・カウンセリング，住宅サービス，自立生活プログラムの実施などである。また，地域内で自宅から出ることができない重度障害者への訪問活動も行っている。訪問活動は，日本やアメリカの障害者の背景にある制度・政策とは大きく異なるタイ社会において，有効な手段である。CILが地域にできたことで，それまで家のなかにいることが多かった障害者が，家の外で活動する場や仲間を得る機会を得た。しかし，一方で，活動資金や障害当事者のリーダーシップ，リーダー育成，地域への影響力，介助者派遣サービスなどについて，多くの課題を抱えているのが現状である。とくに介助者派遣に関しては，介助者の位置づけや関係性が，日本やアメリカのCILのようなサービス体系とは大きく異なる。障害当事者が，地域内で動き始め，それゆえに課題がみえてきたという点で，今後の改善・展開が期待される。

ILに限らず，障害当事者が中心的な役割を果たす，障害者による当事者のための活動は，全国的に増加傾向にある。また，CILが全国に広がっていることから，バンコクを中心とする中部タイだけではなく，障害当事者の活動を評価する傾向は，全国的に広がっているといえる。ただし，都市部・農村部にかかわらず，障害者のニーズは大きいが，障害当事者が声を上げる機会はいまだに少ない。今後，当事者のニーズを社会に伝え，社会を変えていくためには，地域内での障害当事者による活動がよりいっそう必要となるだろう。

第3節　障害者運動のなかの女性

1．男性障害者による運動の牽引

タイの障害当事者が，自ら障害者運動を進めてきた意義は大きいものの[12]，次の2点について留意する必要がある。まず，障害当事者が，独自に障害者法などの草案策定に関するグループをつくり，勉強会やロビーイングを実施してきたが，それらは特定の障害者リーダーによる貢献が大きかった点である。障害者リーダーたちは，それぞれ自身がもつネットワークや知識を活用しながら草案作成の段階からかかわり，国会での審議・採決をはかった。もうひとつ重要な点は，その障害者リーダーたちは，大学卒業以上の学歴をもつ，比較的社会的地位が高い男性障害者であった点である。

たとえば，DPI-Thaiによる1991年法の草案づくりの勉強会の当時のメンバーには，ナロン氏のほかに，盲人で，現在タマサート大学法学部教授をしているウィリヤ氏も参加していた。しかし，ほとんどが男性メンバーであったものの，女性メンバーもわずかながら参加していた。たとえば，女性障害者の生活上の問題について研究し，1986年にDPI-Thaiの代表となったジュリラット氏は，女性障害当事者であり，女性の職業的自立のためにも法律制

定が必要だと感じて，この勉強会に参加していた（吉村 2012）[13]。ただし，シュリラット氏は，それ以上，運動の前面に出ることはなかった。

　障害者運動は，2007年法の草案作成に影響を与えただけではない。2007年憲法策定の際にも，DPI-Thai は，憲法条文に障害者の権利を定める項目を入れるよう要求し，最終的にはほぼ全面的に認められた（西澤 2010）。このほか，同時期に準備が進められていた，国連の「障害者権利条約特別委員会」の会議には，その後上院議員を務めることになったモンティアン・ブンタン氏を中心とした障害当事者が，政府代表団の正式メンバーとして毎回出席することとなった。同委員会は，障害者の権利に関する委員会であるものの，実際に障害当事者が毎回出席した国は，タイを含めわずかしかなかった。

　法・制度以外でも，既述の IL のような地域内での活動，バンコクの BTS 高架鉄道や地下鉄のバリアフリー化を求める運動，介助者研修など，さまざまな活動を積み重ねてきている。その結果，近年では，新しい公共施設や大きなガソリンスタンドのような不特定多数の人が利用するような施設には，車椅子用のスロープやトイレなどが標準的に設置されるようになってきた。

　それでは，女性障害者たちは，一連の障害者運動のなかでどのような役割を果たしてきたのだろうか。前述のとおり，社会的少数者である障害者が，諸法案や政策にかかわることができたのは，障害者運動そのものの成果というよりは，「当事者リーダーたちは，大学卒業以上の学歴をもつ比較的社会的地位が高い男性障害者であった」点が背景にある。それは，単に男性か女性かというだけではなく，社会的地位やその個人のもつ社会的ネットワークによる影響が大きいことを示している。

　現在のタイには，奴隷制度や身分制度は公的には存在しない。しかし，第二次世界大戦まで続いていたサクディナー制という土地使用の権限による階級制や，王族や貴族による家族メンバーを中心とした経済活動や公的役職の継続は，現在も影響を及ぼしている。また，大学や大学院などの卒業生も強い絆をもっている。タイの女性たちもまた，その伝統的階級制による影響，階級による抑圧（時には恩恵）を受けており，ジェンダーによる差と階級差

の両方の影響下にある。飯島と小泉はReynoldsを引いて，1960年代の欧米のフェミニズムにおける，女性を家父長的な社会構造の「犠牲者」とする潮流が，その伝統的階級制による女性への抑圧や差別をぼやかしたのではないかと説明する（飯島・小泉 2000）。つまり，現在のタイにおいて，女性の問題を問う時，女性が男性中心の文化によって抑圧されているという前提にたつあまりに，伝統的階級制による差異が見過ごされてしまっていると指摘する。

　したがって，既述のように，タイは女性の社会進出が高いと評されることが多いものの，タイの場合，男性か女性かという視点だけではなく，どのような社会的立場にあるかによって得られる機会が変化し，個人がおかれる状況が変化する点をまず理解する必要があるといえる。

　そうした社会環境において，現在40歳以上の障害者で大学を卒業できる機会があった者は限られており，そもそも女性がその時代に大学に通うことが少なかったため，大学を卒業した女性障害者は稀有であった。1991年と2007年のふたつの障害者法の制定に関して，男性の障害者リーダーが活躍した背景には，こうしたタイ社会の一面が垣間みられる。

　また，女性が社会進出をしていることが，すなわち男女平等社会であるわけではない。男女の性別役割分担は，階級の有無とは別に存在する。既述の不可視の社会階級に加えて男女の壁は存在する。

　たとえば，ILの活動の現場で，ピア・カウンセリングのカウンセラーや運営メンバーの副所長などでは女性障害者が活躍している。また，事務担当や会議やセミナー会場で実働を担うのは女性障害者が圧倒的に多い。男性障害者は，リーダーを除き，一緒に準備作業などを行っている者もいるが，そもそも活動に参加する男性障害者の割合は少ない。それにもかかわらず，当事者運動を進めたり，実行委員会等の長を決めたりする必要があるときには，男性障害者の名前が挙がることが多い。その理由として，「自分たちには性別は関係ないが，対外的には男性の方が格好つく」「○○さんは，□□という肩書があるから」「〜〜の経験があるから」「△△の委員会の一員だった

ことがあるから」「○○さんは他の会議の時に話しが上手だから」などが挙げられる。当然，これらの条件を満たせば女性であっても問題ないが，要件を満たす女性は少なく，男性が長になった方が「まず問題ない」となる。

　長いあいだ，このように男性障害者リーダーが中心となってタイの障害者運動は進められてきたが，近年，女性障害者たちから，女性障害者の視点にたった運動展開の必要性が提起され始めている。2014年に，身体障害・視覚障害・聴覚障害などをもつ女性障害当事者計 6 人が世話人となり，女性障害者の潜在能力エンパワメント協会（The Association to Empowerment the Potential of Women with Disabilities: AEPWWDs）が設立された。現在は，登録者を募集しながら，問題の共有や提言活動などを行っている。参加者の中心メンバーは，それぞれ他の障害者団体に属し，長として活動している者もいる。たとえば，DPI-AP（Asia-Pacific）の事務局長のサワラック氏（とくに身体障害をもつ女性や精神障害者などクロス・ディスアビリティー＝障害種別を超えた連携の視点から），タイ盲人キャリア促進協会代表のスワート・プラムンシン氏（視覚障害女性の視点から），および女性聴覚障害者協会代表のパノムワン・ボンテム・フジタ氏（女性聴覚障害者の視点から）らである。

　それぞれ最も関心が高い点は異なり，女性障害者の社会的地位と男性障害者との格差（差別）について，女性障害者の能力開発と就労について，ろう女性のトレーニングについてなどさまざまであるが，女性障害者に特化した施策や取り組みの必要性を訴えている点で一致している。

　さて，現場でリーダーシップを担っている女性障害者たちのライフヒストリーを聞くと[14]，教育歴は，高校卒業や子どもの頃から障害をもっている場合は，学校に行っていないケースも多く，たとえ義務教育を卒業したとしても行き場がないため，幼少のころから大半の時間を家で過ごすケースが多い。そのようなときに障害者リーダーの訪問を受け，徐々に戸外へ出て行くようになったという。もちろんなかには，義務教育卒業後，障害者の職業訓練学校に入学し，パソコンや英語のスキルを身につけ，NGOや企業へ就職する女性障害者もいる。

ただし，総じて，そのような情報や機会が彼女たちの手元に届くルートは偶然に近い。障害者運動は，個別の女性障害者と接触し，プログラムへの勧誘やリーダーシップ養成，時には就労先の斡旋など具体的な活動を行っているが，女性障害者全体にそれらの情報や選択肢が届いているかは疑問である。本章では取り上げないが，そうした情報へのアクセスについて男女差が存在するか否かも検証が必要となっている。

2．障害女性ネットワークの動き
―― 女性障害者の視点をどう生かすのか ――

　障害者運動の中心的なリーダーのなかにも女性障害者たちは存在する。普段はそれぞれの場で活動しているが，セミナーや会議などの休憩時間に女性障害者同士で集まると，男性障害者との格差または男性中心社会についての会話が始まることもある。男性との格差だけではなく，同じ女性であっても障害をもつ女性への視点が欠けている点などについても話題として上がる。女性障害者からみれば，男性障害者も，障害をもたない女性も，問題共有は半分にとどまる。たとえば，ASEANにおける女性と子どもの問題に関する国際会議などでも，女性障害者の問題は議題としては上がらず，女性障害者が出席して，会場からの意見として，わざわざ挙手をして問題提起をする必要があった。そうした状況のもと，女性障害者同士の会話のなかで，女性障害者が集まって協力することの必要性が確認され，2年ほど前から具体的なネットワーク化が始まった。

　AEPWWDsは，国連障害者権利条約や障害者運動のスローガンである「Nothing about Us, Without Us」を紹介するなどの活動を行っている。そして，世界銀行とWHOのレポートも引用しながら，障害者の権利を枕詞に，東南アジアや世界的なジェンダー・イシュー（社会参画や雇用機会の不平等）を焦点化し，女性障害者は複合差別を受けて厳しい状況におかれていると訴えている。そのうえで，社会開発と人間の安全保障省およびDPI-Thaiなどに対

して，①各種委員会やそのほかの意思決定の場への女性障害者の一定割合の参加（クウォーター制の導入），②女性障害者への就労支援，③女性障害者への教育機会の保障などを訴える提案書を出している。前述した戦略計画で記されていた，各レベルでの女性障害者団体の設立促進という項目は，この団体設立も視野に入れてのことである。タイにおいて，女性障害者のネットワーク団体の活動は始まったばかりであり，今後の発展は未知数である。

　さて，男性障害者がすでに運動を推進しているからといって，女性障害者が社会に対して発言しやすいかというと，必ずしもそうではない。女性障害者は，時には男性障害者に理解を求める必要があるというハードルが出てくる。「女性」の立場では，一般女性と共通する問題を抱えるが，「障害」の立場では，障害者運動のなかで共通に取り組むべき課題がある。障害者運動のなかでは，共通して問題解決に取り組む仲間がいるが，女性障害者固有の問題については，男性障害者に理解を求めなければならない。どちらとも，共通の問題と相違する問題の両方をもちつつ活動を展開していく必要がある。

　そうしたなかで，女性障害者は，女性障害者の視点をどのように発揮し，当事者運動を展開していっているのであろうか。たとえば，AEPWWDsの立ち上げメンバーは，すでに障害者運動や社会のなかでの発言権をもっている障害当事者である。女性障害当事者の声を上げる媒体ができたことで，間接的な情報を含め，彼女たちが見聞きしたことを総括し，発言する方法を得たといえる。まずは，彼女たちが声を上げ，女性障害者がもつといわれる，複合差別やニーズについて訴えることで，問題の所在に注意を向けさせることができるであろう。それは，時には直感的なものであり，統計的または理論的に構築されたものではない可能性もある。しかし，女性障害者が，女性障害者の声を代弁または自身の問題として訴えることは，類似のまたは想起され得る問題である蓋然性が高いからであり，まさに障害者運動のなかで重要視されているピアとしての理解・共感が正当化の根底にある。それは，「女性」という枠とも「障害者」という枠とも割り切れない「女性障害者」としてのピア（女性障害者として類似の経験または共感をもつ仲間）である。

障害者運動で強調された当事者性は，女性障害者としての当事者性を当然として理解する土壌をはぐくんできたといえる。

3．第1期女性障害者開発戦略（行動）4カ年計画（2013-2016）

社会開発と人間の安全保障省障害者の生活の質の向上および促進事務所（障害者エンパワメント局）は，女性障害者がおかれている社会的状況（教育，就労，日常生活，健康や保健等）の課題に対して，「第1期女性障害者開発戦略（行動）4カ年計画（2013-2016）」（以下，行動計画）[15]を策定・公表した。

この策定過程では，AEPWWDs の複数メンバーからのヒアリングも行われている。同事務所は，2007年法の起草過程や国連障害者権利条約の制定過程，APCD や UNESCAP などとのプロジェクトのなかで，（おもに男性の）障害当事者の声を反映させることの重要性を理解し，会議やプロジェクトの際には，障害当事者をメンバーに加えることを当然視するようになった。それは，女性障害者の問題についても同様で，後発的ではあるものの，女性障害者リーダーたちの声が行動計画に反映されている。

この行動計画は，男性障害者に比べ，女性障害者は，社会的にも制度的にも教育，就労，健康や保健，日常生活の介助者確保などの面で，必要な支援が十分に得られていない点，社会参画も十分ではない点，その背景には差別や偏見が存在する点などを明らかにしたうえで，女性障害者および障害女児の QOL 向上のための達成目標と戦略を記している。

達成目標としては，女性障害者や障害女児への差別の解消，社会参画の促進と教育機会の保障，公衆衛生サービスへのアクセス支援，自立支援などが掲げられている。また目標に従って，戦略項目として下記の6項目が設定されている。

　①女性障害者および障害女児の社会における公正かつ差別のない権利実現の促進

②重度女性障害者および障害女児対策
　③女性障害者および障害女児のQOLの向上
　④社会における女性障害者の社会参画と機会均等
　⑤多種多様なレベルでの女性障害当事者団体の設立促進
　⑥女性障害者および障害女児に理解ある社会の創造

　6項目に関しては，さらに細かい目標や達成方法，達成のための数値目標，担当部局などが設定されており，具体的な行動戦略が策定されている。行動計画の背景には，世界的な女性や障害者の権利に関する動向として，女性差別撤廃条約，北京宣言および行動綱領，国連ミレニアム開発目標，国連障害者権利条約などの概念があり，伝統的な慈善アプローチから権利に基づくアプローチにパラダイムシフトする必要があることが明記されている。

　以上のように，タイ政府として，女性障害者の問題に関心をもち，行動計画を策定したことは評価できる。しかし，この行動計画は第1期目が策定されたばかりである。2007年に制定された障害者エンパワメント法の施行規則策定やその実施状況と同様に，同行動計画も女性障害者の生活のなかで実現されていくには相当の時間がかかるものと想定される。行動計画がどのように実行され，女性障害者の現状がどのように改善されるのか，継続して観察する必要がある。

第4節　聞き取り調査からみた現在のタイの女性障害者

1．「男女差はない」という声

　AEPWWDsは，同じ障害をもっていても，就労や教育機会などの面で，女性障害者は複合差別を受けるという視点にたっている。しかし，実際に就労していたり家庭生活を営む女性障害者からは，「男女差はない。あっても

それは個人差である」という声も聞かれる。あくまでも個人的な語りではあるが，感覚的にその声にうなずく女性障害者も多く，なぜそのような語りにつながるのか考えてみる必要がある。

　まず，自分は差別されている存在ではない（なりたくない）という心理的操作が挙げられる。これは障害者だけではなく，時にはDV被害者なども同様の心理状況に陥ることがある。しかし，その理論が当てはまらない語りもある。一般的な障害者への差別や女性への差別を認識したうえでも，やはり個人差があるという。障害者エンパワメント財団で働くクワンルタイ・サワンシーさんは，17歳の時に交通事故による脊髄損傷で障害をもち，その後，ノンタブリーCILやDPI-APなどで働き，現在の団体のスタッフとなった[16]。障害者運動にかかわるようになったきっかけは，元上司であり，当時障害者運動のリーダーであった，トッポン・クンカニット氏（男性）が家庭訪問を行った際に出会ったことにある。そのときに「なぜ外に出ないのか」と聞かれ，「車いすがかっこわるいから」とやりとりし，「かっこいい車いすが欲しかったら活動を手伝って」といわれたことを機に，自宅から出て活動にかかわるようになった。約15年間の活動を通じて，他者との交渉力や英語力を身につけた，まさに障害者運動によってエンパワーされたひとりである。現在，彼女は，自分自身の経験から，病院のワーカーと協力して，事故直後などで病院に入院中の障害者を訪問し，ピアの活動を行ったり，女性障害者宅を訪問し，話し相手やトイレへの移乗方法についてアドバイスをするなど，当事者だからこそできる支援を行っている。彼女は，恋愛関係も，仕事も，女性であることを理由とした困難に直面したことはないという。

　同様のことを，インフォーマル・セクターで，物売りなどを生業としている女性聴覚障害者も述べている[17]。「女性」としての困難よりは，聴覚障害をもたない人とのコミュニケーションに壁を感じるのであって，その問題も仲間と一緒に商売をしているかぎりは，特段気にならないという。観光客相手に，露店で土産物を扱うろう者たちは，「どうせ外国語だから聞こえてもわからない，（仕事は）電卓があればいいから」と一笑に付す。彼女たちは，

昼過ぎに外国人観光客が多いエリアで屋台を並べ，深夜までそこで時間を過ごす。食事も間食も，慣れた店から購入したり，出前をとったりし，その場所から長く離れることはしない。露店設営場所を確保し続けるためにも，容易に休むことができないため，ほぼ毎日出勤している。一年の大半を，その場所で過ごしている。

彼女たちに共通しているのは，すでに生業をもち，自分自身の生活パターンが確立していることである。また，障害者団体や物売りの当事者ネットワークの一員として仲間がいる。問題に直面したときには，他の障害者の支援によって解決できるネットワーク，ならびに日々の糧を得るための基本的な資源を確保している。

2．女性障害者のライフコース上の「障害」

子ども時代・恋愛・結婚・出産・子育て・就労・趣味活動などのライフコースは，性別にかかわらず，誰もが経験する事柄だと思われがちである。しかし，障害をもった場合，女性障害者は男性障害者とは異なるライフコースをたどり，悩むことがある。障害をもった時期によっても異なり，とくに思春期の時点で障害をもっている女性の場合，恋愛や結婚，時には出産にあたって，障害者であることが「自己選択・自己決定」に大きな影響を与える要因となる。それは時には自己規制につながる。「障害」は，ライフコースに影響を及ぼす共通項のひとつとなっている。

たとえば，ジェンダー問題に関する会議のなかで，LGBTといわれるセクシャル・マイノリティーの恋愛に関する分科会において，セクシャル・マイノリティーの人々が恋愛に関する問題や差別について発言し合っているとき，ある女性障害者が挙手をして「皆さんの話は私には遠く感じます。私たちはそもそも男女平等やパートナーシップの問題の前に，ひとりの女性としてみてもらえません（恋愛の対象になりません）。みなさん，セクシャル・マイノリティーの人の恋愛については関心があると思いますが，障害者が恋愛をす

るということを考えたことがありますか？」と投げかけ，会場が静まり返ったことがあった[18]。その発言をした女性障害者は，その後，筆者のインタビューに対して「本当はもうひとつ言いたかった。障害者でセクシャル・マイノリティーの人はどう考えるのですか？と聞きたかった。どの話のなかでも障害者の恋愛問題はだれも想定していない」と答えた。

　しかし，既述のように「障害は関係ない，いい相手を見つけて恋愛すればいい」という女性障害者も多い。障害をもっていても，恋愛し，結婚し，出産を迎えるケースも当然ある。さらに，障害は関係ないと言いつつも，障害をもつことに対しては複雑な思いもある。ポリオ罹患により車いすを使用しているある女性障害者は，障害をもたない夫と結婚後，妊娠の可能性を感じ産婦人科医を受診した際，妊娠を告げられたあとで出生前診断を勧められたという[19]。「私の障害は遺伝しない。それなのに，当然のように（出生前診断を）勧められたことが腹立たしかった。（中略）でも，実は（生まれてくる子どもが）障害をもっていたらどうしようと少し思った。（中略）差別をしているつもりはないけど，障害をもっていたら苦労することも多いし，（障害は）ない方がいい」とジレンマをのぞかせる。

　また，出産後も，障害をもっているのに子育てができるのかと問われることも多い。タイには，知的障害者協会など，支援活動を行っている団体が多い。知的障害者の権利を訴える団体などでは，知的障害者をもっている女性に恋愛・結婚・出産を勧めることは「御法度」である。「問題がおきてからでは遅い」「余計な感情をもたせる必要はない」「万が一過って妊娠したらどうするのか」「（知的障害者は）ただでさえ社会のお荷物なのに，もし子どもができたらもっと社会に迷惑をかけるだけだ」「（知的障害者に）恋愛関係はよいことはなにもない」等の認識が根強くある[20]。知的障害者の恋愛や結婚に関しては，十分に議論がされ，サポート体制が整っているとは言い難い。しかし，ひとりの人間として，人生を生きていく際に，パートナーとともに歩む選択肢があることも基本的人権のひとつである。

　障害の世代間継承を問題として，出産制限または堕胎を課すことは，優生

思想による排除につながり，生命倫理の観点からの議論も要する。また，リプロダクティブ・ライツの観点からも，障害の有無にかかわらず，人生のなかで子どもを産むあるいは産まないの選択が保障されるべきではある。しかし，軽度の知的障害をもつ女性たちは，その選択肢をもたないように指導されているのがタイの現状である。

現在活動中の女性障害者たちは，やがて老いを迎える。疾患が障害につながっている場合，その進行や合併症，障害がゆえに起こる二次障害，過度な負担，そして感染症に対する脆弱性など，生命の危機につながる場合も多い。しかしながら，タイの高度な医療技術の発展・大衆化による寿命の伸長は，障害者にも当てはまる。重度心身障害児の寿命の伸長も同様の背景がある。現在，筆者が出会う，女性で高齢の障害者は，その多くが加齢に伴う障害である。高齢者の独居の問題がタイ全体で問題化しているなか，女性高齢障害者のほとんどは，現在，基本的に子どもや甥や姪による共助によって生計をたてている。したがって，今後，青年期以前より障害をもっている女性たちが，家族の形態や社会の変化のなかで，高齢化に向け，どのような生活設計をしていくのか注目される。

3．性暴力被害のおそれ

上述したとおり，知的障害者のライフストーリーのなかで，障害者（支援）活動を行っている関係者が知的障害者の恋愛や結婚に対して厳しい態度を示してきた背景には，「社会のお荷物」という意識に加え，女性知的障害者への性暴力の問題が存在することが挙げられる。とくに軽度の女性知的障害者の場合，本人の認識する恋愛感情と男性側の感覚に相違があり，利用されているだけで明らかに性暴力であったり，時には売買春の被害に遭う可能性もある。女性障害者へのセクシャル・ハラスメントを，本人や周囲の人々が，「恋愛」や「身近で気軽な世間話」として語ることもある。

したがって，女性知的障害者の家族や支援関係者などは，「男性に近づく

な」「男の人は怖い」と繰り返し教え，当事者たちは「男性は怖いから一緒にいたくない」「恋人はいらない」「結婚したいとは思わない」と発言するに至る。

性暴力の被害の話は，知的障害者に限らない。寺院で宝くじを売っていた盲の女性が寺院の境内で暴行された，身体障害をもつ少女が親族の男性から暴行された，などの被害例は枚挙にいとまがない。また，高校や大学の女子学生が通学で，ロットゥーと呼ばれる乗り合いワゴンを利用する際，運転手が乗り降りを手伝うときに，わざと身体を触るという痴漢行為も報告されている。これら女性障害者の性暴力被害に関する統計情報はまだない。AEPWWDsは，今後の活動目標のひとつに，こうした性暴力被害の実態把握および予防と救済にかかわる活動を挙げている。個人での取り組みが難しい課題であり，一人ひとりの信頼関係が必要となる課題でもあるので，女性障害者団体の活動に期待が寄せられている。

おわりに

タイの障害当事者運動の約30年間の歴史は，障害者関連法の整備や地域に住む障害者支援に貢献してきた。障害当事者たちは，日々の障害者運動のなかで，ロビーイングや主要委員会など社会的な場で発言し，日常的に交渉や説明を繰り返して，理解者を広めるなど成果を上げてきた。ただし，その中心的役割は，社会的エリート層または大学出身者の男性障害者が担ってきた。障害者の権利が社会的に認知されつつあるなか，女性障害者の抱える問題については，障害者団体のなかでも主流となっていない。

AEPWWDsのような女性障害者団体が組織化されたことは，男性障害者中心の運動によって確立されたスペースを基盤として，より複合的なニーズをもった女性障害者が自ら声を上げようとしていることを示している。男性障害者のリーダーが多い団体に身をおきながら，そこから自覚された女性障

害者のニーズをあげていくという方法である。声を上げた女性障害者たちは，男性障害者リーダーをロールモデルに，活動をしている。たとえば，他の障害者のために生活支援の活動を行ったり，行政や社会との交渉役を担ったり，セミナーや委員会に参加・発言し，障害者への理解を訴えたり，国際会議やセミナーを開催している。これまで男性障害者が確保してきた委員会の障害当事者枠などに，英語や知識，交渉力を身につけた女性障害者リーダーが代わって参画している。女性障害者のエンパワメントの視点からは，女性障害者が障害者運動の展開のなかで，経験や知識を増やし，英語力や交渉力をつけて活躍する場を得ていくことが重要であり，そのプロセスこそがエンパワメントとなるといえる。

政府の女性障害者開発戦略（行動）4カ年計画に対して，AEPWWDsはクォーター制を提案しているものの，いまだそれは実現していない。戦略計画のなかでは，女性障害者や障害女児に対する，教育や制度へのアクセスを向上させ，社会の偏見をなくすという目標は掲げられている。しかし，男性が多数を占める委員会や議会，制度や政策決定の場への女性障害者の進出など，社会的な変革については，具体的な目標が設定されないままとなっている。

ただし，女性障害者が声を上げられることを担保する，女性障害者の団体設立への支援が戦略計画に盛り込まれたことは，社会変革の第1歩を示唆するものと読み取ることもできる。障害当事者の社会における発言スペースは，確かに男性障害者によって牽引され，確保されてきたものであるが，当事者性が重視されてきていることを考えれば，女性障害者が自ら声を上げる優位性は確かに存在している。戦略計画に明記されていることを根拠に，いかに女性障害者団体とその他の障害者団体が，女性障害者の参画を実現し，計画の具現化につなげていくのかが，今後の課題である。

〔注〕
(1) 法律および国家計画の英文名称の「エンパワメント」は，原語では「生活の質の向上と発展」となっている。本章では，より一般的に，障害当事者が

「自分自身の生活や環境をよりコントロールできるようにしていくこと」の意味で用いる（http://www.dinf.ne.jp/doc/japanese/glossary/Empowerment.html, 2016年8月15日アクセス）。

(2) 本章で使用するデータは，2007〜2010年の長期調査および2014年と2015年に現地調査を行った際に得た情報に基づく。長期調査中は，首都バンコクおよびナコンパトム県ナコンパトム市をおもな対象地域とし，タイ語を使用しながらナコンパトム県では障害者運動の拠点となった借家で障害者とともに暮らしながら参与観察を行った。また，バンコクでは当事者運動の団体や個人および関係省庁等からの情報や資料収集をおもに行った。以上のデータは，本章の基礎的情報となっている。2014年と2015年の調査では，おもにバンコク市内にある障害者団体それに関わる個人，そして関係省庁への聞き取り調査や資料収集を行った。

(3) Pratthaan khanakamakaan chat thamnangsue kiatikun khong prathetthai nai kaandamnoenngan daan khonphikaan ［「タイ国障害者関係事業に関する栄誉資料」編纂委員会委員長］2003. Kiatikun khong prathetthai nai kaandamnoenngan daan khonphikaan.［タイ国障害者関係事業に関する栄誉資料　第1巻　フランクリン・デラノ・ルーズベルト国際障害賞2544［2001］］参照。

(4) 同法は，タイ語では，「障害者の生活の質の向上及び発展に関する法」と記載され，英語では Persons with Disabilities Empowerment Act.B.E.2550と記載されている。本章では，英語表記に従い障害者エンパワメント法と訳し記載する。

(5) 飯島・小泉の論考のなかでは歴史資料をひいてきていることなどから性産業に従事する女性たちを売春婦と表現している。しかし本章では性産業従事者と記した。

(6) 実際，フェミニストカウンセリングルームの立ち上げの際に，相談室や事務所として借りる予定の建物の入り口が階段になっており，女性障害者が指摘しオープンに向けた改装に合わせてスロープ設置を依頼したところ，フェミニストグループの主要メンバーに「少数者のためにつくることはできない」として認められず，議論がなされたことがある。

(7) たとえば，労働運動ではまず職場改善や労働条件の改善が全体的な問題として交渉されるが，産休やセクハラ防止の取り組みなど女性に関わる改善は後になる。また，階級闘争などは行われても，職場内の男女の昇級の格差問題などが問われるのは後になるなど。障害者運動でも，介助保障やバリアフリーなどの問題解決，就労支援などが求められ，先に就労するのは男性障害者が多い。女性障害者に特化した就労支援などが行われるのは，男女の格差が明白になった段階である。同様に各運動における意思決定機関の男女比のバランスの問題なども，運動の急性期を過ぎた後に議論される。

(8) DPI日本会議のホームページ（http://www.dpi-japan.org/dpi/dpi.html，2010年1月20日アクセス）。
(9) 注(3)に同じ。
(10) 2010年9月10日のインタビューによる。
(11) 注(3)に同じ。
(12) 障害者運動がこれまでの障害者関係の法・制度形成に関して果たした役割に関しては，吉村（2012）参照。
(13) 注(3)に同じ。
(14) 断片的な聞き取りも含め，インタビューは複数回行った（2007年12月20日～25日；2008年2月，3月，5月，8月，10月；2009年4月，5月，11月，12月；2014年11月；2015年9月）。
(15) phenyuttasasatkanphattanasatriphikan chabapthi2 p.s.2556-2559 samnakngansongsoemlaephattanakhunnaphapchiwitkhonphikanhaengchat krasuangkanphattanasangkhomlaekhwammankhongkhongmanut［女性障害者開発戦略　第2版　仏歴2556-2559年　国家社会と障害者の生活の質の向上事務局　社会開発と人間の安全保障省］
(16) 2015年9月3日のインタビューによる。
(17) 2015年9月5日のインタビューによる。
(18) 2007年1月14日のインタビューによる。
(19) 2009年8月2日と2015年9月3日のインタビューによる。
(20) 知的障害者協会の会長との数回にわたるインタビューにおいても明言されるし，同様の見解は同協会の関係者のみならず，障害者活動に関わる諸団体のスタッフの言動にも散見される。知的障害者へのサポート体制を整備する必要性や日本や欧米の実践を紹介するとしても，「それは日本の話であって，タイに（話題を）持ち込まないで欲しい」と異口同音にいわれる。

〔参考文献〕

＜日本語文献＞
飯島明子・小泉順子 2000.「『人を"タート"にしたくない』——タイ史のジェンダー化に向ける一試論——」『東南アジア——歴史と文化——』(29) 123-152.
飯田順三 1993.「タイ法の近代化過程における婚姻法の発展」『法社会学』(45) 215-218, 324.
——— 2007.「最近のタイにおける国際人権条約の国内的実施措置——特に障害

者の権利保護に関する立法を中心に──」『創価法学』37(1) 9月 23-42.
伊藤智佳子 2004.『女性障害者とジェンダー』一橋出版.
大沢真理 1993.『企業中心社会を超えて──現代日本を「ジェンダー」で読む──』時事通信社.
落合恵美子・山根真理・宮坂靖子・周維宏・斧出節子・木脇奈智子・藤田道代・洪上旭 2004.「変容するアジア諸社会における育児援助ネットワークとジェンダー──中国・タイ・シンガポール・台湾・韓国・日本──」『教育学研究』71(4) 2月 382-398.
斧出節子 2008.「タイ・バンコク都における中間層の家事・育児・介護──再生産労働の社会的枠組み──」落合恵美子・山根真理・宮坂靖子編『アジアの家族とジェンダー』勁草書房 168-186.
木曽恵子 2013.「移動する母親と育児支援──東北タイ農村における子どもの養育代行にみるケアの実践──」『比較家族史研究』Vol. 27 53-74.
─── 2015.「ケアをするのは『誰』か──東北タイ農村における女性血縁ネットワーク──」『多民族社会における宗教と文化』(18) 3-16.
笹原八代美 2007.「選択的人工妊娠中絶と障害者の権利──女性の人権の問題としての性選択との比較を通して──」『先端倫理研究──熊本大学倫理学研究室紀要──』Vol. 2 160-181.
瀬山紀子 2003.「声を生み出すこと─女性障害者運動の軌跡」石川准・倉本智明編『障害学の主張』明石書店 145-173.
立岩真也 2003.「ないにこしたことはない, か 1」石川准・倉本智明編『障害学の主張』明石書店 47-87.
西澤希久男 2010.「タイにおける障害者の法的権利の確立」小林昌之編『アジア諸国の障害者法──法的権利の確立と課題──』アジア経済研究所 119-148.
ニノミヤ・アキイエ・ヘンリー 1999.『アジアの障害者と国際NGO──障害者インターナショナルと国連アジア太平洋障害者の10年──』明石書店.
橋本康子・斧出節子 2008.「地域概要──タイ──」落合恵美子・山根真理・宮坂靖子編『アジアの家族とジェンダー』勁草書房 162-167.
橋本康子・クア・ウォンブンシン 2008.「バンコクにおける女性のライフコースの変化と主婦化をめぐって」落合恵美子・山根真理・宮坂靖子編『アジアの家族とジェンダー』勁草書房 187-206.
松波めぐみ 2014.「『障害女性への複合差別』の政策課題化──問題の可視化と当事者のエンパワメントに向けて──」『研究紀要』(世界人権問題研究センター)(19) 4月 215-238.
水野浩一 1976.「家族・親族集団の国際比較──タイ国と日本──」『社会学評論』26(3) 90-109.

―――― 1981.『タイ農村の社会組織』創文社.
吉村千恵 2012.「タイの障害者立法の制定過程（1991～2007年）――障害当事者の役割を中心に――」今泉慎也編『タイの立法過程――国民の政治参加への模索――』アジア経済研究所 185-229.

＜英語文献＞
Reynolds, Craig J. 1994. "Predicaments of Modern Thai History," *South East Asia Research* 2 (1): 64-90.

第 4 章

フィリピンにおける「ジェンダーと障害」

森　壮　也

　　はじめに

　開発におけるジェンダーの問題についての研究は，ジェンダーと開発論の系譜を追った村松（2005）がある他に，フィリピンにおけるジェンダーの問題についても，同地の女性運動のリーダーであるソブリチャの来日講演記録であるソブリチャ（2012）など，先行研究がいくつかある。とくにフィリピンは，女性のマグナ・カルタ（R.A. 9710, 2009）[1]，女性とその子どもに対する暴力禁止法（R.A. 9262, 2004），レイプ禁止法（R.A. 8353, 1997），セクシャル・ハラスメント禁止法（R.A. 7877, 1995）など，一連の法律でもわかるように，ジェンダーの問題に早くから取り組んでいる[2]。法律に加えて制度化も進み，大統領令により「フィリピン女性の役割に関する委員会」（1975）が設立され，その後，「フィリピン女性委員会」（2009）として大統領府や議会に対して助言を与える機関が設置されている。このような同国の努力は，他のアジアの国々と比して一般の男女の賃金差などが相対的に小さいという状況にもつながっており，「ジェンダーと開発」の視点に立つ研究者やフェミニズム経済学者などにも評価されている（池田 1998, 久保田 1995, 織田 2000 など）。こうした男女間の差，ジェンダー・ギャップを世界各国についてまとめた最新版の World Economic Forum（2015, 8-17）では，フィリピンはジェンダー・ギャップの世界指数で上位 7 位と，ギャップの少なさではアジア

ではトップである。それだけでなく、このギャップの少なさでは、世界的にも中所得国のなかでもトップとなっている[3]。表4-1は、そうしたフィリピンの状況を同報告書に拠りながら日本と比べたものである。多くの指標でフィリピンでは、女性の男性に対する相対的な立場の改善状況が日本よりも上回っていることがわかる。

しかし、そのフィリピンでも、森（2010a）や森・山形（2013）が明らかにしたように、障害者については状況がかなり異なっている。学校教育についても平均賃金についても、女性障害者は、男性障害者に比してかなり劣位の状況におかれており、賃金では女性であることによって平均で男性の約3分の1という格差、学校教育年数では1年から2年短くなるという格差が、いずれも有意に存在していることが分かっている。

本章の構成は、まず第1節でフィリピンにおけるジェンダー一般への取り

表4-1　フィリピンと日本のジェンダー指標の比較

	フィリピン	日本
女性の労働力参加	53 (0.65)	65 (0.77)
女性の賃金平等度	− (0.8)	− (0.65)
女性の推定所得（US$）	5,643 (0.69)	24,389 (0.61)
女性議員＊・女性社長	57 (1.33)	9 (0.10)
女性の専門職・技術職	63 (1.70)	47 (0.87)
女性の識字率	97 (1.01)	99 (1.00)
女性の初等教育就学率	90 (1.00)	100 (1.00)
女性の中等教育就学率	70 (1.16)	100 (1.00)
女性の高等教育就学率	38 (1.26)	58 (0.90)
出生時の女性の比率	− (0.95)	− (0.94)
期待健康寿命	63 (1.11)	78 (1.06)
女性下院議員	27 (0.37)	9 (0.10)
女性閣僚	20 (0.25)	22 (0.29)
政府トップの女性在職年数（年）	16 (0.46)	0 (0.00)

（出所）　World Economic Forum 2015
（注）　（　）内は、対男性比。
　　　＊　ILOの統計で採用されているISCO-88の定義による。
　　　　政策決定に関与するすべての政府レベルでの議員

組みを政府と NGO の歴史を追いながら整理する。第 2 節では女性障害者の
おかれた現況について述べる。この節で，同国の女性の権利法である女性の
ためのマグナカルタと政府女性委員会の最新の報告である WEDGE 計画
(Women's Empowerment, Development and Gender Equality Plan 2013-2016, Philippine Commission on Women 2014）で，女性障害者がどのように扱われている
かを検討する。これらの検討から，政策や法制面で女性障害者の位置づけが
十分になされていたとはいえないことが明らかになる。第 3 節で，政策や法
制面で，女性障害者の問題への取り組みが遅れていることが明らかになった
が，これについて，現実に女性障害者たちがどのような困難を感じていたの
かを明らかにする。そのための方法として，女性障害者リーダーへのインタ
ビューおよび現地大学が実施した W-DARE (Women with Disability Taking Action on Reproductive and Sexual Health) と呼ばれる障害女性のリプロダクティブ・ヘルスについての調査から女性障害当事者たちからの声を拾い，具体
的な実態に迫る。インタビュー調査からは，性的暴力の問題やリプロダクティブ・ヘルスの問題が女性障害者たちには切実な問題となっていることがわ
かる。これらを含むさまざまなフィリピンの女性障害者，またジェンダーと
関連するその他の諸問題の相互の関連，また関連の仕方の複雑な状況につい
て同節で結論を述べる。最後に全体をまとめて，フィリピンの女性障害者の
問題について，取り組まれるべき課題について整理する。

第 1 節　フィリピンにおけるジェンダー一般への取り組み

1．政府機関における取り組み

　フィリピンでは，大統領府のもとにフィリピン女性委員会（Philippine Commission on Women: PCW）が設けられ，フィリピンにおけるジェンダー問題のフォーカル・ポイントとして，同国のジェンダー問題に早くから国家レ

ベルで取り組んでいる。同委員会は，2009年までは，フィリピン女性の役割に関する全国委員会（National Commission on the Role of Filipino Women: NCRFW）という名称であった。NCRFW が最初に設立されたのは，1975年の大統領布告（PD633号）による。当初は，①女性の運動の全国組織の組織化，②女性に関連した管理上・法律上の諸手段を整備するための政策研究とロビー活動，③女性についての情報センターの設立，④国連女子差別撤廃条約（Convention on Elimination of All forms of Discrimination Against Women: CEDAW）の実施モニタリング，の4つを機能としていた。1986年のいわゆるエドサ革命による新政権発足後も NCRFW は存続したものの，その任務は見直され，政策決定，全政府機関の諸計画における女性に関する主流化（メインストリーミング）についての各省庁の諸活動も担うこととなった。

1987年新憲法にジェンダー平等原則が取り込まれ，大統領行政命令（E.O.7192号）により，1989-1992年フィリピン女性開発計画が同国で初めて設けられた。また同年，国家建設における女性法（R.A. 7192号）という，開発や国家建設において女性を男性と同じように平等で同等のパートナーとして統合させることを促進するという法律もできている。NCRFW 自身によるジェンダーと開発（Gender and Development: GAD）の取り組み，またカナダ国際開発庁（Canadian International Development Agency: CIDA）による支援を経て，1992-1998年には，次の政府計画として，ジェンダー・センシティブな開発のためのフィリピン計画（The Philippine Plan for Gender-Responsive Development: PPGD）1995-2025という30年にわたる計画も策定された。大統領行政命令（E.O. 273号）により，PPGD は1995年の第4回国連世界女性会議で採択された北京行動綱領（Platform for Action: PFA）をフィリピンが実施するための主要手段としても機能した。

この R.A. 7192号で GAD 予算が法制化されたことも，同国のジェンダー平等への取り組みとして特筆すべきである。同条項では，地方自治体（Local Government Units: LGUs）を含むすべての政府省庁に，全予算の最低5％を GAD のためのプログラムやプロジェクトに振り分けることを義務づけてい

る。これにより，中央政府も地方政府も NCRFW によるジェンダー平等の面からの評価と承認がないと予算を執行できなくなった。その意味で，この R.A. 7192号は，同国のジェンダー政策の実施効果をあげるうえで大きな力となった法律といえる。

　NCRFW は，その後，大統領行政命令第208号および268号等により，さらに機能が強化されたが，2009年には，女性のマグナカルタ（Magna Carta of Woman: MCW, R.A. 7192号9710）によって，現在の PCW に改組され，貧困削減や政府行政職におけるジェンダー平等などの面でも高い影響力を発揮した。2010年には，MCW の実施諸細則・規則も整備されている。

　こうして制度を整備した結果，2014年度世界経済フォーラム（The World Economic Forum: WEF）の世界ジェンダー・ギャップ報告において，フィリピンは，アジアでも最高の0.781ポイントという結果を得ている。教育と保健分野に限れば，同国は，ジェンダー差はほとんどない国という評価を得ている[4]。

2．NGO における取り組み

　フィリピンにおける NGO によるジェンダー平等への取り組みについては，ソブリチャ（2012, 11-32）および Roces（2012, 6-9）がこれをうまくまとめている。1920年代には，女性の参政権を求める運動が全国女性クラブ連合（National Federation of Women's Club）によって始められ，これにより1937年の女性参政権が実現する結果となった。しかし，その後，1960年代に学生運動が高まるなかで影響を受け，再活性化するまで，フィリピンの女性運動は低迷した。1970年代には戒厳令下で女性解放を求めるグループの活動が開始され，1980年代からは，それらの組織化が始まったとされる。こうした経緯からもわかるように，女性運動は，反マルコス運動を経験した人たちが，その時の民族主義的な運動でジェンダー不平等を経験し，それを解決していくため，既存の民族主義的運動から分離し，始められたとソブリチャ（2012）はいっ

ている。この組織化の最初の例が，1970年年代の初め，Maria Lorena Barros をリーダーとするマキバカ（Malayang Kilusan ng Bagong Kababaihan: MAKIBA-KA, 新しい女性の自由運動）の結成である。同団体は，ナショナリスト・ユース（Kabataan Makabayan）という，1960年代の終わりから1970年代始めにかけての学生運動のなかで女性を動員するために設立された団体から派生した。同団体は，民族運動と女性解放運動の双方の性格を有していた。MAKIBA-KA は，Lorena Barros のリーダーシップのもと，フェミニストの意識化を発展させたが，1972年に当時のマルコス政権が戒厳令を発すると，学生運動は非合法的に運動することを余儀なくさせられた。このため，フェミニスト運動とナショナリスト運動との一体化は中断することとなり，MAKIBAKA は結成間もない時期であったにもかかわらず，声を潜めることとなってしまった。

1980年代に入ると，カラヤーン（Katipunan ng Kababaihan Para sa Kalayaan: KALAYAAN, 自由のための女性運動）とピリピナ（PILIPINA, フィリピン女性運動）に代表される，ジェンダーの問題により特化したグループが出現するようになった。非合法化された共産主義運動のなかでの女性差別の問題を契機として，1983年に設立されたのが，KALAYAAN である。同グループは，レイプ，家庭内暴力，ポルノグラフィ，堕胎などをおもに取り上げた。彼らにとって，国家の解放と女性の解放とは，いわば活動の両輪であった。他方，ベネディクト会の修道女も含んだ左派系の活動家たちによって1981年に設立されたのが，ピリピナである。これらふたつのグループは，それまで西欧のものだと考えられていたフェミニズムを，フィリピンの土壌のなかに根付かせたという評価が与えられている（Angeles 1989）。これらの動きは，その後，フィリピンの女性たちの運動を，メディアにおける性差別主義（セクシズム），リプロダクティブの権利，売買春，女性への暴力を含む領域にも拡げる原点となった。

1983年のベニグノ・アキノ・Jr. 上院議員の暗殺から1986年の当時のマルコス大統領の追放までの期間に，フィリピンでは数多くの女性活動家の団体

が雨後の筍のように誕生した。これらグループは同時に女性達の反マルコス体制運動につながっていった。1984年には，ガブリエラ（General Assembly Binding Women for Reforms, Integrity, Equality, Leadership and Action: GABRIELA, 改革・統合・リーダーシップ・行動のための女性連合）が100を超える団体を傘下に抱える全国組織としてスタートした。マニラ首都圏だけで50の団体，ミンダナオでは38団体がガブリエラに参加したという。1992年までに加盟団体数は120に達した。ただ，ガブリエラは反マルコス体制運動の盛り上がりのなかで勢力を拡大したために，当初は，女性たちが抱える問題というよりは，反マルコス運動に女性が参加するための枠組みを提供した形となった。このほか，多くの女性の大衆を組織化したという意味では，3万人前後の会員を抱えたというカバパ（KaBaPa）が，都市の貧困女性層を主たる会員として同じ頃に成立している。

　またこの頃からカバパ会員と大学教員との共同研究会の組織化などNGOとアカデミズムの接点も出てくる。すでに前項で述べたように，政府による取り組みや国際的なジェンダーと開発をめぐる動きのあと押しもあり，1980年代後半からは，国内のジェンダーや女性をめぐるNGOの活動がさらに活発化した。それとともに，かつては政治運動の色彩を強く帯びていたNGOの活動もまた，開発のなかでのジェンダー平等を求める傾向が強まる形に変化していくこととなった。政府のPCWのような制度的枠組みに対しても，1980年代に活躍するNGOとのかかわりをもつアカデミズムのメンバーが，PCWの最新のジェンダー平等を念頭においた開発計画書である女性WEDGE計画に積極的に参加するようになった。つまり，政府の枠内でジェンダー平等をめざす取り組みも始まったといえる。しかしながら，次節以降で述べるようにこれらの運動のなかには障害者は残念ながら包摂されていなかった。これは，南アフリカで，社会運動に障害者が加わったことで，アパルトヘイト後の国家政策において，障害政策は開発問題であると認識されていった（牧野 2016）こととは対照的である。南アのアパルトヘイト期に白人障害者が黒人とともに運動してきたことがその後の同国の障害包摂的な開発

政策を築く礎となったのと異なり，フィリピンでは障害者を包摂しないまま政府，NGO双方でのジェンダーへの取り組みが進められた。このためフィリピンの女性運動，ジェンダー政策では，当初障害包摂的な方向を持ち得なかった。

第2節　女性障害者のおかれた現況

1．MCWにおける女性障害者の位置づけ

　前節で述べたように，政府やNGOの取り組みでは障害を意識的に包摂していなかった一方で，フィリピンのジェンダー平等の基本法といわれる女性のマグナカルタ（MCW）では，次の様な記述がみられる。これは，同法が障害者権利条約に向けての議論が高まっていた時期である2006年に，CEDAWの影響を大きく受けてつくられたことが，背景にあると思われる。同法の第2章「用語の定義」のなかの「周縁化されていて差別を受けている人たち」という定義のなかに障害者が含まれている。

　これを同国の障害者の基本法といわれる障害者のマグナカルタ（R.A. 7277およびその修正としてのR.A. 9442)[5]の第4条「用語の定義」における障害の定義と比較してみよう。この表2からわかるように両者の定義は同等である。ただし，障害者のマグナカルタでは，障害者を"Disabled People"と表記していたが，MCWでは，制定当時，国際社会での障害者表記でより一般的になった"Persons with Disabilities"という表記に替わっている[6]。2010年に制定されたMCW施行規則では再度，この障害者の定義について説明がなされている[7]。

　またMCWでは，表4-2にあるように「第5章　周縁化されているセクターの権利とエンパワメント」内の「第27条　社会保護」の箇所で

表4-2 フィリピンの女性のマグナカルタおよび施行規則と障害者のマグナカルタ比較

	女性のマグナカルタ	女性のマグナカルタ施行規則(2010年)	障害者のマグナカルタ
障害定義	「障害者」とは，精神面，身体面，また感覚面での機能障害（Impairment）があるため，人間にとって普通とみなされている仕方や範囲内での行動で，結果的に制約があったり，異なった能力を持ったりしている人たちを指す。（第2条 (11)）	「障害者」とは，精神面，身体面，また感覚面での機能障害（Impairment）があるため，人間にとって普通とみなされている仕方や範囲内での行動で，結果的に制約があったり，異なった能力を持ったりしている人たちを指すし，これは共和国法第7277号，別名「障害者のマグナカルタ」で定義され，共和国法第9442号で修正された通りの定義である。（第7条 0.6.）	障害者とは，精神面，身体面，また感覚面での機能障害（Impairment）があるため，人間にとって普通とみなされている仕方や範囲内での行動で結果的に制約があったり，異なった能力を持ったりしている人たちを指す。（第1章第4条 (a)）
機能障害についての定義	なし	なし	機能障害（Impairments）とは，心理面，身体面，また解剖学的な構造や機能が，失われている，あるいは減少している，または異常であることを指す。（第1章第4条 (b)）
女性障害者についての言及	第27条 (e) 国はコミュニティに根ざした社会的保護スキームにより，障害女性を支援しなければならない。	国はコミュニティに根ざした社会保護スキームの支援と社会保護プログラムの開発を障害女性のため，全国障害問題評議会（NCDA）とフィリピン健康保険（PhilHealth），社会保障システム（SSS），公務員保険基金（GSIS），地方自治体（LGUs）との協力を通じて実施。（第30条E.）	なし
		妊婦，授乳期の母親，病人，高齢者，子供と並んで，ニーズを斟酌された救援物資提供がされるべき（規則4の第12条B 3.） 妊婦，授乳期の母親，未就労児のいる女性や母親と並んで，武力紛争による逮捕・拘禁・抑留時には最大限の優先順位と人道主義的な配慮が必要（規則4の第12条B.4）	

表4-2 つづき

	女性のマグナカルタ	女性のマグナカルタ施行規則(2010年)	障害者のマグナカルタ
他の脆弱な人たちとの並置	なし	高齢者やその他の周縁化された女性と並んで，彼らに対する暴力問題への対処が必要（規則4の第16条B.1..f.） 年齢，妊娠しているかどうか，母親かどうか，夫の同意があるかどうかといった条件と並んで，周縁化された女性や少女のための奨学金の対象となる保証（規則4の第16条B.6） 高齢者，先住民族と並んで，スポーツ団体と協力しての促進・開発プログラムの対象になる（第17条F.9.） ジェンダー・フォーカル・システムの地方自治体レベルでの組織で，先住民等と共に構成部分に。（規則6第37条C.）	なし

（出所）　各法令文書（Gazette 掲載）をもとに筆者作成。

(e)　国は女性障害者をコミュニティに根ざした社会的保護スキームに基づいて支援しなければならない

と女性障害者について言及している。障害者のマグナカルタではそうした記述が一切なく，特定されたマイノリティとしての女性障害者を浮き彫りにしていないのに比べて，MCW は女性障害者問題へ積極的にアプローチしているという意味で一歩前進した法律となっている。

また，2010年施行規則では，表4-2に示されているように，第30条において，コミュニティに根ざした社会的保護スキームを実施する主体として全国障害者評議会（National Council on Disability Affairs: NCDA）が規定され，その他，協力すべき政府関係機関が列挙されている。第30条の社会的保護の規定では，

E. 国は，全国障害者問題評議会（NCDA）を通じて，フィリピン健康保険公社（PhilHealth）や，社会保障システム（Social Security System: SSS），公務員保険基金（Government Service Insurance System: GSIS），地方自治体（LGUs）と協力して，コミュニティに根ざした社会的保護スキームを支え，女性障害者の社会的保護プログラムを開発しなければならない。

と述べられている。このように女性障害者をターゲットとしたアプローチが具体的に示されていることがわかる。

また，同施行規則では女性障害者の問題にアプローチする際に，どのような内容の支援を考慮すべきかについても，「第4章　権利とエンパワメント」の第12条の「暴力からの保護」B項で次のように述べられている。すなわち，

3．救済物資提供においては，妊婦，授乳期間中の母親，病人，高齢者，障害者，子供の特別なニーズが考慮されなければならない。
4．妊婦，授乳期間中の女性，自立していない子供を抱えた女性や母親，逮捕・拘留中，あるいは武力紛争に関連した理由で拘留中の女性障害者には，最大限の優先度と人道的な配慮のもと，当該事例への対処がされなければならない。

と女性障害者についての救済物資提供，武力紛争への対処の仕方が述べられている。また，同じ第12条の1．では，フィリピンの最小行政単位であるバランガイ（barangay）では，すべてのバランガイで，ジェンダー・センシティビティに基づいて諸事案に対処する対女性暴力（Violence Against Women: VAW）デスクを設置しなければならないとしている。そのなかで，

f. 女性，とくに高齢女性，女性障害者，その他の周縁化された集団の女性に対してなされた暴力に対して解決努力を行う。

ことが VAW デスクの業務とされている。

このように MCW は政府による対女性暴力への対処・支援においても，女性障害者への対処・支援を具体的に列挙した法律となっていることがわかる。

もうひとつ，MCW については，その施行規則について，注目すべき前進がみられる。それは，他の脆弱な集団との並置である。障害者のマグナカルタでは，障害者のみが法律のターゲットとなっていたため，障害以外のマイノリティ要素への言及が皆無であったことが表2からわかる。しかし，女性のマグナカルタ2010年施行規則では，たとえば，第16条の教育，奨学金，訓練における平等なアクセスと差別の撤廃の条項では，教育省，高等教育委員会（Commission on Higher Education: CHED），技術教育・技能開発庁（Technical Education and Skills Development Authority: TESDA）に対して，

> 6．教育機関は，周縁化されている女性や少女のための奨学金やプログラムを提供すること。また年齢，妊娠，子育て期，障害，あるいは，夫の同意がないといったような状況を，奨学金不適格条件とはしないこと。

として，年齢，妊娠，子育て等の他の要素をもつ女性と同等の位置に女性障害者をおいて，女性障害者への差別を行わないことを求めている。また第17条の女性スポーツで，フィリピン・スポーツ委員会（Philippine Sports Commission: PSC）や娯楽遊戯委員会（Games and Amusements Board: GAB）に対しては，教育省，CHED，州立大学（State university and college: SUC），その他のスポーツに関連した機関と協力して，

> 9．高齢女性，女性障害者，先住民族女性が，その他のスポーツ団体と協力して，彼らのためのプログラムの振興を，開発を通じた参加増大に役立つよう努力する。

ことを求めている。

このようにスポーツにおける女性障害者に対する非差別に関しても高齢女性や先住民女性と並べて求めている。MCW では，国際的な女性の権利拡大の動向への対応だけでなく，国内の複合差別を受けている他の女性集団と並置し，それらと同等の存在であるという一歩進んだ見方が採用されているとい

表4-3　関連法制における障害あるいは女性への言及数一覧
（括弧内は，共和国法 RA の号数および，国会での可決年）

	障害者・児への言及	女性・女児への言及
障害者のマグナカルタ（RA7277,1992）		0
職業リハビリテーション法（RA 1179, 1954）		0
フィリピンにおける盲人教育促進法（RA3562, 1963）		0
障害者のマグナカルタ修正・20％割引（RA9442，2007）		0
障害者のマグナカルタ修正・PDAO 事務所（RA10070, 2010）		0
女性のマグナカルタ（RA9710, 2010）	17	
バランガイ・レベルこどもの総合的発達・保護法（RA6972, 1990）	0	
開発における女性と国家建設法（RA7192, 1992）	0	
反セクハラ法（RA 7877，1995）	0	
家庭裁判所法（RA 8369, 1997）	0	
反レイプ法（RA8353, 1997）	0	
フィリピン AIDS 予防・コントロール法（RA8504, 1998）	0	
レイプ被害者支援・保護法（RA8505, 1998）	0	
反人身売買法（RA9208, 2003）	1	
反女性及びそのこどもに対する暴力法（RA9262, 2004）	1	

（出所）　Zayas et al.（2012）をもとに筆者作成。

うことがいえる。

　以上がMCWにおける障害者にかかわる記述の代表的な部分であるが，女性障害者については，これ以上の細かい規定が策定されていない。このことは他の障害関連の法制でもみられるが，女性障害者についても障害者施策の不備と実際の実施面での弱さの原因となっている（森 2012）。「はじめに」でも述べたように，女性に関連する法制のなかで障害者についての言及がほとんどないなか，MCWでの記述が逆に目立つ。一方，フィリピンの女性障害者にとっては不幸なことに，障害者に関する法制のなかでは，ほとんど言及されていない。表4-3は，それを一覧表にして示したものである。

　MCWが現在の形になり，女性に関する同国の法制が整備されたといえるのはMCW施行規則が制定された2010年である。フィリピンの障害者のマグナカルタはもちろんのこと，国連の障害者の権利条約などの影響が，女性に関する法制で反映されてきていることがわかる。一方，障害者のマグナカルタは，2016年までに三度の修正を経てきたものの，女性の問題を念頭においた修正はまだされていない。このため障害者法における女性の位置づけは，この表で明らかなように皆無である。すなわちフィリピンの法制における女性障害者の位置づけは，障害者法制のなかでは欠落している部分であるだけでなく，障害者法制と女性法制のあいだでの非対称性という問題を抱えていることも明らかになった。

2．WEDGE計画における女性障害者の位置づけ

　第1節で述べたWEDGE計画において，拘禁中の女性，高齢女性，LGBTの人たちと同様に脆弱なグループの対象のひとつになっている女性障害者は，そのなかでどのように位置づけられているのだろうか。同計画は，フィリピンで得られる最新の障害者統計である2010年のセンサスを利用して，女性障害者のデータを紹介している（表4-4）。

　男女ともに労働年齢層が高いのは当然であるが，男女で比較すると，全体

表4-4 2010年政府センサスによるフィリピン障害者の年齢と性別で見た分布状況
(単位：千人)

年齢	合計	男女合計での世代比(%)	男性	世代比(%)	女性	世代比(%)	女性比率(%)
全年齢	1,443	99.9	734	100.0	709	100.0	49.1
0-14歳	272	18.8	149	20.3	123	17.3	45.2
15-49歳	578	40.0	312	42.5	266	37.5	46.0
50-64歳	274	19.0	141	19.2	133	18.8	48.5
65歳以上	319	22.1	132	18.0	187	26.4	58.6

(出所) NSO (2010), フィリピン人口・住居センサスより筆者作成。

として男性の数の方が多く，65歳以上でようやく女性の方が増加して逆転するという状況になっている。また合計でみると，この前の2000年のセンサスでは，女性障害者は50.2％と男性障害者よりも若干多かったが，2010年センサス時には若干，比率が減少している。女性障害者のより若い年齢において，女性の比率が若干下がったことが原因となっていると思われる。

これら少女・女性に向けられる差別問題について，同計画では，Martinez (2009) を引用して，

①マジョリティである障害のない女性から受ける差別
②同じ障害をもつ女性から受ける差別
③異なった障害をもつ女性から受ける差別
④異なった社会的経済的地位，あるいは，先住民グループや別の地域の女性障害者から受ける差別
⑤マジョリティである障害のない男性から受ける差別
⑥同じ障害をもつ男性から受ける差別
⑦異なった障害をもつ男性から受ける差別
⑧異なった社会経済的地位，あるいは，先住民グループや別の地域の障害男性から受ける差別

とさまざまなタイプの加害者がいること，また差別の形態として，(a) ネグレクト，(b) 児童婚や児童労働，性的暴力を含む暴力や実際の加害があると紹介している。これらの背景には，保健ケア，教育，職業リハビリテーショ

ンといった本質的なサービスに女性がアクセスできない状況があるともいわれている（UNICEF 2007）。

　そのうえで，女性障害者について WEDGE 報告書が今後の行動として政府のアジェンダに挙げているのは，
1) 基本的な社会サービスや経済的機会のアクセスにおける差別をなくすこと
2) ジェンダーによる暴力や性的暴力を受けた女性障害者被害者の裁判へのアクセスが不十分であるという問題を解決すること
3) 政策決定システムやプログラムの策定や実施における女性障害者の参加が不十分であるという問題を解決すること

を掲げている。このように，女性障害者を脆弱な集団のなかに位置づけ，他の脆弱な集団内で抑圧されている女性や高齢女性などと同等に，ジェンダー平等を実現しようとする積極的な努力は，政府部内でも始まっている。しかしながら，じつは，こうした努力が始まったといえるのは，この WEDGE 計画が初めてであり，それ以前については，PCW 内でも女性障害者は，プライオリティをもった存在ではなく，むしろ忘れ去られていたといえる面がある。実際，現在でも PCW では，女性障害者についてのデータの蓄積もなく，女性障害者と貧困についてのデータ分析もまったく進んでいない。報告書の内容も女性障害者については，定性的な内容が多く，具体的な数字もほとんど登場せず，抽象的な表現が目に付く。それでは，フィリピンの女性障害者達はどのような問題に直面しているのか，現地でのインタビューに基づいて次で述べていこう。

第 3 節　女性障害当事者たちからの声

　これまで主として，政策や法制面からフィリピンの女性障害者がおかれた位置を確認してきた。しかし，政策や法制面の分析だけでは，本章が明らか

にしようとするフィリピンの女性障害者の問題の特徴はみえてこない。そこで次に，フィリピンの女性障害当事者たちからの個別インタビューによる現場の声，また現地の障害者リーダーたちと協力して現地研究者が実施したリプロダクティブ・ヘルスを中心とした調査結果の紹介を行う。これらふたつの調査により，法制面での課題だけでなく，実際に女性障害者たちがどのような状況におかれているのかがより明確にみえてくる。本節では，主として性暴力の問題とアクセシビリティの問題に注目している。最後にインタビューや調査の結果から得られたフィリピンの女性障害者の抱えるさまざまな問題をチャートで整理していく。

1．女性障害者リーダーたちへのインタビューより

フィリピンの女性障害者たちのおかれている現況を，マニラ首都圏の障害当事者リーダーたちへのインタビュー[8]により把握，整理した[9]。インタビュー対象は次の3団体である。

①フィリピンの性的暴力被害者女性の支援を行っている当事者団体のフィリピンろう女性保健・リスクセンター（The Filipino Deaf Women's Health and Crisis Center: FDWHCC，1999年設立）
②全国エンパワーされた女性視覚障害者団（Nationwide Organization of Visually-Impaired Empowered Ladies: NOVEL，2012年設立）
③社会的・経済的進歩に向けて跳躍する女性障害者の会（Women with Disabilities Leap Social and Economic Progress: WOWLEAP，2000年設立）

フィリピンの女性障害者のあいだでは，女性障害者という枠組みで，自分達の問題に取り組む活動ははまだ始まったばかりである。いずれの団体も上記の設立年次をみるとわかるように，最も古いもので2000年前後と第1節で述べたような一般のジェンダー関係団体と比べると歴史は浅い。しかし，

これら3団体のリーダーたちは，自分自身も障害者であり，同じような障害当事者の人たちのジェンダー問題に関連したさまざまな声を団体設立以前から見聞きし，経験してきている。本研究でも女性障害者の声を代表する団体としてインタビューを実施した。これら以外にも女性障害者で性的暴力の被害に遭った個人にも少人数ではあるがインタビューをしたが，プライバシー保護の問題等もあり，本論文では具体的にこれらについてふれることができない。その意味で，これらの女性障害者団体のリーダーたちの声は，問題を掘り下げ，整理するという意味でも有用なものであった。

インタビューを通じて得られた実態は，Martinez（2013）を裏打ちしている。同報告は，ろう者に限定して，性的暴力被害者の問題およびその後の司法アクセスの問題についての実態を調査報告したものである。この報告書をもとにしたフィリピンの現地紙の報道[10]によれば，フィリピンろう女性の3人に1人は，性的暴力やレイプの経験があり，被害現場は，自宅，近所，親戚の家であるという。またフィリピンにおけるレイプ事件数は女性一般については，減少傾向にあるが，ろう者については，むしろ増加しているという。また，フィリピン・ろう・リソース・センター（Philippine Deaf Resource Center: PDRC）[11]が把握したレイプの108件のうち，81％の加害者が聴こえる男性であったという。さらにこうした性的暴力の実行犯と考えられる容疑者が逮捕されても，司法の過程で，被害者の声を伝えられる適格な手話通訳がいないために，被害者であるろう者への事情聴取や尋問が適切に行われず，裁判を含む司法手続きが公正に行われていなかったケースが多数報告され，問題視されている。性暴力や司法手続きの側面で女性障害者達が直面している問題は，脆弱な集団という側面とアクセシビリティを奪われている集団という，彼らのもつふたつの側面を浮かび上がらせている。

後者のアクセシビリティについては，政府のWEDGE計画でも，基本的な社会サービスへのアクセスが十分に得られていないことが指摘されているが，インタビューしたすべての団体で共通して指摘されていたのは，医療・保健サービスにおける女性障害者への差別問題である。つまり医療機関での

受診におけるアクセスが最大の問題である。具体的には，医院受診の際に，階段等のバリアがあるために建物のなかに入れない，あるいは，車イスで安価に利用できる公共の交通手段がないため医院まで通えないという物理的アクセスの問題がある。また，ようやく医師に面会できたとしても，医師がろう者の手話を理解できないために適切な治療を受けられず，誤った診断をされるという情報面のアクセシビリティの問題も大きい。

それだけではなく，先進諸国ではあまりみられなくなったが，医師からのセクシャル・ハラスメントを受ける機会もフィリピンでは依然として多いという。たとえば，妊娠して医師にかかっても，障害者が妊娠するなどとんでもないといわれたケース，キリスト教国であるため堕胎手術はしないが，二度と妊娠することがないようにと医師からいわれるということばによるハラスメントを受けた経験はどの障害者にも共通していた。つまり，子供を産むことを否定される（あるいは，それに対し否定的な扱いを受ける）という家族をもつ権利を奪われるに等しい状況に彼女たちはおかれているといえる。これは，医師を含めた社会一般で障害についての理解・啓蒙が欠如していることに起因していると思われる。このほか，女性障害者は障害を問わず，レイプの被害に遭うケースも多い。この場合の加害者は，家族，職場の同僚，近所の住民等など身近な人々であるというのも女性障害者の直面するレイプの実態である[12]。

このほか，インタビューで多く見受けられたのは，教育を受ける際の差別である。学校について，男性障害者よりも差別を受ける機会が多く，兄弟姉妹のなかで男性障害者なら学校に行けても女性障害者にはその機会は男性障害者に比べ少なかった。これは，森（2010a, 2013）でも女性障害者の方が1〜2年，就学年数が短かったデータからも裏付けられている。

2．W-DARE 調査より

前項で出産をめぐる医師からのハラスメント事例を紹介した。これは，リ

プロダクティブ・ヘルスの局面での差別と言い換えることもできる。こうしたリプロダクティブ・ヘルスおよび保健機関における差別状況については，De La Salle 大学の研究者による W-DARE と呼ばれる調査が障害当事者団体との協力のもとで2013年から3年間にわたって実施されている（Vaughan et al. 2015a）。その予備調査として性にかかわる保健とリプロダクティブ・ヘルス（sexual and reproductive health: SRH）調査（Zayas et al., 2012）が実施されている。同調査によれば，PCW，NCDA，保健省といった関係省庁のあいだでの協力と PCW による障害部門についてのモニタリングの強化が課題として指摘された。

　プロジェクトを終えた直後に出された暫定的最終報告（Vaughan et al., 2015b）から本章で取り上げている問題にかかわるものを抜粋するとフェイズ1[13]では，下記の問題が提起されている。

①保健ケア・サービスを受ける際に，関係機関の保健ケア提供者からネガティブな対応・偏見や差別的対応を受けた経験，虐待経験のある人が多い。
②同サービス提供者の，女性障害者の SRH についての管理能力が低い
③移動手段のアクセシビリティ不足や手話通訳不足によって地域内 SRH サービスがアクセス可能でなく，アクセスのための経済的支援もない。
④SRH についての障害当事者がもつ情報レベルが低い[14]。
⑤障害別でみると視覚障害，肢体不自由の女性たちは，SRH の観点からは自立，逆にろう・難聴だと自立していない傾向がある。
⑥年齢層が上だと自立している傾向があり，結婚している比率も高かったが，一方，若年層だと自立していない傾向がある[15]。
⑦女性障害者は，自分の子どもを産んでも子育てをさせてもらえず，なかにはそれどころか，強制不妊手術を受けさせられているケースやパートナーをもつことを家族から許されず，夫の家族にも認められな

いケースも多い。

　また W-DARE では女性障害者に対して差別を行った相手は，保健サービス提供者，交通サービス提供者，教員，法律部門，一般大衆，自分の家族といった人たちであることが明らかになった。サービス提供の拒否から軽蔑的な言動，虐待までさまざまである。障害についての理解が完全に不足していることが原因の行動もあった。女性障害者は，こうした差別，搾取，ネグレクト，冷淡な扱い，虐待といった被害を訴えても，家族に信じてもらえず，それが複雑な状況や家族内のいさかいにつながったケースも報告されたという。

　W-DARE では，調査が中心であったフェイズ 1 のあとに実施されたフェイズ 2 において，試験的介入という形で解決策の実施も試みられたという。こうした介入が早い段階で考慮されたのは，W-DARE の主体となったチームがソーシャル・ワークを専門とする実践を重んじる研究者たちだったことと関係している。

　W-DARE は，地域も 2 地域に限定された実践型の調査プロジェクトであるが，そこから得られている報告は，筆者が実施したマニラ首都圏での聞き取り調査の結果とも一致しており，フィリピン全土で広くみられる実態であると考えられる。それでは，次にこれらの諸問題のあいだの関係等についても分析をしてみることにする。

3．フィリピンの女性障害者が直面している問題の抽出と整理

　従来のフィリピンの女性・ジェンダー政策と女性障害者がおかれている現況とのあいだのギャップは，非障害者の女性のみが対象であったフィリピンの政府や女性運動の政策のなかで，女性障害者の問題が置き去りにされていたことが最大の原因であるが，それのみでなく，女性障害者問題自体の複雑さにも起因していると思われる。

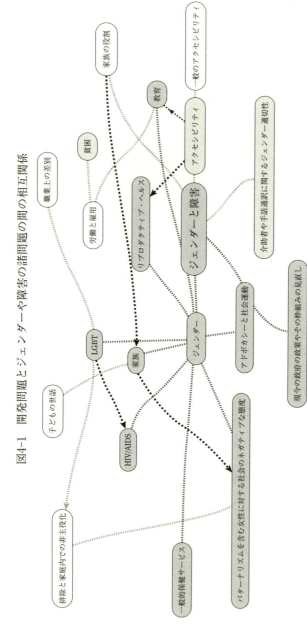

図4-1　開発問題とジェンダーや障害の諸問題の間の相互関係

(出所)　筆者作成。

第4章　フィリピンにおける「ジェンダーと障害」　159

　図4-1は，開発や貧困削減の問題とジェンダー，そして障害の問題のあいだの相互関係を一覧にしたものである。各項目間の線は，それらの問題が相互に関連していることを示す。図4-1で示されているアクセシビリティおよび家族役割の問題は，女性障害者の問題をフィリピンで考える際には避けて通れない問題である。他国の女性障害者に関していえば，このふたつの側面の国ごとの状況のちがいが各国間の問題のちがいをもたらすことになっていると考えられる。アクセシビリティの問題は，先に述べた医療機関での移動・物理的アクセス，情報アクセスの問題で，これは教育を受ける際にも関係してくる。また家族の役割の問題にも注目しておきたい。フィリピンでは，家族内で女性に期待されている性役割からの影響が大きい。つまり女性障害者も家族のケアの担い手という役割，また出産などの子孫を残す役割を期待されていることなどが，障害ゆえにできないとして，彼女たちへの低い評価と差別をもたらしている実情を示している。このことは，前段のW-DAREの報告のうちの⑥にある女性障害者が結婚の否定や強制不妊手術に直面する

図4-2　家族からの役割期待・抑圧

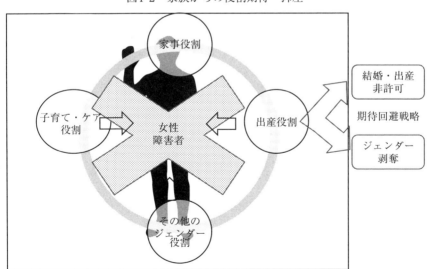

（出所）　筆者作成。

問題，たとえ出産が許されても子育てをさせてもらえない問題にも現れている。この状況を図示したものが図4-2である。

　図4-2にみられるようにさまざまな社会的性役割（ジェンダー）が女性障害者にも期待され，のしかかってくる。それらの全部ないし多数ができないとみなされた時，女性障害者は，家族によって結婚を禁止されたり，出産を禁止されたりする。あるいは，そもそもジェンダー役割を担えない存在（ジェンダー役割の剥奪）という状況に陥る。前者では権利の剥奪という形，後者ではそもそもの女性としての家族のなかでの位置づけを剥奪する形で，フィリピンの女性障害者が社会的抑圧を受けることになる。

　女性のジェンダー役割と障害状況については図4-2のとおりであるが，その他にも図4-1にみられるように構造は単純ではなく，いくつもの要因がさまざまな差別や貧困に関連した要因と絡まっており，それらを解きほぐす作業は容易ではない。これは，本書でもテーマのひとつとなっている複合差別の状況を示しているともいえる。複合される要因はひとつのみではなく，いくつもの要因が関連しながらかかわっていることがわかる。またある要因は別の複数の要因とかかわっている場合もある。これは，もし将来的に計量的な分析を進めて行く際にも，各変数のあいだでの独立性を切り出すのは容易ではないということを意味する。各変数のあいだでどのような処理を行うのか，どの関係が強い関係として作用しているのかを考える際にもこうした問題状況の把握は，重要なポイントとなるであろう。

おわりに──取り組まれるべき課題──

　本章では，フィリピンの女性障害者のおかれている状況について最初の分析である一次的接近[16]を行った。これまで，同国のジェンダー政策の流れが世界の状況などに素早く対応してきたなかで，世界の状況でも取り残されていた障害者の問題が，同様に同国でも取り残されたままとなっていたことを，

まず明らかにした。そして2000年代に入ってから，世界の状況の変化と国連CEDAWなどの障害者のインクルージョンの動きに対応した動きはみられるものの，国内の既存の女性・ジェンダーにかかわるフォーカル・ポイントでの取り組みはまだ遅れているという実情を紹介した。次に障害当事者たちの生の声として，他の非障害者の女性では解決されつつある問題が，女性障害者達にとっては依然として大きな問題であり，その解決のための当事者の運動があるということも明らかとなった。

またフィリピンの女性障害者の問題の実態から①障害者一般にみられるアクセシビリティ（アクセス可能性）の問題がさらに複雑に絡んで来ること，②女性であり，障害者である—という二重の抑圧がもたらす社会的圧力と複合差別の問題，③そうしたネガティブな要因の結果としての女性障害者のおかれた格差，といったことも改めて確認するに至った。本書の序論でも論じられている複合差別[17]は，フィリピン女性についても該当し，より脆弱な位置におかれたマイノリティであることも明らかになった。

今後の課題としては，いくつかのケース・スタディについて，同条件の非障害者の女性と女性障害者のちがいのさらに細かい比較が必要になってくると思われる。これによって，同国の女性障害者のおかれた状況をより適確に把握するとともに，数ある要因の強弱についての仮定を構築する際にも役立つであろうし，将来の計量的な分析，さらには有効な政策構築への足がかりともなるだろう。複合差別という観点から先住民女性（Stavenhagen 2003）等，同国内で複合差別の問題であると認識されている他のケースとの対比も今後なされるべきであろう。

女性障害者がフィリピンのように男女の差が世界的に見れば比較的少ないとされる国ですら，低所得で差別的な状況におかれていることの原因やその解決策を見出すためには，比較研究の重要性と差別の有無だけではなく，どのように差別状況が異なるのかといった研究が必要である。法制や政策も各国で整備されるようになってはきているものの，それでも本章で論じたように障害と女性というふたつの施策のあいだでの陥穽という問題は依然として

大きく，それを解決する政策も求められている。

　　　謝辞
　　本章執筆にあたっては，フィリピン現地の障害当事者団体の方々からのインタビュー時の協力は欠かせないものであった。また，2014年国際開発学会第25回全国大会（千葉大学）におけるD24「保健医療・女性・障害者」セッション（勝間靖座長）での議論が有用であった。とくにコメンテーターとしてご意見を頂いた武内進一氏（アジア経済研究所）および荒木美奈子氏（お茶の水女子大学）には，この場をお借りして感謝申し上げる。

〔注〕
(1) 「女性のマグナカルタ」は，正式名称，An Act Providing for the Magna Carta of Women（共和国法第9710号，2009年「女性のマグナカルタ提供法」フィリピン官報サイト http://www.gov.ph/2009/08/14/republic-act-no-9710/）というフィリピンの女性の権利保護の法律である。フィリピンでは，英国の1215年のジョン王のマグナ・カルタ（Magna Carta）が国民の権利・自由を守るための典拠とされたことにならい，同国でマイノリティの権利を定めた法律には，この名称をつける慣習がある。
(2) その源流をソブリチャ（2012）は，1970年代の反マルコス運動の流れの中に見出している（p.14）。
(3) ちなみにこの世界指数で日本は101位とフィリピンに大きく水をあけられている。本書で扱われている他の国ではタイが60位，インドが108位，韓国115位となっている。また同書では，経済活動への参加と機会の指標も掲載されており，フィリピンはそちらでも16位となっている（日本は106位）。
(4) WEFの同報告は，http://reports.weforum.org/global-gender-gap-report-2014/ で見ることができる（2014/10/29）。
(5) 「障害者のマグナカルタ」は，正式名称，An Act Providing for the Rehabilitation, Self-Development and Self-Reliance of Disabled Person and Their Integration into the Mainstream of Society and for Other Purposes.（共和国法第7277号，1992年「障害者のリハビリテーション，自己発展及び自立，また彼らの主流社会への統合ならびにその他の目的のための法」フィリピン官報サイト http://www.gov.ph/1992/03/24/republic-act-no-7277/）というフィリピンの障害者法の

基本とされる障害者の権利法である。同法の第1条で，"This Act shall be known and cited as the "Magna Carta for Disabled Persons.""と述べられているように「障害者のマグナカルタ」は，公式の同法の別称である。同法は，その後，共和国法第9442号（2007年）および共和国法10524号（2013年），共和国法第10754号（2016年）で，徐々に権利の拡大や障害特典の拡大がなされてきた。最新の第10754号では，付加価値税（VAT）の減免が謳われている。同法の内容とその意義についての詳細は，森（2010a, 2012, 2015）を参照。またマグナ・カルタという名称については，注1を参照のこと。

(6) この障害についてのふたつの表記については，障害学でもよく議論されてきた課題である。基本的には障害をどのようなものとして把握するかについての違いを反映しているとされ，障害者のマグナカルタでの表記は英国の障害モデル，女性のマグナカルタの表記は米国の障害モデルを反映したものとされている。こうした議論を日本語でよくまとめているものとして，杉野（2007）がある。

(7) 施行規則の障害者の定義箇所では，MCWと同様，新しい語が用いられたことを意識して，クォーテーション・マークで括られた表記となっている。

(8) 2014年7月にマニラ首都圏及びその近郊で筆者により，女性障害者団体のリーダーの障害当事者に対し，行われたインタビューによる。対象となった団体は，聴覚に障害のあるろう女性の団体として，フィリピンろう女性保健・リスクセンター（The Filipino Deaf Women's Health and Crisis Center: FDWHCC），視覚障害女性の団体として，全国エンパワーされた女性視覚障害者団（Nationwide Organization of Visually-Impaired Empowered Ladies: NOVEL），肢体不自由を中心とした障害女性の団体として，社会的・経済的進歩に向けて跳躍する女性障害者の会（Women with Disabilities Leap Social and Economic Progress: WOWLEAP）の3団体である。

(9) 2014年の7月および2015年10月に，フィリピンのマニラ首都圏及び周辺，また南部セブ地方の女性障害当事者団体のリーダーへのインタビュー調査を筆者が行った。

(10) "Stories of Silence: Deaf women and sexual abuse", ABS CBS News.com. (http://www.abs-cbnnews.com/focus/10/20/14/stories-silence-deaf-women-and-sexual-abuse　2014/10/20　ダウンロード）

(11) PDRCは，聴者によって設立されたろう者支援のNGOであり，L.Martinezが代表を務めている。フィリピンのろう当事者団体，Philippine Federation of the Deafと協力して，ろう者の権利実現やろう者の手話の社会での認知などのために活動してきたが，2014年に近い将来の解散を発表している。なお，ここでのろう女性の性暴力の問題の部分については，フィリピンろう女性保健・リスクセンター（FDWHCC）をやはり，L. Martinezがサポートしているた

め，そこでの実践事例からのデータと推察される。なお，女性に限らず裁判事例については，森（2010b, 193-199）でも実態を紹介している。

⑿　日本における性暴力の加害者については，内閣府男女共同参画局が3年に一度，統計数字を報告している（男女間における暴力に関する調査 http://www.gender.go.jp/policy/no_violence/e-vaw/chousa/h11_top.html, 2016/05/10アクセス）。ドメスティック・バイオレンス（DV）として知られる配偶者や交際中の相手からの暴力がここでは報告されている。一方，学校教員による性暴力については，財団法人日本児童教育振興財団内　日本性教育協会によって実施されている「青少年の性行動調査」が学校や塾の先生が加害者となった性的被害の数字を明らかにしている。しかしながら，別の調査対象による調査であるため，このふたつの数字をここで比べることはできない。同様に近隣の住民が加害者となったケースについても比較可能な形でのデータは得られていない。性暴力被害については，現時点では，女性障害者も被害に遭っているという報告しかできない実情がある。

⒀　同調査での標本集団については，障害迅速評価（RAD）により得られた障害者比率で，ケソン市で7.14％，リガオ市で14.04％であったという。障害分類で最も多かったのは，精神的苦痛（psychological distress）で，加齢と共に障害は増加し，男女差はなかったとのことである。大学や技術教育を受けた人たちと比べると，初等教育を一部しか受けていないか，あるいは全く受けていない人たちに，より多く障害がみられる傾向があった。

⒁　知的障害やろう・難聴といった障害で，その低さが特に目立ったという。これらのグループでは，性的ニーズや性欲に関する事柄がタブー視され，母親は姉妹といった身近な人たちとそうしたことについて語り合う機会がなかったことも報告されている。

⒂　この背景には，女性障害者の家族の中でも女性は，自分の身内の女性障害者を保護し隠す傾向があると思われ，このことが当事者の保健や福祉の面でマイナスに働いている。

⒃　ここで「一次的接近」というのは，本章がフィリピンの女性障害者をテーマとした論文としては本邦初のものであることを踏まえて，その全体像をまずつかむということ，またここで指摘された女性障害者の所得の格差をもたらす原因等については，別稿でもって取り組むということから，このような用語を用いている。

⒄　複合差別については，国連障害者の権利条約第6条第1項の「締約国は，障害のある女子が複合的な差別を受けていることを認識するものとし」（公定訳）の規定を指し，「障害者差別が，主として女性に，男性とは異なるかたちや程度で影響を及ぼすことや，女性ゆえに社会的に不利益を受ける可能性があることを直視し，状況を変える必要があると規定した」（瀬山 2012）とい

う認識を前提とする。二つ以上の要因によって差別を受けている時に，差別が一方の要因と他方の要因との単純加算ではなく，星加（2007）のいう「不利益の集中」構造が起きて，いっそうの差別に直面する事態となることを指す。

〔参考文献〕

＜日本語文献＞

池田ラーヘッド 和美 1998．「フィリピンに『女性センター』完成（アジア女性事情）」『アジア女性研究』（7）3月　144-146．

織田由紀子 2000．「フィリピンの公教育におけるジェンダーと女性政策」「国際教育協力論集」3（2）12月　1157-1171．

ソブリチャ，キャロリン著，舘かおる・徐阿貴編 徐阿貴・越智方美・ニコルス林奈津子訳 2012．『フィリピンにおける女性の人権尊重とジェンダー平等』お茶の水書房．

久保田真弓 1995．「フィリピンにおけるジェンダー分析トレーニング――その実状と効果から――」『国際開発研究』　4　6月　111-118．

杉野昭博 2007．『障害学――理論形成と射程――』東京大学出版会．

瀬山紀子 2012．「障害のある女性の複合差別の課題化に向けて――国連障害者権利条約の批准を前に――」『国際人権ひろば』（105）（http://www.hurights.or.jp/archives/newsletter/sectiion3/2012/09/post-183.html，2016/01/13 アクセス）

星加良司 2007．『障害とは何か――ディスアビリティの社会理論に向けて――』生活書院．

牧野久美子 2016．「南アフリカの障害者政策と障害者運動」森壮也編『アフリカの「障害と開発」――SDGs に向けて――』アジア経済研究所（研究双書No. 622）アジア経済研究所．

村松安子 2005．『「ジェンダーと開発」論の形成と展開――経済学のジェンダー化への試み――』未来社．

森壮也 2010a．『途上国障害者の貧困削減――かれらはどう生計を営んでいるか――』岩波書店．

――― 2010b．「障害者差別と当事者運動――フィリピンを事例に――」小林昌之編『アジア諸国の障害者法――法的権利の確立と課題――』（研究双書 No. 585）アジア経済研究所　183-206．

――― 2012．「フィリピンにおける障害者雇用法制」小林昌之編『アジアの障害者雇用法制――差別禁止と雇用促進――』アジア経済研究所　157-186．

―――― 2015「フィリピンにおける障害者教育法」小林昌之編『アジアの障害者教育法制――インクルーシブ教育実現の課題――』アジア経済研究所　111-144.

森壮也・山形辰史 2013.『障害と開発の実証分析――社会モデルの観点から――』勁草書房.

＜外国語文献＞

Angeles, Leonora Caldelon 1989. "Feminism and Nationalism: The Discourse on the Woman Question and Politics of the Women's Movement in the Philippines." (M.A. Thesis, University of the Philippines) *Review of Women's Studies* 2 (1) 118-121.

Martinez, Liza B. 2009. "Advocacy for and by Deaf Women: Observation on Gender & Disability Movements in the Philippines," *Behinderung und Dritte Welt: Journal for Disability and International Development* 20 (3) : 4-14.

―――― 2013. *Access to Justice: Case monitoring by the Philippine Deaf Resource Center (2006-2012)* Philippine Deaf Resource Center. (http://www.phildeafres.org/files/PDRC_Case_Monitoring_2006-2012.pdf，2014/11/03　ダウンロード)

Philippine Commission on Women 2014. *Women's Empowerment, Development and Gender Equality Plan, 2013-2016*. Manila: PCM.

Roces, Mina 2012. *Women's movements and the Filipina. 1986-2008*. Honolulu: University of Hawai'i Press.

Stavenhagen, R. 2003. "Report of the Special Rapporteur on the Situation of Human Rights and Fundamental Freedoms of Indigenous People," in *Promotion and Protection of All Human Rights, Civil,political, Economic, Social and Cultural Rights, Including the Right to Development*. document for UN General Assembly, Commission on Human Rights, Fifty-ninth Session, Item 15 of the Provisional Agenda (http://www.ihumanrights.ph/hr-mechanism/human-rights-bodies/charter-based-bodies/special-procedures/reportsrecommendations/report-of-the-special-rapporteur-on-the-situation-of-human-rights-and-fundamental-freedoms-of-indigenous-people-mr-rodolfo-stavenhagen/, 2016/1/13　アクセス)

UNICEF 2007. *Promoting the Rights of Children with Disabilities*. (Innocenti Digest, No. 13) Florence: Innocenti Research Centre. (http://www.un.org/esa/socdev/unyin/documents/children_disability_rights.pdf，2014/10/30　アクセス)

Vaughan, C. et al. 2015a. "W-DARE: A Three-year Program of Participatory Action Research to Improve the Sexual and Reproductive Health of Women with Disabilities in the Philippines," *BMC Public Health*. (15) : 984.　(http://www.ncbi.nlm.nih.gov/pmc/articles/PMC4588263/, 2016/01/13　アクセス)

―――― 2015b. *Women with Disability Taking Action on Reproductive and Sexual Health (W-DARE): A Summary of Initial Findings and Pilot Interventions*. Melbourne: The University of Melbourne.

WEF (World Economic Forum) 2015. *The Global Gender Gap Report 2015*. Geneva: World Economic Forum.

Zayas, J., C. Zubiaga, E. Gorospe, and M. C. Bisda., 2012. *"Qualitative Study on the Realization of Reproductive Rights and Protection from Violence for Women and Girls with Disabilities in the Philippines,"* Persons With Disabilities Advocating for Rights and Empowerment (PARE) and UNFPA.

第 5 章

バングラデシュの女性障害者
——ケイパビリティ分析と女性障害当事者グループの役割——

金澤　真実

　　はじめに

　バングラデシュは1971年にパキスタンから独立を果たした。その後，1978年に女性省（Ministry of Women Affairs）が設置され，初めて国家開発プログラムに女性セクターが設けられた。以来，現在に至るまで政府機関も非政府組織（Non-Governmental Organization: NGO）も，女性へのさまざまな開発支援を行っている。この間の開発アプローチの変化は，女性を開発の受益者から主体へと変化させてきた。しかし，女性障害者に限ってみると，彼女たちはリハビリテーションや福祉機器の受益者であっても，開発への主体的な参加者とはみなされず，開発分野でのジェンダー主流化の取組みから取り残されてきた。2007年にバングラデシュでも障害者権利条約が批准されると，開発課題の中に障害の課題をメインストリーミングすることの重要性（第32条）が広く認識されるようになり，開発NGOによる障害者の組織化が行われるようになってきた。バングラデシュには，グラミン銀行[(1)]やBRAC[(2)]をはじめ開発NGOが地域に住む女性の組織化を通じて開発支援に取り組んできた膨大な実践と研究がある。しかし，女性障害者に対する同様の実践や研究は，ほとんど行われていない。そこで本章は，バングラデシュの女性障害者たちのおかれている困難な状況を明らかにすること，NGOによる女性障害当事

者グループに参加した女性たちが得た「豊かさ」をケイパビリティによってとらえること，および彼女たちのケイパビリティ拡大に女性障害当事者グループの果たした役割を明らかにすることを目的する。これは，バングラデシュの障害者に関連する法や福祉制度が障害者権利条約の理念に沿って整いつつある一方，女性障害者の現実の困難を克服するために十分に機能していない状況と，このギャップの改善に果たした女性障害当事者グループの役割を，彼女たちのケイパビリティの視点から示そうとする試みである。また，ジェンダーと開発の取組みでは顧みられなかった女性障害者を，改めて開発援助にメインストリーミングするための基礎研究と位置づけられるものでもある。

　本章の構成は次のとおりである。第1節でバングラデシュの女性障害者をめぐる状況について障害者統計と法制度から概観した後，女性障害者の課題について論じる。第2節では，先行研究としてエンパワーメント・アプローチを紹介し，本章の分析枠組みであるケイパビリティ・アプローチについて説明する。続いて，調査地および調査団体の概要（第3節），調査結果と事例紹介（第4節）を行った後，ケイパビリティ・アプローチによる事例分析（第5節）を行う。最後に，バングラデシュの女性障害者の更なる well-being（善き生，後述）拡大のため，本研究に残された課題と更なる調査の必要性について述べる。

第1節　女性障害者をめぐる状況

1．障害者統計と法制度

　まずはじめに，バングラデシュ全体の障害者の状況を障害者やそれに関連する統計と法制度から概観する。バングラデシュの全人口に占める障害者の割合は，国勢調査（2011年）では1.4％（BBS 2015b, 55），『世帯収入と支出調

査』(HIES)(2010年)では9.07％(BBS 2011, 77)とされる[3]。国勢調査のこの結果は，WHO の推定値15％(世界保健機関 2013, 82)とは大きく異なり，障害者団体から強い非難が寄せられた[4]。2014年にユニセフバングラデシュが発行した *Situation Analysis on Children with Disabilities in Bangladesh* では，バングラデシュの障害者数を人口の1.4～9％としている(UNICEF 2014, 9)。このほかにも，障害者に関する統計については，教育や雇用などを含め基礎的な統計が不足しており，バングラデシュでは，いまだに障害者統計が整備されているとはいえない。女性障害者に関しては，前述の国勢調査やHIESの調査票に性別を記載する欄があり，集計することは可能なはずであるが，性別クロス集計はほとんど公表されていない。このような女性障害者に関する統計の不足や不備は，彼女たちの必要や課題をみえないものとし，開発や福祉政策の中に彼女たちを位置づけることを難しくしている。

　バングラデシュは独立の翌年に制定された憲法で，すべての国民の人権や平等な権利と機会を保障し差別を禁止しており，障害をもつ人が社会保障を受ける権利を保障している[5]。障害者に関する法制度では，1995年に障害者に関する国家政策(National Policy on Disability 1995)が策定された。14条からなるこの政策には，障害の予防，早期発見，早期療育のほか，教育を受ける権利の保障や政府機関での10％雇用割当，公共交通機関と公共の建物のアクセシビリティの確保などが規定されている。また国勢調査での障害の種類や年齢のほか，性別も調査の対象とすることが記載されている。

　2001年には，バングラデシュ初の障害者に関する総合的な法律，バングラデシュ障害者福祉法(Bangladesh Persons with Disability Welfare Act, 2001，以下「福祉法2001」)が制定された。この法律により初めて障害者の定義が行われ，障害児への特殊教育機関設立推進，公共交通機関のアクセシビリティの確保，脆弱な障害者への年金の支給などが定められた。障害者権利条約が2006年に国連で採択されると，翌2007年，バングラデシュ政府は同条約を批准した。その後，条約に定められた義務を履行するための法整備の一環として，障害者団体も参加し2013年に障害者の権利と保護法(The Rights and Protection of

Person's with Disability Act, 2013, 以下「権利と保護法2013」)が制定され,福祉法2001は廃止となった。権利と保護法2013では,福祉法2001には含まれなかった自閉症やダウン症が障害に含まれるようになった。また,障害者としての登録とIDカード発行,公立校への入学許可,公共交通機関での座席の確保,公共の場でのアクセシビリティの確保,雇用における機会均等や財産権の保護などが定められた。18歳以上の全国民が取得することになっている選挙管理委員会発行のナショナルIDカードについても,改めてこのカードの取得は障害者の権利であることを明記し,有権者リストへの登録を保障した。教育に関しては,障害を理由にした教育機関への入学拒否の禁止が改めて記載された。バングラデシュでは,2004年に開始された第2次初等教育開発計画(Primary Education Development Program-II)にインクルーシブ教育が盛り込まれ,初等教育におけるインクルーシブ教育を推進している。また,教育省によって策定された国家教育計画2010 (National Education Policy 2010)では,身体障害のある子どもについて,障害児が使いやすいトイレの設置や校内の移動性の確保,トレーナーを配属することなどが記されている(MOE 2010, 8)。このほかに,障害者に関係する施策として2005年に始まった困窮障害者年金制度(Insolvent Persons with Disabilities Allowance)がある。この制度では月に500タカ(2013/14会計年度までは300タカ)[6]の年金を受け取ることができる(詳細後述)。

2.女性障害者の課題

前述のようにバングラデシュでは,国内的には十分とはいえないまでも障害者に対する法や福祉制度が整備されつつあり,国際的にもさまざまな人権条約を批准している。しかし,現実にはバングラデシュの女性障害者は今もそれらの恩恵を受けることが少なく,きわめて困難な状況で生きている。以下,女性障害者の現状と課題を先に挙げたいくつかの法や制度の側面から考察することにしたい。

最初に，権利と保護法2013で規定されている障害者登録と障害者IDカード発行について述べる。障害者登録とIDカード発行のため，全国で障害者ID調査2013が行われた。この機会に障害者登録をして障害者IDカードを支給されることは，年金受給など障害者としての行政サービスを受けることができる大変重要な機会であった。しかし，調査担当者によれば，近隣の人々からの情報で障害のある女児がいる家庭を訪ねても，その女児は家族によって隠され登録されない傾向にあったという。バングラデシュでは，娘を結婚させることは親の義務であると考えられている。障害のある女性の姉妹からは，障害のある子どもが生まれる可能性があると信じられ，姉妹の結婚が不利になるので家に障害のある姉妹がいるということをなるべく隠したいという気持ちがある，または，障害児が生まれるのは，前世で両親か本人が悪いことをしたとか，神の罰だと信じる人々もいるため，社会から偏見の目でみられることも多いからだともいう。しかし，このようなことは障害のある女児の場合だけで，それが男児の場合，社会の偏見はそれほどでもなく隠すこともあまりないとされる[7]。

　初等教育に関して，バングラデシュの初等教育就学率は97.7％（2014年）である。中でも，女子の初等教育就学率は2005年以降，男子を上回るようになり98.8％（男子96.6％）（BANBEIS 2015, 45）となった。これらの成果から政府は，初等・中等教育就学におけるジェンダー平等はすでに達成された（GED 2015, 6）とした。また，国連開発計画（United Nations Development Programme: UNDP）によっても同様に報告（UNDP 2014, 6）され，バングラデシュは国際的な評価を得た。インクルーシブ教育を推進し，障害を理由にした教育機関への入学拒否を禁止しているバングラデシュではあるが，実際に障害のある子どもが地域の公立小学校に通うためには，その学校の校長の許可が必要となっている。障害のある子どもに対しての配慮は，行政としてとくに行っておらず，校長の「常識」の範囲内で行われる。そのため，「常識」の範囲内での配慮で授業についてこられる子ども，結果的には障害が比較的軽い子どものみ入学が許されている。法律上，「すべての」子どもたちに開

かれているバングラデシュの教育は，実際にはすべての障害児のうち軽い障害のある子どもだけがアクセスすることができる。さらに，政府や国際社会の評価では，すでに解決済みのジェンダー格差に関しても，統計のある2005年以来一度も，障害のある女子の就学数が障害のある男子を上回ったことがない（BANBEIS 2015, 44）。障害のある女子を学校へ通わせない理由として，聞き取り調査[8]をしたほぼ全員が挙げたのは，通学途上や校内でのレイプやハラスメント，誘拐の心配であった。99％の女子が小学校への入学を果たすバングラデシュで，インクルーシブ教育の理念のもと障害のある子どもへの教育が法的にも保障されながら，教育にアクセスすることのできない障害のある女子たちがいる。にもかかわらず，初等教育における「ジェンダー平等が達成された」という国内外の評価は，教育を受ける機会を奪われている多数の障害のある女子の存在をみえないものにしている（金澤 2013）。

　困窮障害者年金制度は，2005年より始まった。この年金制度によって，2014/15会計年度には40万人の障害者が月に500タカの年金を受け取っている。この年金の受給資格要件として，バングラデシュ国民であること，年収3万6000タカ以下などがある。このほかに，高齢，土地なし，ホームレス，重複障害者，そして女性障害者などが優先されるとしている[9]。これらは，大多数の女性障害者にとって，ほぼ受給資格を満たすことができる基準であると思われる。しかし，女性障害者が実際にこの年金を受け取るためには，さまざまな目に見えない障壁がある。年金受給者となるには，まず住んでいる地区のリストに名前が登録されなければならない。年金は地区毎に割り振られた予算内で支給されるため，リストの中から地区の委員会で推薦を受けた人にのみ支給される。その際，委員会関係者や委員に賄賂を渡した者が優先的に推薦されると広く信じられている。また，年金は3カ月ごとに銀行振込によって受け取るが，受け取りの際には，窓口で行員から賄賂を要求されることもあるといわれている[10]。これらの問題は，たとえばこの地域の社会福祉事務所入り口に，車椅子では超えることのできない大きな段差があり，さらに事務所建物の入り口にも2段ほどの階段があるにもかかわらずスロープが

設置されていないというアクセシビリティの問題と同じように，性別にかかわらず障害者全体の問題といえる。しかし，パルダ規範[11]が残るバングラデシュでは，女性が単独で男性職員中心の各所に出かけること自体，私たちが考える以上に大きな困難がある。それに加えて，この制度の対象となる女性障害者の多くは，教育を受ける機会がほとんどなく，外出したり他人と出会ったりする機会が少ない人々である。彼女たちにとって，たとえ自分の正当な権利であっても，初めて出会う他人の，しかもほとんどが男性の係官に，それを主張することはかなり難しいといわざるを得ない。たとえ事務所に行くことができたとしても，仮に賄賂を要求されたとしたら，それを断わり自分の権利を主張できる女性障害者はほとんどいないだろう。バングラデシュでは，通常このような手続きは家族や親せきの男性によって行われる。しかし，結婚していたとしても障害児を産んだという理由で夫から遺棄，または離婚される女性は珍しくない。また，女性障害者はそもそも結婚の対象とはみなされておらず，未婚であることのほうが多い。あるいは，結婚はしたもののすぐに夫から遺棄されることも珍しくない。そのため，両親，とくに父親の亡き後，男性の助けを借りることができない障害者を抱えた女性（母親）や女性障害者は多い（金澤 2012）。女性障害者にとって，行政窓口での申請や銀行口座の開設といった一連の手続きは，男性障害者に比べてより困難が大きいものとなっている。

　バングラデシュの法や福祉制度はすべての障害者を平等に扱っており，あるいは困窮障害者年金制度のようにむしろ女性障害者であることが一定の優先順位をもっているとしても，現実には，行政の不備や文化，習慣，家族など社会に深く根差した不利性が女性障害者の上に広がっている。

第2節　分析の枠組み

　ここまでに，バングラデシュの全体的な障害者統計と法や福祉制度について概観し，統計の不備および法や各種の福祉制度の恩恵を享受することが難しい女性障害者の課題を論じた。繰り返しになるが，前節で取り上げたいくつかの具体的な事例を通じて明らかにしたかったことは，障害者にとって中立・公正と思われる法や福祉制度の存在が，女性障害者のおかれている困難な状況を直接改善することにつながっておらず，彼女たちのwell-beingの実現に十分に寄与することができない可能性である。法や福祉制度の重要性を疑う余地はないが，それがそのまま女性障害者のwell-beingを評価することにつながっていないとすれば，どのように彼女たちのwell-beingを評価することができるだろうか。ここでは，彼女たち自身が価値のある生を選択する自由に基づくケイパビリティに注目し評価・分析をおこないたい。まず初めに，先行研究としてエンパワーメント・アプローチを紹介し，その後ケイパビリティ・アプローチについて述べる。

1．エンパワーメント・アプローチ

　女性のエンパワーメントについては，開発援助の文脈から多くの研究の積み重ねがある。これらの研究では，エンパワーメントという言葉は自明的に用いられる場合も多いが，久保田真弓（2005）によれば，何らかの形で社会から否定的な評価を受け，本来人間がもっている能力や感性力を十分に発揮できない人々に，「力を付ける」過程を指している。エンパワーされる「力」とは，人々の中にあるもので他者との相互関係によって引き出される自らの能力を発揮できる力のことである。このような力を付けていく過程であるエンパワーメントには，心理面だけでなく，社会，政治，経済的要素も含まれており，最終的には社会変革をも意図したものとなる。このようなエンパ

ワーメントの過程では，力が欠如している人々を対象に他者が支援・介入することが必要であり，その介入方法のひとつとして，エンパワーの必要な人々の組織化が行われる。エンパワーメントの過程に関してはさまざまな主張があるものの，おおむね当事者の気づき（意識化），能力の獲得，社会関係の変革という3つの段階がある。太田まさこ（2011）は，インド政府が実施主体であるマヒラー・サマーキアー・プログラムという女性のエンパワーメント・プログラムについて調査研究を行った。このプログラムは，前述のエンパワーメントの過程にそって，次の5段階を経るよう当初から計画されている。第1段階は，女性のグループ形成である。外部から訪れたファシリテーターが女性たちにグループ作りを勧め，グループが形成される。第2段階は，女性たちがファシリテーターとともに，家庭や村の問題を話し合うグループミーティングを行い，自分たちのもつ課題に「気づき」始める。第3段階では，ミーティングで認識された問題の原因を分析し，解決策を話し合う。この過程を通じて，「気づき」が具体的なものとなり，行動へ向けて能力の獲得を行う。第4段階は，解決策の実施で実際に行動をおこす。ここに至り，エンパワーメントは最終段階の社会関係の変革に進んでくる。第5段階は，外部者であったファシリテーター撤退に向けた準備で，女性たちが組織したグループの力を付ける段階となる。

　エンパワーメント・アプローチに関しては，次のような批判がある。エンパワーメント・アプローチは，力を剥奪されている者がそれに気づく（意識化）ことがすべての始まりとなる。その際，前述のマヒラー・サマーキアー・プログラムでも行われたとおり，力が欠如している人々を対象に他者が支援・介入することが前提となっている。そのため，対象者（女性）をエンパワーしたい他者（ドナー）が，自分たちが介入したい事柄についての「気づき」の誘発を計画する。そして他者があらかじめ計画した，たとえば文字の読み書きができるようになることの有利性，といった「気づき」を得て，実際に文字の読み書きができるようになることが，エンパワーメントの指標であり成果と考えられている（佐藤 2005, 204）。エンパワーメント・ア

プローチでは，外部者により何が「よい」ことかが初めから決められており，女性たちは，すでに決められていることに「気づき」，その方向に向かうことが発展であり，彼女たちの人生を「豊か」にすると考えられている。このようなエンパワーメント・アプローチでは，女性たち一人ひとりの多様で個別的な事情や価値への評価，選択をとらえることは困難である。たとえば，何らかの事情で識字教室に通うことのできない女性や文字の読み書きよりも手仕事をするほうが好きというような女性が，「気づき」のないいまだに力が剥奪された状態のままの女性であるとされてしまう危険性がある。それに対して，本章では彼女たちが，外部者の「選択した価値」を内面化するのではなく，「本人が価値をおく理由のある生」を主体的に決めることのできる自由に焦点を当てたい。

2．ケイパビリティ・アプローチ

アマルティア・センは，社会的基本財（所得，権力，自由，自尊心をはぐくむ社会的基盤や合理的な人ならば欲するであろう有形無形の財）の保有に焦点を当てるジョン・ロールズを批判して，同一の基本財をもっているふたりの人間でも，望ましいものと考えることを遂行する自由が異なっている点に着目する。これらの基本財によって平等を評価することは，自由の程度の評価よりも自由の手段を優先することになる。ジェンダー，場所，階級，受け継がれてきた特質の格差一般にかかわる不平等を取り扱う場合に，このちがいは大きな意味をもつ（セン 1999, 11）。

センは，人が人として享受するはずの「豊かさ」を well-being（福祉，善き生，豊かであること，暮らしぶりがうまくいっていること）と呼び，その評価に際してファンクショニング（functioning(s)，機能）という概念を用いる。「ひとの福祉について理解するには，われわれは明らかにひとの『機能』にまで，すなわち彼／彼女の所有する財とその特性を用いてひとは何をなしうるかについてまで考察を及ぼさなければならないのである。健康なひとなら

ばそれを用いてなしうる多くのことを障害者は，なしえないかもしれないという事実に対して，われわれは注意を払うべきなのである。機能とはひとが成就しうること——彼／彼女が行いうること，なりうること——である」（セン 1988, 22）。人の well-being の評価は，実際にその人が所有しているものや所得水準だけでなく，また実際にその人がどれほど豊かだと感じているか，また暮らしぶりがうまくいっていると感じているかということの比較によるのではない。そうではなく，個人の well-being を決定しているその要因，ファンクショニングでみるべきであるということがセンの主張である。センは，さらにこのファンクショニングの集合をケイパビリティ（Capability，潜在能力）と呼ぶ。ケイパビリティは，ある人が価値ある機能を達成する自由を反映している。またそれは，自由を達成するための手段ではなく，自由そのものに注目し，われわれがもっている真の選択肢を明らかにする。この意味において，ケイパビリティは実質的な自由を反映したものであるといえる。ファンクショニングが個人の福祉（well-being）の構成要素であるかぎり，ケイパビリティは個人の福祉を達成しようとする自由を表している（セン 1999, 70）。ケイパビリティは，ある人の，実際には選択されない選択肢を含めた生き方の幅，どんな生き方ができるかという自由（ヌスバウム 2005, 364）ということもできる。

　ケイパビリティ・アプローチは，実現されたファンクショニング（ある人が実際になすことができるもの）とケイパビリティ（真の機会）のどちらかに焦点を当てることができ，それによってふたつの異なった情報をもたらす。ひとつは，選択されたファンクショニングに焦点を当てるもので，これはケイパビリティに焦点を当てることと一致する。もうひとつは，選択されなかったファンクショニングに焦点を当てるものである（セン 2000, 84, 85）。後者の場合，選択されなかったファンクショニングが，本人の主体的選択によるものなのか，あるいは選択できなかったのか，選択肢として存在しなかったのか，などの追求が可能となる。個人が達成することのできるファンクショニングの水準は，(1)財やサービスのもつ特性，(2)個人の特性（障害や健康

など),(3)社会的環境(差別や慣習,インフラなど)などの要因によって評価される(セン 1988, 42)。正当な権利としてある人がもっている利用可能な財やサービスを個人の特性や社会環境にかけ合わせることによって,その人が価値をおく行い,在り方に変化させることができるのである。

ケイパビリティ・アプローチは,女性障害者を女性や障害者などの各要素に分解するのではなく,女性障害者を女性であり,障害者であり,かつ貧困状態にあるという特性をもつひとりの個人ととらえ,具体的にどのような行いや在りようが可能であるかという本人のケイパビリティに視点をおく。また,エンパワーメント・アプローチのように外部から与えられた価値を内面化するのではなく,本人が価値あると考える生活を選ぶ真の自由に着目するものであるといえる。

第3節　調査の概要

女性障害当事者グループに参加した女性たちが得た「豊かさ」をケイパビリティによってとらえるために,バングラデシュの女性障害者によって選択されたファンクショニング,すなわちケイパビリティに焦点を当てて調査を行う。ここで浮び上がるファンクショニングのいくつかは,整備されつつある法や福祉制度とそれを活用することが難しい女性障害者との間にあるギャップを埋めるものであると考えられる[12]。

具体的には,インタビューの回答から彼女たちが獲得した行い(doing)や在りよう(being)を彼女たちの主体的な選択があったのかを基に[13]暫定的なファンクショニングとしてまとめる。それは,彼女たちが獲得したケイパビリティ,すなわち現在の彼女たちの生き方の幅,選択肢であると考えられる。加えて,ファンクショニングの水準の要因分析によって,彼女たちのファンクショニングの拡大に,女性障害当事者グループがどのような役割を果たしたのかを分析する。

本調査は，2014年と2015年に調査対象グループに所属するメンバー31人に対して行ったアンケートとインタビューを基に，筆者が2006年より継続的にかかわってきた同グループなどへの調査，交流の中で得た情報を加えたものになっている。31人の属性については，表5-1のとおりである。調査では，現地公用語であるベンガル語を使用し，事前に準備したアンケート用紙を用いたインタビュー方式で回答を得た。録音による逐語記録ではないが，アンケート用紙に可能なかぎり回答のまま記載するように努めた。このほかに，調査対象グループの運営主体であるNGOの責任者やスタッフ，ボランティア等からも，財務状況等の運営面について聞き取りを行った。

表5-1　調査対象者（31人）の属性

1．年齢および既婚者数（夫からの遺棄含む）

年齢	人数	内既婚	（遺棄）
15～19歳	4	0	
20～24歳	9	3	(1)
25～29歳	7	1	
30～34歳	1	1	
35～39歳	2	1	(1)
40～44歳	5	4	(2)
45～49歳	1	0	
50歳～	2	2	(2)
合計	31	12	(6)

（注）遺棄の理由
　＊新しい妻を迎えた　2人
　＊ダッカへ行き音信不通　2人
　＊不明　2人

2．教育年数

	教育年数	人数
初等教育（12人）	1年生	1
	2年生	1
	3年生	3(2)
	4年生	3
	5年生	4
前期中等教育（2人）	6年生	0
	7年生	1
	8年生	1
中期中等教育（8人）	9年生	3(1)
	10年生	0
	SSC*	5
後期中等教育	HSC*	2(1)
	なし	5
	自分の名前が書ける	2
	合計	31

（注）（　）内は現在継続中
　＊SSC：国家統一中期中等教育修了認定試験合格
　＊HSC：国家統一後期中等教育修了認定試験合格

3．障害を受けた時期

年齢	人数
先天性	9
～5歳（小さい時含む）	13
6～10歳	2
11～19歳	2
20歳～	4
不明	1
合計	31

表5-1 つづき

4．月収と障害種別，仕事

月収(タカ)	人数	障害	仕事
なし	9	身体　脳性麻痺　1人	刺繡，テーラリング訓練中
		身体　麻痺　2人	テーラリング，刺繡，編み物訓練中
		身体　脳卒中後の後遺障害　4人	
		身体　聴覚　1人	刺繡，テーラリング訓練中
		身体　下肢障害　1人	刺繡，テーラリング(現在は休止中)
50〜600	7	知的障害	紙袋作り
		身体　脊柱後湾症	刺繡
		身体　脊髄損傷　手足マヒ	刺繡
		身体　ポリオ	刺繡
		身体　ポリオ	刺繡
		身体　ポリオ	刺繡指導
		身体　ポリオ	テーラリング，刺繡
〜1,000	1	身体　脊柱後湾症	刺繡
〜2,000	9	身体　脊柱後湾症	紙袋作り
		身体　片目失明　腸チフス	テーラリング
		身体　二分脊椎症	カーペット
		身体　事故による背骨の損傷	カーペット
		知的障害	カーペット
		身体　右足骨折後足首の拘縮	カーペット
		身体　低身長症	刺繡，ブロックプリントのデザイン
		身体　低身長症	手工芸指導，地域グループ責任者
		身体　左足切断（義足）	カーペット
〜3,000	1	身体　ポリオ	カーペット
〜4,000	0		
〜5,000	2	身体　ポリオ	テーラリング・インストラクター
		身体　ポリオ	カーペット部門責任者
〜10,000	2	身体　ポリオ	PCCスタッフ（手工芸部門責任者）
		身体　骨関節結核	PCCスタッフ（モヒラクラブ運営責任者）
合計	31		

（出所）　筆者作成。

1．調査地および調査団体

　調査地は，バングラデシュの首都ダッカの北，約120km にあるマイメイシン県マイメイシン・ショドール・ウポジェラ（郡）にある県庁所在都市マイメイシン市である。マイメイシン県は，バングラデシュ64県のひとつで12のウポジェラから構成される。マイメイシン・ショドール・ウポジェラは，21ワードからなるマイメイシン市と13のユニオン（最少の行政単位）に分けられている。マイメイシン・ショドール・ウポジェラの人口は77万5733人（2011年），その内障害者は1.1％（8533人）[14]とされる（BBS 2013, 18）。先に述べたとおりバングラデシュの全人口に占める障害者の割合は，1.4～9.07％と大きな幅があるが，これらを採用すれば，同ウポジェラの障害者は8533人（1.1％）～７万358人（9.07％）となる。国勢調査（2011年）の結果，マイメイシン県の所属するダッカディビジョン（管区）[15]における障害者の男女比は，54対46なので（BBS 2015b, 55），マイメイシン・ショドール・ウポジェラに暮らす女性障害者の人数は，約4000人～３万2000人と考えられる。

　調査対象のモヒラクラブは，マイメイシン市を中心に活動する現地 NGO, Protibondhi Community Center（PCC: 障害者地域センター）のプロジェクトのひとつである。PCC は，1997年にこの地で修道生活をおくるキリスト教修道会の支援によって創立された。PCC は，障害者が障害のない人々と同様の権利を享受し，コミュニティに参加し互いに尊重しあう関係をめざす団体である。この理念に沿って障害の種別は問わず，障害者の生活向上，教育支援，収入創出，啓発活動などを行う。具体的には，理学療法，補助具や車椅子の製作および支援，医療支援の他，地域への啓発活動などを行う。また，自助グループ（Self Help Group: SHG）や当事者団体（Disabled People's Organization: DPO）の組織化のほか，作業所をもち，カードや刺繍小物，カーペットなどの製作による収入創出活動も行っている。これらの活動とは別に，アノンドクラブ（外出困難な筋ジストロフィーほか重度身体障害者対象），ダドゥ

クラブ（高齢男性障害者対象），ストロークモヒラクラブ（脳卒中後の女性障害者対象），そして本調査が対象とするモヒラクラブ（女性障害者対象）といった当事者のグループ活動を行っている。

2．モヒラクラブ

　ここでは，モヒラクラブ創立の経緯，活動状況等の詳細を述べる。後述する女性障害者のケイパビリティ拡大にモヒラクラブが果たした役割を分析するための背景として，これらの情報に注目しておくことは意味のあることと考える。

　モヒラクラブは，PCCの活動の中で最も古い活動のひとつで1998年に始まった。当時，PCCで活動していた外国人ボランティアが，女性障害者の困難な生活を知り，この地域に多数存在するNGOが組織した女性グループのメンバーとして，女性障害者を受け入れてもらうことを考えた。当時（そして現在も），女性障害者は既存の女性グループにはほとんど加入していなかったからである。しかし，NGOマネージャーたちの反応は厳しく，あるマネージャーはこのように述べたそうである。「あんた，こんな人たちばっかり集めてどうするんですか。ある程度チャリティ的に何か与えてやるしかないんじゃないですか。あんな人達ばっかりじゃ，ほんとどうしようもないですよ」。この言葉を聞いて外国人ボランティアは，女性障害者によるグループを組織することを決心した[16]。彼女と一緒にモヒラクラブを創立し，現在は責任者となっている女性（バングラデシュ人障害当事者）は，既存の女性グループに入ろうと努力したが，既存のグループでは，規則どおりに集会に参加したり，貯金をしたり，ローンを借りたりしなければならない。このような規則を守ることが難しい自分たち女性障害者は，グループに加入することは不可能で，女性障害者のグループをつくることが必要だと思ったと語った。

　その後，ふたりはその辺りに女性障害者が住んでいると噂された地域へ何

度も足を運び，女性障害者を探し，その家庭への訪問を繰り返した。バングラデシュで全国的な障害者の実態調査が行われたのは，2011年の国勢調査に続き，権利と保護法2013が制定された後のことである。それまでは，どこにどのような障害をもった人々が住んでいるのかを知るためには，噂を頼りに尋ね歩くしか方法がなかったからである。このようにして集めた13人の女性障害者をメンバーにモヒラクラブは始まった。現在，モヒラクラブの存在は地域に知られるようになり，地域の人々の紹介によって，マイメイシン市およびその近郊の女性障害者が来訪するようになっている。モヒラクラブという名前は，メンバーが集うミーティングで決定された。モヒラとは，現地公用語のベンガル語で女性を意味する一般的な単語で，モヒラクラブは「女性クラブ」という意味になる。当初，「女性障害者クラブ」という案も出されたというが，「（女性障害者クラブでは）女性障害者が（障害のない女性と）別々になってしまう。異なった存在となってしまう。私たちはすべての人と一緒に過ごしたい」[17]と彼女たちは考えた。モヒラクラブという名前には，彼女たちのこのような願いが込められている。

　モヒラクラブの目的は，ともに時を過ごすこと，お互いの過去・現在・未来について前向きに分かち合うことである。それにより一人ひとりの女性障害者が人生の価値を見出す。そして，技術と能力の向上，人生をポジティブに変化させることを願って，テーラリング（服の仕立）、刺繍，ブロックプリントなどの手工芸部門とカーペット織をおこなうカーペット部門[18]による収入創出，啓発，自信を深めるための動機づけやカウンセリングなどを行っている。同時に，移動性を高めるためのリハビリテーションや松葉杖などの福祉機器の支給なども行う。このほか，月例ミーティング，貯金，家庭訪問などのプログラム活動がある。

　2014年のクラブメンバーは105人，シャンティ・ニール（平和の家）と呼ばれる事務所兼手工芸および縫製を行う作業所とカーペット工房を含め5カ所の作業所をもっている。メンバーの年齢層は，13歳を最年少として10代が16人，20代が49人，30代が28人，40代以上が8人，不明[19]が4人である。障

害種別では、身体障害が94人で約90％を占め、うち聴覚障害が34人、ポリオによる障害が16人でこのふたつでおよそ半数となる。このほかに、脳卒中後の後遺障害、低身長症、内反足、脊柱後湾症などの女性たちがいる。身体障害以外では、知的障害と精神障害、重複障害の女性たちである。教育年数では、42％が学校教育を受けた経験がなく、33％が初等教育（5年生）までであるが、大学で学んでいる女性も2人いる。死別、離婚、夫からの遺棄などを含めて結婚している、またはしたことがある女性は36％となっている。

月例ミーティングでは、女性の権利や女性の健康に関する学習やシェアリングと呼ばれる小グループでの話し合いが行われる。話し合いのテーマは、家族内での差別の問題や障害原因などの障害理解、また国際女性の日などには、なぜその日を祝うのか、のように設定され、テーマに沿ってお互いの思いの丈を好きなように述べる。ミーティングは、互いに共感したり、アドバイスをしたりする場となる。その他、自分の誕生を祝福することも、されるという経験もほとんどない彼女たちのために、毎年1回、全員の誕生を祝う誕生日会が開催される。

モヒラクラブの運営は、PCCのスタッフでモヒラクラブの責任者を含め6人の委員からなる委員会（Committee）によって行われる。委員たちも全員が女性障害者である。彼女たちは、毎月1回委員会を開催し、ミーティングの内容を決定するほか、メンバーの近況について情報を共有する。また、誰にどのような支援をするのかなど、モヒラクラブの活動のすべては委員会で決定され、PCCに報告される。

2014年度のモヒラクラブの予算は、責任者の給与を含めて約87万タカで、決算は約67万タカ[20]であった。この年は、PCCやモヒラクラブを財政的に支え、その創立に多大な貢献を行い、モヒラクラブの精神的な支柱であった修道士が突然亡くなるという特別な出来事があり、多くのプログラムが行われなかった。そのため、予算と決算とに大きな差が生じているので、ここでは、モヒラクラブの活動について予算を基に概観する。全予算のおよそ60％が管理費で、モヒラクラブの正副責任者（PCCスタッフ）、掃除人など6人の給

与が含まれる。残り40％がプログラム費で，月例ミーティングや文化プログラム，医療費支援，刺繍や縫製を訓練中のメンバーに支払われる交通費などの他，歌のレッスン（歌とタブラの先生）[21]，手工芸デザイン担当者など4人の給与や謝儀が支払われている。管理費に仕訳されているものと合わせて合計10人の人件費の内6人は，メンバーでもある女性障害者に支払われたものであり，モヒラクラブそのものが女性障害者の雇用先のひとつとなっている。これらの運営費は，PCCを通じて修道会から支援されている。しかし，手工芸部門で制作された手工芸品や縫製品を販売した売り上げは，これらの予決算に収入として計上されておらず，別途PCCの敷地内にある販売センターが管理している。また，カーペット部門についてもモヒラクラブでその収支は把握していない。多額の寄付を受け取った時には，銀行に預け入れPCCに報告をするが，少額の場合はクラブで管理し使用する。このような複雑な経理システムのため，モヒラクラブ全体の収支を把握するのは難しい。

　手工芸部門の工賃は，前述のように販売益から支払われる。2014年度実績では，手工芸と縫製作業に50人が従事し，月平均35人の女性に1人当たり平均約510タカの工賃が支払われた。現状では，手工芸部門は独立採算での運営が難しいため，材料費として特別に外国から送られる寄付金により材料を購入している。工賃は，月初めの工賃支払日に女性たちに支払われる。自宅で作業をしている女性たちは，この日に完成した製品を納品し，次の1カ月分の材料を受け取る。カーペット部門は独立採算による運営が可能で，現在12人の女性障害者が働いている。給与は，熟練者7名が歩合制で，部門の責任者，アシスタント1人と訓練中の3人の計5人が月給制である。歩合制の場合，毎月初めごろに，前月に織り上げたカーペットの長さを計り工賃を計算する。工賃はデザインや大きさで異なり，1平方フィート（縦横約30㎝）200〜400タカとなっている。歩合制の場合，毎月2000タカ程度の工賃を手にすることができる。

　モヒラクラブのメンバーになると，毎月50タカ以上の任意の額で貯金を行う。メンバーの両親は彼女たちのために貯金をすることがなく，誰も自分名

義の貯金をもっていなかったため，クラブ創立時に自分自身の名前で貯金をすることが決まった。今では，毎月500タカの貯金を行うメンバーもいる。モヒラクラブでは，原則としてローンの貸出しは行わないので，この貯金はバングラデシュのNGO活動として一般的なローンの貸出しを前提とするものではない。メンバーは，このほかに毎月6タカを支払う。このうち5タカがモヒラクラブの運営費の一部，たとえば委員会や月例ミーティングでの茶菓代などに使用される。残り1タカは，相互扶助のための基金としてとりおかれる。ここから，貧しいため食事をすることができないでクラブに来るメンバーの食事代やイスラム教の祝祭日に，とくに貧しいメンバーへ食料品をプレゼントすることなどに使われる。

第4節　調査結果と事例紹介

前述のように，モヒラクラブメンバー31人へのアンケートとインタビュー調査の中から「モヒラクラブに所属してよかったこと」「モヒラクラブに所属後に変わったこと」についての回答をまとめた（表5-2）。その結果，約半数の回答者が，労働ができること，家族や親せき以外の人と話すことができるようになったこと，外出できるようになったことを挙げた。それらから派生した，技術を習得して収入を得るようになったこと，その収入で家族を支えるようになったことなども，挙げられている。また，心理的な変化として，自尊心をもつことができるようになったこと，他人とコミュニケーションすることができるようになったことなどが認識されている。つぎに，それらの回答から女性障害者の獲得した行い（doing）や在りよう（being）を本人が所有する財とその特性を用いて主体的に選択したのかどうか[22]を基準に，ここから読み取ることが可能と思われるファンクショニングを暫定的ではあるが抽出した（表5-3）。ふたつの表にまとめた事柄がどのような回答から作成されたのかを示すために，以下に7つの事例を紹介する。

第5章　バングラデシュの女性障害者　189

表5-2　女性障害者のインタビュー回答項目　　表5-3　暫定的なファンクショニングと関連した回答項目

回答者数[*]	回答項目	自分の所得を得ること／自分で所得の支出先を決めること	恥ずかしさや恐れなく―自由に外出すること／人と出会うこと	自分の気持ちや考えを適切に表現すること	自尊心をもつこと	自分で決定し実行すること	必要な情報を的確に理解できること	家族の意思決定に参加すること	地域の社会生活に参加すること
15	労働をする	●							
6	収入を得る	●							
8	技術を習得する	●							
4	自分の収入で家族を支える	●				●			
1	自分の収入で子どもに教育を受けさせる	●				●			
3	自分名義の貯金をする	●				●			
5	自分の意思でお金を使う	●				●			
11	家族や親せき以外の人と会う		●						●
19	家族や親せき以外の人と話す		●						●
2	自分を表現する			●	●				
2	家族に自分の障害を理解させる			●			●		
6	自尊心をもつ				●				
9	「自立・自律」できる	●	●			●			
16	外出できる		●						
6	女性クラブの活動に参加できる		●	●					
4	教育を受ける			●			●		
6	知識や権利を学ぶ						●		
6	家族の一員と認められる	●						●	
9	両親（家族）が安心する	●						●	
3	地域の人に知識や情報を提供できる						●		●
4	地域の人から名前で呼ばれる								●
10	地域の一員と認められる	●							●
4	身体機能の向上を図る								
9	物質的な支援を得ることができる								

（出所）表5-2, 5-3とも，2015年9月に行ったアンケートおよびインタビュー調査の結果に基づき筆者作成。

（注）回答者は全体で31人である。複数の項目につき回答があった場合もあるので，合計数は合わない。

事例①

　生後まもなくポリオにかかり，片足に障害のある40代の女性で2000年にメンバーとなった。国家統一中期中等教育修了認定（SSC）試験に合格しており，夫と娘がひとりいる。モヒラクラブでテーラリング指導を行い，月に5000タカの収入を得ている。彼女は，脳梗塞のあと働くことのできない夫に代わって，家族の生活を支えている。

　「自分で収入を得ることができて，家族を支えられます。また娘を学校に行かせることができています。以前は，家ですることがなく座っているだけでした。今はみんなと話ができるので精神的にもよいです。家族は以前，障害者が外に出る必要はない。家の仕事をしていればよいといっていました。今は，自分のお金でなんでもすることができるので何もいわなくなりました。地域の人も，他の女性障害者を紹介してくれるようになりました。また，モヒラクラブに来るようになり知識が増えたので，いろいろと私に聞いてくるようになりました。昔は，自分は地域のお荷物と思われていましたが，今は女性障害者であってもなにかできると思われるようになりました。」

事例②

　生まれつき下肢障害があり自力歩行ができない20代の女性で2000年にメンバーとなった。自宅前に学校があり，姉妹はそこで教育を受けた。彼女自身は学校へ通ったことはないが，自分の名前が書ける。現在，兄と母，妹と住んでおり，母に支給される遺族年金と兄の収入で生活している。以前は，彼女自身もテーラリングをして収入を得ていたが，今は身体を壊し仕事をしていない。

　「昔は，家でひとりきりでした。障害者は，私ひとりだけだと思っていました。誰とも会ったり，話したりしませんでした。今はそういうことができるようになりました。昔は姉妹も親戚も，私のことをちがう種類だという目（訳注：特別な目）でみていました。でも今は，健康な人のように働けるといってくれます。本当はモヒラクラブにもっと参加したいのですが，今は病気

のため働くことができず、兄から交通費をもらうのがためらわれます。私は、（モヒラクラブで）テーラリングを習いました。このテーラリングで他人を喜ばせることが出来ます。かつて家族は私のことを厄介者だと思っていました。地域の人も役立たずと思っていました。でも今はよい仕事ができるといってくれます。そして、知りあいの女性障害者に、PCCやモヒラクラブを紹介してほしいといわれます。」

事例③

　幼少時にポリオにかかり、両足に麻痺が残った20代の女性で2006年にメンバーとなった。現在、モヒラクラブの支援で小学校の3年生として学んでいる。父と姉妹がいるが、自宅が遠いためクラブの集会所に住んでいる。カーペット部門で働いており、月に2500タカほどの収入を得る。

　「モヒラクラブのメンバーになって、とてもよかったです。勉強を始めました。以前は、ただ家にいて、人々と会うのが恥ずかしかったです。今はひとりの健康な女性のようです。以前、家族は、歩けない、仕事もできない、お母さんもいない、（自分たちは）面倒をみてやれない、どうやって食べていくのかと心配していました。今は、自分で食べているといいます。モヒラクラブでたくさんの知り合いができました。今は幸せです。自分で料理して自分で食べることができます。妹のために少しお金を渡すこともできて、私は嬉しいです。地域の人も以前は教会に行くこともできなかったが、今は教会に通っている。自分のことは自分でしていると私を褒めます。」

事例④

　生まれつき二分脊椎症で足に障害がある20代の女性で2001～2002年頃にメンバーとなった。学校教育は4年生まで受けた。現在は、母と2人で暮らしている。彼女の父は、彼女の母の他に2人の女性と結婚しており、時折彼女の家に顔を出すが経済的な支援は一切ない。カーペット部門で働いており、毎月1200～1500タカの収入を得ている。

「以前，家にいた時は，私はひとりの障害者だと思っていました。ここにきて，たくさんの障害者に出会いました。私は，以前は暗闇の中にいました。家ですることもなく座っていました。現在は，収入があります。最初は，手工芸の仕事をしましたが，その仕事は好きではなかったので，カーペットの仕事に変わりました。4人姉妹の中で，私だけ歩けないので祖母の家に連れていってもらえませんでした。家にひとりでいて喜びがありませんでした。今は，自分で市場に行き買い物をします。私が病気の時には，父から死んでしまったらいいといって怒られました。けれども，今は自分の支出は自分で賄うことができるので，父は何もいわなくなりました。近所の人たちも以前は，差別的な言葉[23]で私のことを呼びましたが，今は名前で呼んでくれます。」

事例⑤

　幼少時に腸チフスにかかり，右目に障害がある20代の女性で2013年にメンバーとなった。家族は，両親と兄弟姉妹8人で，彼女は上から4番目である。学校教育は5年生まで受けたが，勉強で目を使うと頭が痛くなり，続けることが出来なかった。最初は，手工芸のトレーニングを受けたが細かい作業のため頭痛がするので，現在は，モヒラクラブの家庭訪問を担当し，理学療法士から学んだ初歩的な理学療法を行うことで，月に1300タカの収入を得ている。

「昔はどこにも行かないと思っていました。モヒラクラブに来て他の障害者をみて勇気がでました。今は，仕事をして貯金ができ買い物ができます。また両親を助けることができます。モヒラクラブのミーティングでいろいろな話し合いができ，知り，理解することができます。それを家族に話すことができます。」

事例⑥

　幼少時にポリオにかかり，足に障害がある20代の女性で2004年にメンバー

となった。国家統一中期中等教育修了認定（SSC）試験に合格している。同じ敷地内に母と兄弟が住んでいるが，彼女は自分の家を建て独立した生計を営んでいる。現在，カーペット部門の責任者として月に5000タカの収入を得ている。また，最近，部屋を増築しそれを貸出して毎月2200タカの収入がある。

「私は，学校に通っているとき，みんなが自分をみて笑うので嫌になり，学校をやめてしまいました。その後は，ずっとひとりで家に座っていました。私は，ひとりの障害者だと思っていました。PCCやモヒラクラブでたくさんの障害者に出会いました。そしてひとつの勇気を得ました。他人と話をする勇気。自分の人生をどのように前進させていかなければならないかを学びました。かつては，ひとつの夢ももつことはありませんでした。モヒラクラブでひとつの喜びを得ました。家族は，（私のことを）よいことなどなにもできないと考えていました。今，家族は私の決断を待つようになりました。私はお母さんの支出をすべてみています。現在，地域の人々は十分に普通の人と同じように扱ってくれます。私は，地域の貧しい人たちが政府の支援を受けられるよう助けています。」

事例⑦

　幼少時にポリオにかかり，足に障害がある40代の女性で2000年にメンバーとなった。国家統一中期中等教育修了認定（SSC）試験に合格している。つい最近，亡くなった姉の夫と結婚したが夫はダッカに職があるため，彼女と彼女を昔から世話してきた女性と２人で住んでいる。モヒラクラブの手工芸部門の責任者として，月に１万タカの収入がある。

「障害があるため，学校に通っていても恐れと恥ずかしさがありました。今は，外に出て，仕事をし，協力することができます。また，障害のために仕事につけるかどうかわかりませんでした。だから，勉強しても役に立つのか疑問でした。現在は10人の人と話ができます。仕事を学びました。他の姉妹のように，自分も何かできると思うようになりました。家族も以前は，

（私が）ひとりでいられるのか恐れていました。今はそのような恐れがなくなりました。」

第5節　事例分析

前項で，女性たちのインタビューから回答をまとめ（表5-2），そこからファンクショニングを抽出した（表5-3）ことを述べ，事例紹介を行った[24]。

本節では，バングラデシュ社会で女性障害者たちが，なりたい自分になるための，また在りたい自分であるための，人生の選択肢を将来にわたって拡大するために基礎的で重要だと思われるファンクショニングとして3つを選び，詳細を検討する。続いて，メンバーである女性障害者のファンクショニング拡大にモヒラクラブが果たした役割を分析する。

1．基礎的なファンクショニング

(1) 自分で所得を得ること／自分で所得の支出先を決めること

バングラデシュでは一般に，障害があると外で働くことはもとより，家事もほとんどできないと考えられ，そのような女性は結婚できないと考えられている（CSID 2002, 16）[25]。それは，彼女が一生涯，家族に経済的に依存し続ける存在であることを意味する。そのため，家族の厄介者として扱われることが少なくない（金澤 2012）。しかし，自分で収入を得ることができる，または，なにがしかの技術を習得し，家族の「役に立つ」ことができるようになると，家族の態度が変化したり，家族の一員として扱われたりするようになる（事例①②③④⑥⑦）。地域に障害者がいることは，地域の人々にとっても無関係とはいえない。なぜならバングラデシュでは，ある人を家族が支えられなくなれば，地域でその人の面倒をみることが多く，自分の収入で食べることのできない人は地域の負担と考えられているからである[26]。そのため，

収入があれば地域の人々との関係も変化する。地域にいる「普通の」女性と同じように彼女たちの名前を呼び，挨拶をかわす関係が始まり，さらには積極的に相談したり，アドバイスを受けたりする関係にまで変化する（事例①②③④⑥）。ここで注目したいことは，彼女たちの収入がけっして高額ではない[27]ということである。PCCやモヒラクラブのスタッフなどとして月給を得ている場合を除けば，彼女たちの収入はおよそ月に2500タカ以下で，最も収入が少ない女性は50〜100タカである。第２節で紹介した困窮障害者年金制度では年収３万6000タカ以下が年金の受給資格であるので，ほとんどのメンバーが困窮障害者に認定される範囲内である。収入自体はとるに足らないものであっても，彼女たちには，技術があり，自分が取り組むべき仕事があり，自分の居場所がある。それは，彼女たちの自尊心の源となっている。

　また，収入は，自分で所得の使い道を決めるというファンクショニングももたらしている（事例①③④⑤⑥）。バングラデシュでは，家計の主体は男性であり，家庭で購入するほとんどすべてのものは，食料品や生活用品，衣類に至るまでおもに男性が購入する。また，かまどは世帯独立のシンボルである[28]。そのため，彼女たちが「自分で買い物をし，自分で食べる」という時，それは独立して生計を立てているということを意味する。彼女たちはその意味で，「自立」している。モヒラクラブでは，メンバーが貯金をすることになっていることはすでに述べたが，バングラデシュでは可処分所得をほとんどもたない女性は，自ら銀行などで貯金を行うということは少ない。しかし，近年グラミン銀行やNGOなどによってマイクロクレジットとセットで貯金を行うことが一般的となったため，貧困女性にとって貯金とは，市中の商業銀行でおこなうものではなくNGOなどによって経済開発プログラム推進のために組織される自助組織やローン貸し出しのために組織されるグループなどで行うものとして一般化している。とはいえ，このような組織に今まで参加する機会がほとんどなかった女性障害者には，貯金をする機会もなかった。たとえどこかの組織に参加する機会を得たとしても，事例②の女性のように，わずかの交通費をもらうことさえ遠慮して生活する彼女たちは，父親などか

ら貯金のためのお金をもらうことはためらわれる。モヒラクラブに所属し自分の収入を得ることで，自分名義の貯金を行うことが可能になった。

　女性たちは，自分で得た収入を自分のために何かを買ったり，貯金したりするために支出するだけでなく，妹のため，家族を支えるため，子どもを学校へ行かせるため，そのほか「自分が価値を認めるもの，こと」のために自由に支出先を決定している（事例①③④⑤⑥）。女性障害者たちは，モヒラクラブに所属することで，そのような新たな選択肢を得ることが出来た。

(2)　恥ずかしさや恐れなく――自由に外出すること／人と出会うこと

　彼女たちにとって，自由に外出するというファンクショニングは，車椅子の利用や道路状態の改善といったアクセシビリティの向上のみによってもたらされたのではなく，モヒラクラブのメンバーになることによって，目的をもって出かける場所ができ，外出する勇気をもつという気もちの変化を得たことによってもたらされる（事例①④⑤）[29]。学校に通っていた女性たちは，このような意味では「自由」に外出していたといえる。しかし，その外出は，恥ずかしさと恐れを伴うもの（事例⑥⑦）であった。このことは，単に外出しているか，何年間の教育を受けているかといった指標からはみえてこない重要な点である。自由に外出できるというファンクショニングは，リキシャ[30]などを利用するためのお金や車椅子や義足のような福祉機器の利用などといった財やサービスの特性を利用することのほか，外出することのできる健康といった個人の特性，父や夫の許可など社会的環境が組み合わさっている。しかし，女性たちのインタビューからみえてきたことは，たとえ学校に通っていたとしても，なお本人に「恥ずかしさや恐れ」があれば，学校に通わせるという両親の希望に従い，選択の余地のない外出であったかもしれず，本人の主体的な選択としての外出とはいえないおそれがある。または，主体的に外出していたとしても，「恥ずかしさや恐れ」を伴う外出による彼女のケイパビリティは，モヒラクラブに所属後に恥ずかしさも恐れもなく外出するようになった現在と比べて低かったと考えられる。

同様に，恥ずかしさや恐れなく人と出会う（事例②③④⑥⑦）ことというファンクショニングは，モヒラクラブに参加しなければ，得ることのなかったものである。女性障害者たちは，ほとんど外出することもなく隠れるように住んでいる。メンバーのなかには，クラブに参加するまで家からほとんど出ることがなく，家族以外のほとんど誰とも会う機会がなかった女性が少なくない。そのため，自分のような障害者はどこにもいないと思いこんでいる人もいる。あるメンバーは，PCCのスタッフがこの地域に女性障害者が住んでいるという噂を聞き，探し始めてから，実際に「発見」するのに1年間かかったという。彼女はPCCに来るようになり，ひとりの女性障害者に出会った。実はこの女性は，彼女と同じ村に住んでいたのだが，2人はPCCに来るまでお互いを知らなかった。お互いにそれほどまでに外出することもなく，人に出会うことがなかったのである。

彼女たちは，モヒラクラブに所属することで，恥ずかしさや恐れなく自由に外出し人と出会うことができるようになった。このことは，ケイパビリティで計られる彼女たちの人生の選択肢を将来にわたってもさらに広げることになるにちがいない。

(3) 自分の気持ちや考えを適切に表現すること

バングラデシュの女性障害者にとって，家族を含めて他人に自分の気もちや考えを適切に表現するということは，私たちが考えるほど当たり前のことではない[31]。

モヒラクラブに来るメンバーは，家族以外の人とほとんど話をすることがないだけでなく，他人の話を聞く経験もあまりない。そのため，筆者の経験では新しいメンバーと「会話」を成立させることは困難である。多くの場合，こちら側が一方的に質問をする形になり，それに対する回答も「はい」「いいえ」程度しか得られない。彼女たちは，うつむいて，ただ座っている。アイコンタクトをとることさえ容易ではない。また，相槌さえうたないので，聞こえているのか，理解しているのか解らないことが多い。そのため，会話

をしようとして話しかけているのに，尋問をしているかのような感覚に襲われる。しかし，継続してモヒラクラブに参加するようになると，トレーニングや月例ミーティングを通じて他の女性障害者が話をしているのを聞き，小グループの中で同じ女性であり障害があるメンバーの経験を分かち合う。またピクニックや誕生日会などのお楽しみ会を通じて，次第に他人と打ち解けた会話をし，自分の気持ちや意見を表現できるようになる（事例①⑤⑥⑦）。さらに，適切なタイミングで相槌を打つなど人の話をどのように聞いたらよいのかを学び，会話をすることができるようになる。自分の気持ちや考えを適切に表現するということは，このような広がりをもつもので，他の人々とコミュニケーションをとるために必要な基礎的な事柄と考えられる。

2．ケイパビリティの拡大にモヒラクラブの果たした役割

第2節に述べたように，女性障害者が新たなファンクショニングを獲得したということは，彼女たちの生き方の選択肢，すなわちケイパビリティが拡大したということになる。個人が達成できるファンクショニングの水準は，(1)財やサービスのもつ特性，(2)個人の特性（障害や健康など）と(3)社会的環境（差別や慣習，インフラなど）などの要因によって評価される（セン 1988, 42）ことから，これらの要因からファンクショニングの獲得に，モヒラクラブがどのような役割を果たしたのかについて考察する[32]。

(1) 財やサービスのもつ特性

モヒラクラブでは，女性たちに技術の習得や所得を得るためのトレーニングを行っている。新しくメンバーになり働く意思のある者には，テーラリング，刺繍，カーペット，その他本人の希望に合わせたトレーニングを行う。トレーニング中は，センターに通ってくるための交通費をモヒラクラブが負担する。ある程度，仕事ができるようになると，センターで仕事を行う場合の交通費は自己負担となる。または，自宅での作業に切り換え，1カ月に1

度センターを訪れて完成品を納入し，つぎに製作するものの材料を受け取る。賃金は，製作物の数や難易度に応じた歩合制である。しかし，誰もが手工芸やテーラリング，カーペット織ができるとは限らない。障害のため刺繍などの細かい手作業ができない女性，知的障害などのため作業工程の理解が難しい女性，そもそも手工芸が好きでない女性もいる。そのため，モヒラクラブではセンターの掃除や雑用，トゥンガと呼ばれるバングラデシュの店頭で広く用いられている米や豆などをいれる紙袋製作，ピーナッツバター製造など，それぞれの障害特性や好みにあった幅広い作業を用意し，希望者はいずれかの仕事につくことができるよう配慮がなされている。逆に，障害のため刺繍小物の製作が難しいと思われる女性も，本人の希望があれば刺繍の訓練を続けることができる。

(2) 個人の特性

個人の特性とは，健康状態や障害の程度，知力，体力など，各個人のもつ多様性である。モヒラクラブでは，必要に応じて障害への医療的治療や理学療法，福祉機器の支給なども行っている。これらの取組みにより，健康状態や障害の改善，体力増強などが図られる。また，積極的に教育を受けることを勧め，近隣のNGOが開設している学校へ通うことができるようにアレンジを行っている。これらの取組みにより，個人の特性の水準が上がり，ケイパビリティの拡大に資している。先に取り上げた「恥ずかしさや恐れ」といった彼女たちの内面の変化も重要な個人の特性と考えられる。彼女たちに変化をもたらす重要な出会いの場となっているのが，月に1回のミーティングである。ミーティングは，初めに全員でタゴールの歌[33]を歌うことから始まる。つぎに，クラブに参加する女性たちの宗教――イスラム教，ヒンドゥー教，キリスト教の経典を読み祈りが捧げられる。ミーティングが始まるまでのこの一連の「セレモニー」は，モヒラクラブが，そこにいるすべての人を包摂し誰も疎外しないことを具体的に示しめす時であるように感じさせる。それから，その日のプログラムに入る。彼女たちは，このミーティングを通

じて他の女性障害者に「出会う」。そして，家庭や地域でとるに足らない者として扱われていた女性たちは，主体的な個人としてここで自分の意見や思いを述べること，人の話を聞くこと，人にアドバイスをすること，などを学んでいく。ミーティングは，このような出会いと学びを提供する重要な場となっている。所得を拡大するためのトレーニングだけではなし得ない彼女たちのケイパビリティ拡大がここで行われる。

(3) 社会環境

ここでは，おもにバングラデシュの文化慣習を取り上げる。モヒラクラブ責任者は，このように語っている。「女性障害者たちは，家で厄介者の扱いを受けていることが多く，みんな家にいたくないのです。仕事をしたいと思っています。しかし，外にでる手助けが得られないのです。こちらから近づかないかぎり，女性障害者は外に出られないのです」。

バングラデシュでは，女性がひとりで外へ出かけることは，イスラム教を背景とした文化的な習慣からあまり多くはない。まして女性で障害があるとすれば，家の中だけで生活していることが多い。その女性障害者がクラブに通えるようになるには，本人の意思だけではなく，夫や両親（とくに父親）の許可を得るための働きかけが大切となる。

モヒラクラブでは，まだメンバーになっていない女性障害者がクラブの活動に参加することができるように家庭訪問を繰り返し，本人や両親に働きかけている。その際，障害をもっているクラブの責任者や担当者が直接出向く。それは，障害当事者が出向くことで，女性障害者も外に出て活動することができるというよきロールモデルを本人にも両親にも示すこととなる。あるメンバーは，2013年に偶然彼女のことを知ったメンバーが彼女の家を訪問したことから，モヒラクラブに来るようになった。しかし両親，とくに母親は彼女がモヒラクラブに来ることに同意しなかった。母親は，彼女を外に出すのが恥ずかしいという思いと，娘の障害がなおるのではないかという期待がいまだに捨てきれず，彼女がクラブに出かけるときには，（障害が完全になおる

わけでもないのにクラブに通っても）ただお金がかかるだけだと苦言を呈していた。そのため，モヒラクラブの責任者はたびたび彼女の家を訪問し，両親を説得しようと努力を続けてきた。そして「なにもできないと思っていた彼女が縫物をし，物静かで親に依存するだけの子と思っていたら，ちゃんと自分の意見をもっており，未来を切り開くために意見をいえるようになった[34]」ことに驚いた父親は，最近，初めてモヒラクラブを訪問し正式にモヒラクラブのメンバーになる許可を与えた。初めて彼女の家を訪問してから実に2年目のことである。このような個々の女性障害者の事情に合わせた粘り強い働きかけは，彼女たちを取り巻く環境を変化させるために非常に重要であり，彼女たちのケイパビリティ拡大に寄与している。

　モヒラクラブは，女性障害者自身が主体となって地域の女性障害者に向けて活動をするというユニークな組織である。自身も障害をもつ女性が家庭訪問を行うことで，女性障害者のみならず家族に対しても良きロールモデルを示す。そして，精神的に，または家族の反対で家に籠りがちな女性障害者と家族に粘り強い働きかけを行い，女性障害者に社会参加を促す。また，彼女たちに，障害の特性と個人の好みや主体的な選択を最大限尊重した収入創出活動を提供する，というような役割を果たしていることが分かった。これらの取組みは，女性障害者の well-being の拡大には不可欠な働きでありながら，地域の開発 NGO が組織する既存の女性グループでは従来取り組まれてこなかった。また，バングラデシュの社会文化的な特性を考えると，男性障害者主体の現在の障害者団体でも同様に取り組むことは難しいように思われる。さらに，モヒラクラブのように女性障害者を主体とする当事者グループでの取り組みとして注目される点は，女性障害者同士の語り合いの場（月に一度のミーティング）の設定である。ここで，女性障害者が他の女性障害者と出会い，「女性であり，障害がある，彼女たち特有の困難」，たとえば，車椅子ではサリーをどのように着たらよいのかといった日常生活上の悩み，衛生やリプロダクティブ・ヘルス，結婚などの問題について話し合い，知恵を出し合い，励ましあう。このような女性障害者特有の困難を話し合う場は，現在

バングラデシュの障害者支援として一般的な男女合同で組織された障害当事者グループではもつことは難しく，女性障害当事者グループを組織する重要な意義のひとつであることを指摘したい。

おわりに

　本章では，バングラデシュではさまざまな法や社会福祉制度がありながら，その権利を十分に行使することが難しい女性障害者の課題を論じた。ここから，障害者にとって中立・公正と思われる法や福祉制度の存在が，女性障害者のおかれている困難な状況を直接改善することにつながっておらず，彼女たちの人生の「豊かさ」well-being の実現に十分に寄与することができない可能性が指摘された。次に，女性障害者の well-being をケイパビリティによってとらえる試みによって，現地調査から暫定的なファンクショニングを抽出した。そして，バングラデシュの女性障害者の将来にわたるケイパビリティ拡大にとって基礎的で重要と思われるファンクショニング，⑴自分で所得を得ること／自分で所得の支出先をきめること，⑵恥ずかしさや恐れなく一外出すること／人と出会うこと，⑶自分の気持ちや考えを適切に表現すること，について詳細に考察した。続いて，彼女たちのケイパビリティの拡大に果たすモヒラクラブの役割をケイパビリティの水準を決定する３つの要因，⑴財やサービスのもつ特性，⑵個人の特性，⑶社会環境から明らかにし，女性障害当事者グループを組織する意義を指摘した。

　ケイパビリティ・アプローチによるこれら一連の分析結果は，所得があることの重要性を示し，外出が可能となり，人と会話をすることができるようになったなど，エンパワーメント・アプローチが与える「気づき」と，結果的には同じようにもみえるかもしれない。しかし，ケイパビリティ・アプローチは，女性障害者の人生の「豊かさ」を，所得や所有しているものや事柄，満足度のみによって評価するのではなく，また外部から与えられた気づ

きを「気づかされる」のでもない，彼女たちの主体的で自由な選択の結果に基づき評価されるものである点で大きく異なる．本章では，バングラデシュという社会的文脈の中で女性障害者という存在に絞った暫定的なケイパビリティのリストの提示を行ったが，セン自身は，開発途上国に限らず先進国も含めて，なにを人の中心的なファンクショニングとするのかについて，ヌスバウムのような具体的なリスト（ヌスバウム 2005, 92-94）を提示しない．センは，その理由を人の中心的なファンクショニングは，それぞれの社会的文脈によって異なるからであると説明する．ただ，個別の目的に沿った狭い範囲のケイパビリティのリスト作成は可能である（Sen 2004, 77）とも述べている．本章で挙げたバングラデシュの女性障害者のファンクショニングの妥当性や新たなファンクショニングの追加の可能性については，今後さらなる調査，研究が必要である．また，本章では，女性障害者が選択したファンクショニングに注目して分析をおこなったが，彼女たちによって選択されなかった，または選択できなかった，あるいは選択肢として存在すらしなかったファンクショニングに注目することで，彼女たちの困難の様相がさらにみえてくると考えられる．これら両面のファンクショニングに注目していくことで，法や福祉制度を十分に活用することのできない女性障害者の存在を可視化し，法や福祉制度がそこに「ある」だけでは解決できない彼女たちの課題をより多角的に検討することが可能になるであろう．

〔注〕
(1) グラミン銀行（Grameen Bank）は，1976年に大学教授であったムハマド・ユヌスによる貧困層を対象とした無担保の小規模融資（マイクロクレジット）から始まり，1983年に，バングラデシュ政府により正式に認可された銀行となった．2011年にはバングラデシュ全土の97％の村で融資を行い，融資対象の97％が女性である（http://www.grameen-info.org/about-us/ 2015年12月31日アクセス）．
(2) BRACは，1972年に創立され，現在では11カ国で1億3800万人を支援し，予算9億3240万ドル，職員11万5000人という世界最大のNGOである（http://www.brac.net/index.php/partnership 2015年12月31日アクセス）．BRACは，

Bangladesh Rural Advancement Committee（バングラデシュ農村向上委員会）の略語であるが，現在では略語を組織名として使用している。BRAC の開発アプローチ原則のひとつに，女性の重要性があり，村では女性が男性よりも先に組織化される（ラヴェル 2001, 68, 69）。

⑶　両調査の障害者数が大きく異なることについて，『世帯収入と支出調査』の BBS 担当者及び障害者施策の担当省である社会福祉省の高官に尋ねたところ，「障害」についての定義の違いが背後にあるようであった。国勢調査のうち障害に関する調査結果をまとめた報告書には，再調査の結果が異なるのは，障害の程度を測定するアプローチが異なるからであると記されている（BBS 2015a, xxi）。

⑷　bdnews24.com による2012年7月16日の配信記事 "Persons with disability only 1.4％"（http://bdnews24.com/bangladesh/2012/07/16/persons-with-disability-only-1.4　2016年1月10日アクセス）ほか。

⑸　バングラデシュ人民共和国憲法　The Constitution of the People's of the Republic of Bangladesh 第15，27，28条など（http://bdlaws.minlaw.gov.bd/pdf_part.php?id=367　2015年12月31日アクセス）。

⑹　1タカ＝約1.5円（2015年12月11日現在）。

⑺　2013年に筆者が行った現地調査で聞き取った障害者 ID 調査を行った障害者団体スタッフの経験談である。一方，調査の依頼元であり，自らも調査を行っていたマイメイシン県の社会福祉事務所職員は，調査時点において女性障害者の人数が男性障害者よりも少ないことを「自然なこと」と受け止めていた。

⑻　2012年に筆者が行った現地での聞き取り調査。ここでの対象者は，障害者団体10団体の11人（事務局長，担当者），学校関係8人（校長，リソースティーチャー）である。

⑼　社会福祉省 HP（ベンガル語版）より（http://www.msw.gov.bd/　2016年1月10日アクセス）。

⑽　2013年に筆者が行った現地調査で障害者団体スタッフからの聞取りによる。

⑾　女性が屋敷地の外に出ず，家族や親族以外の男性と接することをしない男女の分離と性別役割に関する習慣。パルダの起源，社会的な意味については，村山（1997, 49-51），カビール（2016, 35-36）が詳しい。

⑿　ここでのファンクショニングは，女性障害者が NGO 団体による女性障害当事者グループ（モヒラクラブ）での活動を通じて獲得したものである。これらのファンクショニングのいくつかによって，彼女たちがそれまで活用することが難しかった法や福祉制度を利用することが可能になったことが，インタビューを通じて明らかにされた。たとえば，学校へ通っていたとしても彼女たち自身の恥ずかしさや恐れから学校に行かなくなってしまうことがある。

また，教育現場や家族の無理解から学校に通えないこともある。しかし，モヒラクラブでの活動を通じて，「恥ずかしさや恐れなく自由に外出すること／人と出会うこと」や「自分で決定し実行すること」というファンクショニングを獲得した女性障害者のなかには，新たに，または再び学校へ通うことを始めた者がある。これらのことは，バングラデシュの法が障害を理由とした入学拒否の禁止によって障害児の教育を保障しているにもかかわらず，女性障害者がその法を十分に活用することができず，現実には教育にアクセスすることが難しかったことを示している。

(13) 「たとえ，結果的に個人の福祉が増大したとしても，それが外生的に与えられたものであるならば，彼の福祉的自由が改善されたことにはならない。自己の福祉を実現するための機能（functioning）が向上し，自らの意思的選択によって自己の機能を達成する機会，すなわち，潜在能力（capability）の豊かさが増したとき，初めて，福祉的自由が改善されたことになる（後藤2002: 6）」。

(14) この統計は，2011年3月に行われた国勢調査の結果を基に，マイメイシン県のレベルでまとめたもの。

(15) 管区とは，バングラデシュ最上位の行政単位である。2015年にダッカ管区の北部4県が分離，マイメイシン管区となった。現在，マイメイシン県はマイメイシン管区に属している。

(16) 「障碍者コミュニティセンター活動報告書」『JOCSフォーラム』21号（2003）。

(17) モヒラクラブ責任者へのインタビュー（2015年）。

(18) カーペット部門の位置づけについては，責任者も明確に理解していない。意思決定はPCCで行われており，モヒラクラブは関与していない。そのため，モヒラクラブではなく，PCCの一部門とも考えられる。しかし，PCCの組織図にはカーペット部門の記載がない。また，カーペット部門の責任者はモヒラクラブの委員であり，スタッフは全員モヒラクラブのメンバーから選ばれ，メンバーの一員として活動する。そのため，カーペット部門スタッフの所属意識はモヒラクラブにある。以上のことから，ここではモヒラクラブの一部門とした。

(19) 年齢不明の人数は，本人が年齢を解らないと回答した人数。バングラデシュでは，両親や兄弟姉妹，夫などの年齢はもとより，自分自身の年齢を知らない場合が多く存在する。

(20) PCCの2014年度（1月〜12月）会計監査報告書。

(21) バングラデシュでは，有名な詩人の詩を歌うことは教養の証しで，ハーモニアム（卓上オルガン）とタブラ（太鼓の一種）の伴奏で歌われることが多い。モヒラクラブでは，女性障害者が教養を涵養する一助として，歌のレッスンを提供している。

⑫　障害などが重く働くことのできない女性や現在の所得だけでは生計の成り立たない女性たちには，PCCやモヒラクラブから，治療費の補助，薬代，ヘルスチェック，家の修理代のほか，毎月の家賃，米，冬用の布団，衣類，イスラム教の祝祭日（年に2回）に食べることが習慣となっている甘いお菓子の材料などが支援される。ただし，ファンクショニングとの関係では，支援を受けるために彼女たちが主体的な行動をとったかどうか確認できなかったため，今回は分析の対象とはしなかった。

⑬　インタビューでは，彼女の障害に由来する差別的な単語で語られている。

⑭　バングラデシュの女性障害者についての限定的な調査報告として，次のものがある。
"The Feminine Dimension of Disability: A Study on the Situation of Adolescent Girls and Women with Disabilities in Bangladesh"（CSID 2002）及び"Report on Women with Disabilities in Bangladesh"（SARPV 2008）"。限られた地域と人数ではあるが，女性障害者自身へのアンケート調査により彼女たちの置かれた状況を理解する参考となる。

⑮　バングラデシュの（非障害）女性の社会経済環境や文化と就労に関して，「女性の就労と社会関係――バングラデシュ縫製労働者の実態調査から――」（村山1997）に詳しい。また，（非障害）貧困女性のマイクロクレジットによる貯蓄と消費行動，特に日常の消費行動に対する女性の意識と行動については，「貧困女性の貯蓄・消費行動とジェンダー――バングラデシュ・グラミン銀行の事例――」（坪井 2006）を参照。

⑯　バングラデシュでは，イスラム法との関係から世帯主の扶養義務と優先順位は，第1に自分の妻子であり，父母など他の構成員の扶養に妻子と同様の義務はない。世帯主である子どもたちに父母を養う経済的な余裕がなければ，こうした老人は周囲の助けを受けたり，近隣の村を物乞いして生活する（高田 2006, 99）。障害をもつ兄弟姉妹に対しても同様である。

⑰　バングラデシュの公務員の最低賃金は月8200タカ（Daily Star紙　9月8日付 http://www.thedailystar.net/frontpage/new-pay-scale-gets-final-nod-139666　2015年12月11日アクセス），労働者のほとんどを女性が占める縫製工場の非熟練工賃金は月5,300タカ（日本貿易振興機構　非熟練工賃金（https://www.jetro.go.jp/biznews/2013/12/52aab0d8ce0e0.html　2015年12月11日アクセス）。

⑱　バングラデシュの農村では，一つの屋敷地（bari）内に，両親，兄弟など父系血縁集団に属するいくつかの世帯（khana／chula）が独立した家を建てる。家の中に調理用かまど（chula）はなく，それぞれが中庭に独立してかまどを造る。そのかまどを利用してそれぞれが独立に食事（khana）をすることが，世帯を分けるシンボルとなっている。

⑳　(非障害) 女性のエンパワーメントに関する調査研究では，エンパワーメントの過程においてこのような心理的な変化をもたらすことが知られている。たとえば，「問題解決型エンパワーメント・アプローチの効果と課題——インド，アンドラ・プラデシュ州，マヒラー・サマーキアーの事例をもとに」（太田 2011），「グラミン銀行による貧困女性の組織化とエンパワーメント」（鈴木 2010）を参照。エンパワーメント・アプローチとケイパビリティ・アプローチの違いは本章第2節を参照。

㉚　リキシャは，バングラデシュでは最も普及している移動手段で，自転車の後ろに2人程の人が乗ることのできる座席がついている。

㉛　注29を参照。

㉜　ここでも，エンパワーメント・アプローチとの類似性を見ることができる。しかし，モヒラクラブの実践とエンパワーメント・アプローチとの違いは，これらの働きが「外部者による計画された」ものではなく，モヒラクラブのメンバーたちによる自主的な決定に基づき行われている点である。

㉝　タゴールは，アジア人初のノーベル文学賞を得たベンガルの詩人。インドとバングラデシュの国歌もタゴールの詩歌から選ばれている。モヒラクラブのミーティング開会時に歌われるのは「幸いな（happiness）この世界，豊かな（well-being）この世界，あなたの存在がそれを飾ります」という，自分の存在を認められてこなかった女性たちに慰めを与える歌である。

㉞　PCCを支援する公益社団法人日本キリスト教海外医療協力会（Japan Overseas Christian Medical Cooperative Service [JOCS]）のパンフレット「JOCS保健医療協力募金のお願い」（2014年）より。

〔参考文献〕

<日本語文献>

太田まさこ 2011．「問題解決型エンパワーメント・アプローチの効果と課題——インド，アンドラ・プラデシュ州，マヒラー・サマーキアーの事例をもとに——」『アジア女性研究』（20）3月　1-19．

カビール，ナイラ 2016．遠藤環・青山和佳・韓載香訳『選択する力——バングラデシュ人女性によるロンドンとダッカの労働市場における意思決定——』ハーベスト社．(*The Power to Choose: Bangladeshi Women and Labour market Decisions in London and Dhaka*, London: Verso, 2000)

金澤真実 2012．「開発途上国の女性障害者の結婚をめぐる一考察」『Core Ethics』Vol. 8　101-111．

―――― 2013.「バングラデシュの初等教育におけるジェンダー格差は解消されたのか――障害児の教育へのアクセスの現状と政府統計との乖離――」『Core Ethics』Vol. 9　59-69.

久保田真弓　2005.「エンパワーメントに見るジェンダー平等と公正――対話の実現に向けて――」『国立女性教育会館研究紀要』9　8月　27-38.

後藤玲子　2002.『正義の経済哲学――ロールズとセン――』東洋経済新報社.

佐藤寛　2005.「計画的エンパワーメントは可能か」佐藤寛編『援助とエンパワーメント――能力開発と社会環境変化の組み合わせ――』アジア経済研究所　201-232.

鈴木弥生　2010.「グラミン銀行による貧困女性の組織化とエンパワメント」『社会福祉学』51(3)　1月　44-63.

世界保健機関　2013, 長瀬修監訳・石川ミカ訳『世界障害報告書』明石書店（World Health Organization. *World Report on Disability 2011*, Geneva: WHO, 2001）

セン, アマルティア　1988, 鈴村興太郎訳『福祉の経済学――財と潜在能力』岩波書店.（Amartya Sen. *Commodities and Capabilities*, Amsterdam: North-Holland, 1985）

―――― 1999. 池本幸生・野上裕生・佐藤仁訳『不平等の再検討――アマルティア・セン――』岩波書店.（Amartya Sen. *Inequality Reexamined*, Oxford: Oxford University Press, 1992）

―――― 2000. 石塚雅彦訳『自由と経済開発』日本経済新聞社.（Amartya Sen. *Development as Freedom*, New York : Alfred A. Knopf, 1999）

高田峰夫　2006.「バングラデシュ民衆社会のムスリム意識の変動――デシュとイスラーム――」明石書店.

坪井ひろみ　2006.「貧困女性の貯蓄・消費行動とジェンダー――バングラデシュ・グラミン銀行の事例――」『アジア女性研究』(15)　3月　1-10.

ヌスバウム, マーサ　2005. 池本幸生・田口さつき・坪井ひろみ訳『女性と人間開発――潜在能力アプローチ』岩波書店.（Nussbaum, Martha C. *Women and Human Development: The Capabilities Approach*, Cambridge: Cambridge University Press, 2000）

村山真弓　1997.「女性の就労と社会関係――バングラデシュ縫製労働者の実態調査から――」押川文子編『南アジアの社会変容と女性』アジア経済研究所　45-81.

ラヴェル, キャサリン H. 2001. 久木田由貴子・久木田純訳『マネジメント・開発・NGO――「学習する組織」BRAC の貧困撲滅戦略――』新評論 (Lovell, Catherine H. *Breaking the Cycle Poverty: The BRAC Strategy*, West Hartford: Kumarian Press,1992)

＜英語文献＞
BANBEIS (Bangladesh Bureau of Educational Information and Statistics) 2015. *Bangladesh Education Statistics 2014*, Dhaka: Ministry of Education.
BBS (Bangladesh Bureau of Statistics) 2011. *Preliminary Report on Household Income & Expenditure Survey-2010*, Dhaka: BBS.
―――― 2013. *District Statistics 2011 Mymensingh*, Dhaka: BBS.
―――― 2015a. *Disability in Bangladesh: Prevalence and Pattern, Population Monograph, Volume 5*, Dhaka: BBS. (http://203.112.218.65/WebTestApplication/userfiles/Image/PopMonographs/disabilityFinal.pdf　2016年10月7日アクセス)
―――― 2015b. *Population Density and Vulnerability: A Challenge for Sustainable Development of Bangladesh, Population Monograph, Volume 7*, Dhaka: BBS. (http://203.112.218.65/WebTestApplication/userfiles/Image/PopMonographsVolume-7_PDV.pdf　2016年12月24日アクセス)
CSID (Centre for Services and Information on Disability) 2002. *The Feminine Dimension of Disability: A Study on the Situation of Adolescent Girls and Women with Disabilities in Bangladesh*, Dhaka: CSID.
GED (General Economics Division), Planning Commission 2015. *Millennium Development Goals: Bangladesh Progress Report 2015*, Dhaka: Government of the People's Republic of Bangladesh.
MOE (Ministry of Education) 2010. *National Education Policy 2010,* Dhaka: MOE.
SARPV (Social Assistance and Rehabilitation for the Physically Vulnerable) 2008. *Report on Women with Disabilities in Bangladesh*, Dhaka: SARPV.
Sen, Amrtya 2004. "Dialogue Capabilities, Lists, and Public Reason; Continuing the Conversation," *Feminist Economics*, 10 (3) : 77-80.
UNDP 2014. *Resilient Bangladesh: UNDP Annual Report 2013/2014*, Dhaka: UNDP Bangladesh.（http://www.bd.undp.org/content/dam/bangladesh/docs/Publications/Pub-2014/UNDP%20annual%20report%202013%20to%202014%20FINAL%20ONLINE%20VERSION.PDF　2016年1月3日アクセス）
UNICEF 2014. *Situation Analysis on Children with Disabilities in Bangladesh*, Dhaka: UNICEF Bangladesh.

第6章

インドにおける女性障害者の現状
――法制度からの検討――

浅野 宜之

はじめに

　インドにおいては，性別による差別を禁止した憲法が1950年に施行された後も男女の平等は十分に成し遂げられなかったといわれる。その原因として，リドルおよびジョーシ（1996, 145-146）は，「平等を保障する法律を実践しようとしても，父権的家族構造やカーストと階級の防壁によって妨害され続けている」と述べている。ジェンダー問題にさらに障害者の問題が加わったとき，検討すべき法的課題は複雑なものとなる。なお，障害とジェンダーにかかわる問題の中で，本章では女性障害者の問題に焦点を当てる。本来，社会におけるジェンダーについて問題として取り上げるに際しては，必ずしも女性問題に限る必要はなく，社会における男性の問題なども含めて考えるべきであるかもしれないが，本章では障害がある女性にかかわる問題を取り上げることとする。これは，上述のとおりインドにおいて女性がいわばマイノリティとしての立場におかれてきた例が多くみられ，障害があることと相まっていっそう厳しい状況におかれているものと考えられることがその理由である。

　インドにおける障害者問題とジェンダーとの関係を法制度から考察するに当たり，本章をふたつの節に分け，各節において以下に述べる内容を取り上

げ検討を進めたい。第1節では，障害がある女性の直面する問題に対して，法制度がいかなる状況にあるかという点に焦点を当てる。インドでは，浅野（2010）などで検討してきたように，1995年障害者（機会平等，権利保障および完全参加）法（以下，1995年障害者法と略）をはじめさまざまな法令により障害者に対する権利保障がなされ，またこれに基づいて政策が実施されている。しかし，後述するように障害がある女性に関しては，男性に対してよりも社会的，経済的に厳しい状況におかれているといわれている。そうした現状について，各種の報告書などから概要を把握し，これに対応する法制度の改革について概観する。第2節では，女性障害者にかかわる法的権利の問題として，リプロダクティブ・ライツを取り上げて検討する。この問題についてはさまざまな観点からみることができるが，本章では女性障害者の妊娠にかかわる事例をもとに，女性障害者の法的能力に注目し，法的課題を検討する。この問題を取り上げる理由には，障害者が女性であるという点が論点となった訴訟はほとんどみられない中にあって，障害者のリプロダクティブ・ライツの問題は，女性のおかれた社会的位置づけと障害者問題との接点にある法的問題ということができるからである。最後に，本章で取り上げた判決などを元に，女性障害者の権利保障がなされうる可能性について考察する。

第1節　インドにおける女性障害者の現状と課題

1．統計や調査からみる女性障害者の現状

2006年に発表されたインド政府による障害者国家政策（National Policy for Persons with Disabilities）において，「女性障害者」という項目が立てられている。その中では，2001年国勢調査によれば約930万人の女性障害者がおり，障害者全体の約42.5％を占めていること，女性障害者に対しては教育，雇用などの側面で特別な支援事業が実施されていること，職業訓練などさまざま

な場で女性障害者に対して支援が行われていることなどが述べられ，さらに女性障害者のための短期入所施設の設置，女性障害者の育児支援事業実施などが具体的な活動として挙げられている[1]。また，2011年の国勢調査によれば，インド全体における障害者数は2681万人で，そのうち女性は1182万人と障害者全体のうち約44.1％を占めるとされている[2]。また，障害種別ごとの女性障害者数は表6-1のとおりである。視覚障害および聴覚障害が女性障害者の中でももっとも大きな割合を占めていることがわかる。また，各障害種別における女性の割合は，運動障害においてやや低い割合であることを除けば，40％台の同じような数値を示している。

労働人口でみると，国勢調査において何らかの職についていると回答した障害者数は，男女合わせて約974万人で，このうち女性は約267万人であり，27.4％を占めている。障害者数のうち女性障害者数の割合は44.1％であったことから，労働に従事している女性の割合が低くなっていることがわかる。女性障害者で労働に従事している者のうち，農業が約55万8000人で女性障害者の労働人口のうち20.9％を占める。同様に，自作農ではない農業労働者が約106万人で39.7％，家内工業従事者が約25万8000人で9.6％，その他の労働者が約87万3000人で32.7％を占めている。なお，非労働者が約915万人と，

表6-1　障害種別女性障害者数

障害種別	人口（人）	各障害種別における女性の割合（％）	女性障害者に占める割合（％）
視覚障害	2,394,403	47.6	20.2
聴覚障害	2,394,330	47.2	20.2
肢体不自由	2,066,325	38	17.5
発話障害	875,705	43.8	7.4
知的障害	635,066	42.2	5.4
精神障害	307,122	42.5	2.6
重複障害	953,986	45.1	8.1
その他	2,199,464	44.6	18.6
計	11,826,401	44.1	100

（出所）　GOI（2011）より筆者作成。

労働従事者の約3.4倍にもなる。女性障害者で労働に従事している者のうち，農村部居住者が約209万人で労働従事者全体のうち約78％と多数を占めている。また，これらの数値のうち農業労働者が大きな部分を占めていることから，自らの土地などを所有することなく労働に従事している障害者が相当数いることが明らかである。つまり，女性障害者は財産の所有についても不十分な状況におかれていることを見て取ることができる。回答された数値に基づいてみると，労働従事者と非労働者を合わせた数のうち，労働従事者の割合は，男女を合わせた場合36.3％を占めているのに対し，女性のみを取り上げると労働に従事しているのは22.6％となる。農業労働者などの多い農村部であっても，女性障害者で労働に従事しているのは25.4％にすぎず，都市部にいたっては16.1％という平均から離れた数値になっている。これは，女性障害者が職を得るにしても農業以外の分野で就業することが困難なことを示したものと考えられる。

　また教育面では，女性障害者の非識字率は55.4％と男性障害者の37.6％という数値に比べて高く，労働面以外の調査でも，女性障害者のおかれた厳しい社会的環境が明らかにされている。なお，女性全体の非識字率は44.0％であり，女性障害者は他の女性に比べても非識字率が高いことがわかる。

　Nayak（2013）は世界全体における女性障害者への対応とは異なり，インドでは低い識字率，社会における無知などが原因で，個人，家族，社会あるいは政府のいかなる視点からも女性障害者が疎外されているとしたうえで，オリッサ（現オディシャー）州でのフィールドワークをもとに，調査報告および考察を行っている。これによれば，女性障害者の多くは親族からさえも疎外されているほか，半数近くが職についておらず，家計全体の収入も低いために生活に満足している層は少ないなど経済的に厳しい状態にあることが示されている。また，さまざまな障害者対策や女性対策の政府事業はあるものの，そもそも障害者証明書を取得していない者も6割以上いるなかで，政府による事業の恩恵を受けている者の割合も必ずしも多くはないとされている。また，家族，とくに夫からの暴力などに悩む女性障害者も多いことが示

されている。

　Rao［n.d.］により作成された国家女性委員会提出の報告書では，女性障害者が「女性であること」および「障害者であること」から二重に後進的な立場におかれているとしたうえで，教育，雇用，社会的疎外，医療などの観点から現状を示し，提言を行っている。教育に関しては，障害種別に応じて異なる対応が求められるとしたうえで，女性障害者が教育を受ける機会は低いことを，例を挙げて示している。雇用に関しては現状では女性障害者がつくことのできる職種としては小規模な加工業や小売業などが多く，雇用されている者でも労働環境が決して良くないということが述べられている。社会的疎外という点では，とくに農村部で女性障害者は家族関係やコミュニティの活動から疎外されがちであるとされている。そのために，自営業なり，協同組合方式でのグループ雇用なりで職につくことが，この問題の改善に寄与すると期待されるとしている。このほか，女性障害者は家族から搾取されているケースが多いという問題，家族から扶養を放棄されることがあるという問題など，さまざまな問題が存在することが指摘されている。

　そして，ニーズとしては女性障害者の潜在能力に対する社会全体の意識向上，キャリア指向の教育，自らの出産に関する決定権，女性障害者を保護する立法，女性障害者にかかわる情報を得られるリソースセンター，とくに若い女性障害者に対する社会保障制度の設置，社会的，経済的搾取からの救済のための方策等を挙げている。また，エンパワーメントのためにNGOの果す役割が大きいとして，障害当事者団体には女性障害者にかかわるデータの収集を，そのほかのNGOに対してはスタッフやボランティアとして女性障害者をいっそう参加させること，教育や職業訓練に女性障害者を参加させること，保健スタッフが女性障害者のニーズに合わせてサービスを提供できるようにすることなどを提言している。

　最終的に，女性委員会の設定すべき目標として，
①2005年までに政府は女性障害者を保護する目的で，反差別のための方策を実施すること。

②2005年までに，自助団体は女性障害者の完全参加を促進する方針をとること。
③2005年までに，パンチャーヤト⁽³⁾から連邦議会までのすべてのレベルにおける政策決定機関に，女性障害者が参加できるようにすること。
④各州に，女性障害者が受けることのできるサービスの質についての報告書を準備するための組織を設置すること。
⑤国家女性委員会は，学校や大学の入学枠ですでに設定されている留保枠のうち50％を女性障害者に留保するよう主張すべきであること。
⑥農村部又は都市部における女性障害者の生活の質を向上させるため，コミュニティ・リハビリテーション協議会と協力し，女性障害者のためのコミュニティ・リハビリテーション協議会を機能させること。
⑦とくに都市部において，女性入所施設のうち３％を女性障害者に留保させること。
⑧女性障害者の自助グループのため，自営またはグループでの雇用を始めるための資金援助を含めた支援を進めること。その他，SEWA⁽⁴⁾のような協同組合を開始して，技術訓練や資金援助を行い，また，政府が運営する販売所などにおいて女性障害者への割当て枠を設けること。
⑨女性の外面的な美しさばかりに焦点を当てるメディアを規制すること。
⑩Sarva Shiksha Abhiyan プログラム⁽⁵⁾において女子障害児向けの特別プログラムを含めるなどすること。
⑪０歳から14歳までの障害児について，教育へのアクセスを拡大するために障害の度合いや経済的基準による差別的慣習を排除すること。
を挙げている。

このように，国家女性委員会への報告書をみるかぎりでは教育，医療，就業などの広い範囲において女性障害者に対する保護の必要性が示されている。

2．ヒューマンライツ・ウォッチによる報告

　国際的 NGO のヒューマンライツ・ウォッチ（Human Rights Watch）が発行した，インドにおける精神的または知的障害がある女性の待遇についての調査報告書「動物以下の待遇」（"Treated Worse than Animals," 以下 HRW 報告書と略）（HRW 2014）では，入所施設や医療施設における精神的または知的障害がある女性に対しての待遇の問題や法的・政策的課題について紹介されている。それによれば，まず精神的・知的障害がある女性に対しての公的サービスがほとんどないと指摘している。たとえ女性・女子全般に向けては，政府が教育，ヘルスケア，雇用などのプログラムを実施していたとしても，障害がある女性たちがそれらにアクセスする機会がほとんどないとしている。
　メンタルヘルス分野での保健医療についてみてみると，インドではこれを担う人材が不足しているという。それには，公立の精神病院などが適切に設置されていないことなどを例として挙げている。また，農村部での保健医療面でのサービス供給はとくに不十分であると指摘している。それ以外の分野での事業にも生命保険などが存在しているものの決して十分ではなく，そのうえ家族や親族などからのケアも満たされていないケースがみられるという（HRW 2014, 8）。
　さらに，家族などが精神的・知的な障害のある女性を精神病院や入所施設に隠そうとするケースがみられるという。実際，1987年メンタル・ヘルス法（The Mental Health Act, 1987）に基づけば，本人の同意なく家族などにより施設へ入所させることができる。この点について，ある精神病院の医師は，「精神的障害のある親族を負担に思う家族にとって，精神病院がゴミ捨て場になっている」と表現している（同上, 44）。また，裁判所の命令により施設への収容が決定されることもある。インドにおいては，これらの人々が法的無能力として扱われることに関連する問題でもあるとされる（同上, 10）。施設への入所が行われる背景には，地域社会の中で暮らすことができるような

手段が見つけにくいことがあるともされている（同上, 43-44）。このことが，後述する「本人の同意なく妊娠中絶を行う」という問題に関連すると考えられる。しかも，ときに強制的に収容される施設の設備は環境面をはじめさまざまな点で問題があるといわれる。たとえば，ある精神病院では1800人以上の入院者に対して，使用可能なトイレが25か所しかないというような状況にあり，不衛生な環境がみられると指摘している。このほか，医療行為とはいえ本人の同意なく電気ショック治療が行われたり，懲罰的にこれが実施されたりする事例があるとも述べられている（同上, 12-13）。こうした状況では，入所者が教育を受ける機会などはほとんどなく，無為に毎日を過ごしているケースがみられるという（同上, 55-56）。

また，障害がある女性はしばしば入所施設内等で（物理的，精神的）暴力にさらされているともいわれている。実際，後述する女性障害者の妊娠中絶にかかわる事件も，入所施設内における職員による強姦事件が発端となっている。自らが依存している看護者による虐待を受けることが多いということは，状況を複雑なものにしている。

司法による救済（正義へのアクセス）も機会に乏しいとされている。そもそも，ヒューマンライツ・ウォッチが収集した128件の虐待事案において，1件も警察への報告がなされておらず，その他の救済のための手続きもとられていなかったという（同上, 74）。その理由としては，まず監護者等に依存せざるを得ない状況が多くみられることを挙げている。ときに，違法行為の被害を受けていても自らの誤りによるものと考える障害者もいるとしている。その他の理由としては，障害者が孤立していることや家父長的な姿勢のために正義へのアクセスが遮断されていることが挙げられているうえ，法律扶助にアクセスすることも困難であるとされる（同上, 75）。さらに，被害を受けた障害者が告発したとしても警察側が記録することをためらうというケースもみられるという。これは，障害者の証言に対する偏見によるものであるとされる。2011年にはデリー市警察コミッショナーが「精神障害者の接遇にかかわる警察官の責務に関する運用手続き基準」を発したが，警察全体にはい

きわたっていないという問題がある（同上, 76-78）。

この HRW 報告書では，法制度面の現状と課題についても触れられている。そこで次項において，女性障害者をめぐる法制度面の現状と改革の動きについて概観する。

3．法制度面の改革

(1) 刑事法分野における変革

2013年に制定された刑事法改正法は，刑法，刑事訴訟法，証拠法などの規定について改正する法律であるが，その中でとくに焦点が当たっているのは強姦罪に関する規定の改正である。刑法第376条は強姦に対する刑罰を規定する条文であるが，通常の強姦罪に対しては1項で「7年以上又は無期懲役」[6]を科すると規定しているのに対し，2項1号で「精神的又は身体的障害がある女性に対して強姦した者」については，「10年以上又は無期懲役」を科すると規定していて，より重い刑罰を科することとされている。なお，2項では上記のほかに警察官，公務員などが職務を行う場所において強姦したときや暴動が起きているとき，あるいは被害女性が16歳以下のとき，準強姦に当たるときなども同様の刑罰を科することとされており，女性が抵抗する意思を表明しえないとみなされる場合においては，通常よりも重い刑罰を科していることがわかる。

同じ刑事法改正法では，刑事訴訟法の改正として強姦のほかセクシャルハラスメントやストーカー行為，酸による傷害行為などにかかわり，第154条に「告発した者が一時的に又は永続的に精神的又は身体的障害がある場合，その者にとって適当な住居などで，通訳者や特別支援教育者の同席の下，記録を作成すること」という規定が追加されたほか，警察による証言の聴取に際しても「15歳以下の男性又は女性についてはその住居以外での聴取を強制されない」とされていた第160条について，「15歳以下若しくは65歳以上の男性若しくは女性又は精神的もしくは身体的障害がある者」へと対象が拡大さ

れている。こうした条文の改正は、ジェンダーにかかわらず障害がある者について保護しようとしているものとみることができるが、とくにセクシャルハラスメントや強姦罪について法改正する中で障害者について特別に規定が設けられたことは、女性障害者にとくに焦点があてられたものといえよう。

(2) 障害者関連法

障害者にかかわる法律としては、主要なものとして1995年障害者法や前述の1987年メンタル・ヘルス法のほか、1992年インドリハビリテーション協議会法（The Rehabilitation Council of India Act, 1992）や1999年自閉症、脳性まひ、知的障害および重複障害がある者の福祉のための国家信託にかかわる法（The National Trust for Welfare of Persons with Autism, Cerebral Palsy, Mental Retardation and Multiple Disabilities Act, 1999. 以下、1999年福祉信託法と略）などを挙げることができる。そして、2007年の国連障害者の権利条約批准にともなう国内法整備のため、1995年障害者法の改正にかかわる論議が進められている状況にあるほか、1987年メンタル・ヘルス法についても、2013年に改正法案が出されている。しかし、これらの法整備の過程において、女性障害者にかかわる規定の整備は十分になされているとは言い難い状況にある。本章では、1995年障害者法の改正および1987年メンタル・ヘルス法の改正における女性障害者関連規定について検討する。

①1995年障害者法の改正

1995年障害者法の改正に当たり、2010年に障害当事者団体などによる改正法の案（以下2010年案と略）が提示されており、その中には女性障害者に関する規定が10カ条盛り込まれていた[7]。ただしその規定する内容には他の条文と重複する点などもあり、十分に練られたものとまではいえなかった[8]。とはいえ、1995年障害者法には女性障害者についてとくに規定した条文がなかったことを考え合わせれば、女性に焦点を当てた規定が設けられたことは大きな意義があったといえる。

その後，政府が作成した2012年障害者の権利法案草案（GOI 2012）（以下，2012年草案）では，第5条「障害がある女性及び女子」として，以下の規定を設けている。

> 第5条1項　関連する政府機関及び地方政府は，障害がある女性及び女子のすべての権利を，完全かつ平等に享受することができるように措置をとらなければならない。
> 第5条2項　関連する政府機関及び地方政府は，障害がある女性及び女子が，他者と平等に人権を享受できるようにすることを目的に，完全な発達，向上及びエンパワーメントしなければならない。

障害者団体の作成した案に比べれば女性障害者にかかわる規定が絞り込まれていることがわかる。内容としてはいわゆる包括的な規定ということができ，とくに女性障害者について具体的な規定を設けているとは言い難い。しかし，浅野前掲でも示したとおり，2012年草案のその他の条文として，たとえば第14条「虐待，暴力および搾取からの保護」に関する規定では家庭内における暴力や虐待などからの保護について規定しているほか[9]，第17条「リプロダクティブ・ライツ」に関する規定も設けられるなど[10]，2010年案において女性障害者にかかわる規定として盛り込まれていたものが，女性障害者特有の権利とは言及されていないものの，2012年草案において規定されているケースもみられる。

その後，2014年2月に議会に提出された法案では，さらに変更が加えられ2012年草案において設けられていた女性障害者にかかわる規定も設けられていない。ただし，「平等及び非差別」と題する第3条の2項では，下記の規定が設けられた。

> 第3条2項　関連する政府機関は，障害がある女性及び子どもの権利を保護するために必要な措置を講じ，障害者がその能力を適切な環境の

下で活用しうる措置をとらなければならない。

　上記の規定からもわかるように，女性のみを対象とするのではなく，女性および子どもを対象として非差別的取扱いがなされるように規定している。なお，2012年草案に設けられていた虐待や暴力からの保護規定，あるいはリプロダクティブ・ライツにかかわる規定も女性のみを対象としていない。いわば，包括的に障害者の権利を保障する形の条文が設けられることになり，女性の権利保障という側面は薄らいだということができよう。

　1995年法の改正に対して，上述のHRW報告書は，障害に関して医学的定義ではなく権利に基づくアプローチをとるべきであること，障害者の法的能力およびその行使を認めるべきこと，電気治療を含むすべての形態の強制的治療を禁止すべきであること，女性障害者に関する特別な措置を設けるべきであること，などを提言している。

②メンタル・ヘルス法案
　この法案は，2007年の障害者の権利に関する条約批准にともない，1987年メンタル・ヘルス法の改正を目的に作成されたものである。法案の冒頭で，法案作成の目的として，「精神障害者に精神的ヘルスケアを提供すること，当該ケア提供中のこれらの者の権利を保護および促進すること，そしてこれらに関連する事項について規定すること」と示している。本法案において，女性障害者について規定しているのは第21条の一部である。

　　第21条1項　すべての精神障害がある者は，ヘルスケアの提供に際して身体障害がある者と平等に扱われなければならない。
　a．ジェンダー，性別，性的指向，宗教，文化，カースト，社会的・政治的信条，階級又は障害を含む事項に基づいて差別してはならない。
　　（以下略）

このように，あくまでもヘルスケアの提供にかかわる平等規定の中で，非差別的取扱いをすべき事由のひとつとしてジェンダーが挙げられているにすぎない。したがってHRW報告書は，この法案に関しては，女性障害者に関する規定が十分に設けられていないという点で十分ではないとしており，そのほか，一定の場合における強制措置（第97条）や緊急状態における同意なしの医療行為（第103条）に関する規定が残されている点などについて批判もしている。また，施設でのケアから，自由意思に基づく地域ベースでのメンタル・ヘルスやその他のサービスの提供を行うべきことなどもあわせて提言している。

4．小括

　インドにおける女性障害者について複数の報告書にもとづいて概観した。これによれば，教育，雇用などさまざまな側面において障害者の中でも女性の障害者は二重の意味で社会から疎外された存在になっているといえる。こうした状況の中で，法的観点から女性障害者について検討するに際しては，彼女たちがもつべき，あるいは保護されるべき権利について，いかなる点が課題であり，それをいかなる法整備によって修正しようとしているのかを考察する必要がある。これは，女性障害者の法的権利が満たされていないとするならば，それをいかなる法制面での整備によって充足するかという観点から考えることができる。ただし，これを検討するに際してふたつの場合に分けることができる。すなわち，権利充足という目標達成のための制度がありながらも，それが十分に執行されていない場合と，制度が確立していない場合である。

　前述の国家女性委員会宛の報告書に記載されたとおり，教育や労働の面で，女性障害者はその権利が十分に満たされていないということができる。しかし，教育に関しては無償の義務教育が法制化されたこともあり，労働に関してはすべてのセクターではないものの留保制度が法的に認められてきている。

したがって，これらの事項については法的に制度化されたものをいかに政策により実行していくかということが課題になると考えられる[11]。

これに対し，法的制度の確立を検討する必要のある事項のひとつが，いわゆる法的能力（行為能力）の問題である。すべての障害者がすべての場面において障害のない者と同様の法的行為を行う能力をもつとまではいえないが，前述のHRW報告書でも言及されているように，法的人格を認められて個人ができるかぎり自律的に法的行為を行うことができるようにすることは，障害者全般の社会での地位向上につながるものといえる。2014年メンタル・ヘルス法案においては，上述のとおり現行の1987年メンタル・ヘルス法に比べて，精神病者の権利保障に配慮した規定が設けられており，治療行為におけるインフォームド・コンセントの必要性や強制措置に関する制限規定の明確化など，障害者の意思を尊重する方向性がみられることは確かである。しかし，当該法案はまだ制定されておらず，障害者の権利が国内法においてはまだ整備されていない点が多い。とくに女性障害者の場合，Nagaraj（2015）が紹介するように，訴訟を提起しても女性であるがゆえにその声が十分に聞き入れられないなどの事例もみられるということであり，法律や，少なくとも裁判の中で女性障害者の法的人格を認め，その声を聞き入れる姿勢をみせることは，女性障害者の地位向上に大きな影響を及ぼしうるものと考えられる。次節では，リプロダクティブ・ライツに焦点を当て，女性障害者に対して認められた法的権利への理由付けを検討する。

第2節　リプロダクティブ・ライツと女性障害者

1．インドにおける障害者とリプロダクティブ・ライツ

本節では，リプロダクティブ・ライツすなわち生殖にかかわる女性の自己決定権と女性障害者の問題について，インドにおける状況を概観する。本節

では，前節で取り上げた女性障害者の法的能力の認定の問題について検討するため，女性障害者が妊娠した際の中絶の可否について概観する。ただし実際には，リプロダクティブ・ライツとして定義されるものは幅広い。

リプロダクティブ・ライツの定義については本書序章で言及されている第3回カイロ国際人口・開発会議の行動計画におけるものが重要なものであるが，これと同様にアメリカに拠点をおく団体「Center for Reproductive Rights」は，リプロダクティブ・ライツの鍵となる人権として，生命への権利，人の自由および安全への権利，健康への権利，子どもの数などを決定する権利，婚姻への合意および婚姻における平等，プライバシーの権利，平等および非差別の権利，女性に対して抑圧的な慣習からの自由，性的またはジェンダーに基づく暴力からの自由，性教育またはリプロダクティブ・ヘルスに関する教育や，家族計画にかかわる情報などが含まれるとしている[12]。このようにリプロダクティブ・ライツが広くとらえられている点について，辻村（2008, 261）は，上に挙げたような内容は「厳密な意味でリプロダクティブ・ライツ固有の権利の内容（内包）を示すものというよりは，むしろリプロダクティブ・ライツの外延に位置づけられるもの」で，「狭義のリプロダクティブ・ライツを実現するため」の科学的進歩の享受や情報などを受ける権利の保障が不可欠であるという趣旨だとしている。

リプロダクティブ・ライツについて日本国憲法にかかわる議論の中では，たとえば佐藤（2011, 188）は「『幸福追求権』の一部を構成する自己決定権（人格的自律権）」のひとつとしてとらえており，生命や身体の処分にかかわる自己決定権や家族の形成および維持にかかわる自己決定権などと並ぶものとされている。

インド憲法では日本国憲法第13条にそのまま該当する規定はないが，関連する条文としては第21条「生命への権利」がある。この第21条は，

「何人も法律の定める手続きによらなければ，その生命又は人身の自由を奪われない」[13]

という適正手続きにかかわる規定であるが，いわゆるマネカ・ガンディー判決以降，最高裁判所はその内容を広く解釈し，いわば「基本権の中心」とも述べて，憲法に明示されていないさまざまな権利について，この規定を根拠とした。その事項は，生活の質，プライバシー，名誉，騒音問題，そして健康にかかわる問題など多岐にわたっている。第21条を根拠に，リプロダクティブ・ライツの侵害について公益訴訟が提起されるなどしているが，その内容をみるかぎりでは，安全な分娩のための施設などいわゆる「リプロダクティブ・ヘルス」の不十分さを訴える訴訟，さらに家族計画政策にかかわる不妊手術事業についての問題点を訴えるもの，そして，子どもをもつあるいはもたないことの自己決定権にかかわる訴訟がみられる。子どもの出産にかかわる自己決定権については，家族計画政策との関連のものがみられる。たとえば，ジャヴェド事件[14]はハリヤナ州法において村長などの欠格事由に子どもが3人以上いることが規定されたことに端を発する訴訟である。子どもの数を制限するという社会政策と，子どもの数にかかわるリプロダクティブ・ライツとの抵触という視点，あるいは参政権とリプロダクティブ・ライツとの抵触という視点からみることができるものである[15]。しかし総じていえば，インドにおけるリプロダクティブ・ライツの議論とは自己決定権にとどまるものではなく，安全な出産の保障などもかかわる広い概念であるということができよう。

2．女性障害者のリプロダクティブ・ライツ——スチタ判決をもとに——

　女性障害者のリプロダクティブ・ライツに関連して重要なものが，スチタ判決[16]である。これは，チャンディーガルにある施設に入所していた女性が強姦の被害にあい，妊娠したケースにおいて，本人の同意なく中絶することについての訴訟である。被害女性が精神遅滞[17]の状況にあり，出産や育児について十全な理解をしていないのではないかとの理由から，ハリヤナ州政府がパンジャーブ・ハリヤナ高等裁判所に妊娠中絶を行うことの許可を求めた

ことに端を発する。高等裁判所は中絶命令を発したが，この命令の差止めを求めた最高裁判所での訴訟において，高等裁判所の命令を破棄する判断がなされたものである。本項では，事実の概要の後に，高等裁判所の命令および最高裁判所の判決について検討する。

(1) パンジャーブ・ハリヤナ高等裁判所命令（2009年6月9日）

　高等裁判所は，2009年6月9日の命令[18]のなかで，経緯を明らかにした。それによれば，本件被害者Vは，年齢19歳の女性で身寄りがなく，公立の入所施設で生活していたところ，2009年5月18日に妊娠8週ないし10週であることが明らかとなった。これは，それ以前に入所していた施設の職員による性的暴行の結果であるとされた[19]。5月25日にはVの精神状態を検査するため特別委員会が設置され，その後専門医等による別の委員会も設置されて，Vについては妊娠中絶を行うべきであるとの結論を提示した。その理由としては，妊娠により本人の精神状態が通常とは異なってきていること，精神遅滞の原因となっている骨質異常が胎児に遺伝する可能性があること，妊娠の継続がその他の身体的問題を引き起こす可能性があること，軽度の精神遅滞とはいえ育児は困難であること，強姦により生まれた子どもであり家族の支援も得られないことは子どもの将来に影響を及ぼしかねないことなどを挙げた。

　また，1987年メンタル・ヘルス法，1995年障害者法または1999年ナショナルトラスト法などを概観し，ある弁護人は1987年メンタル・ヘルス法が2002年に改正された際，「精神異常」（lunatic）という用語が「mentally ill person」（精神病者）という用語に置き換えられ，その定義として「精神遅滞以外で精神面での障害を理由として治療が必要な者」とされており，精神遅滞とは明確に区別されていることが主張された。また，裁判所依頼の専門家は，先行研究をもとに精神遅滞の者については基本的に他の者と同様妊娠中絶前に本人の同意が必要であるとの意見も提出し，さらに，精神遅滞は遺伝的なものであるという「神話」は誤りであるとも述べた。

しかし裁判所は，法律の文言からだけでは単純に判断することができないとしている。それは，1995年障害者法では「精神障害」と「精神遅滞」を明確に区別しているにもかかわらず，雇用，教育などの政策面においてはそれらが同一に扱われていることも背景にあると述べている。そこで，裁判所は当事者の精神状態や出産への判断の余地，もっとも好ましい手段について検討する専門家委員会の設置をチャンディーガル政府に命令した。もしその専門家委員会が本人の利益にかんがみて妊娠の中絶が望ましいと結論付けた場合は，政府は同委員会の報告後直ちに手続きに入らなければならないとしている。さらに，もしも本人が強硬に中絶に反対したときには，7月1日までに同委員会の報告書および本人の意見を裁判所に提出することが求められた[20]。

(2) パンジャーブ・ハリヤナ高等裁判所命令（2009年7月14日）

本命令[21]においては，まず前項で紹介した命令にともない設置された，専門家委員会からの報告が紹介された。これによれば，

①当事者Ｖは軽度の精神遅滞であり，社会的機能や自立という面からみれば監護および支援が必要である。

②出産と婚姻生活との関係などについては理解できていない。子どもを妊娠していることは理解しているが，出産後その子どもといかなる生活をしていくのかという点については理解できていない。

③適切な社会的支援や監護がなければ，子どもを育てられる精神的状況にはない。母親としての役割などについては限られた理解しかできていない。

④性行為と妊娠との関係についても理解できておらず，積極的に性行為を行ったわけではない。

⑤Ｖは強姦により妊娠したことについて特段の感情はなく，子どもがお腹の中にいるということに対して幸福であると感じている。

⑥妊娠によって身体に悪影響が出る恐れはないが，出産，育児のストレ

スがVの精神面に対して影響を及ぼす可能性はある。
⑦Vは機械的記憶に依拠し，または模倣的行動により学習している様子がみられ，自らの決断について容易に他者からの影響を受けうる。
⑧いかなる手段をとることが，当事者Vにとって最善の利益になるかという問いに対して。身体的側面からみれば，妊娠の継続に矛盾するものはない。Vの精神状態（知的，社会適応的，感情面）は出産および育児に対して限定的なものでしかないため，子どもおよび母親の双方に対する社会的支援および監護が不可欠となる。したがって，Vおよびその子どもにとっての最善の利益に対する決定については，身体的，心理的および社会的指標から総合的に検討する必要がある。

といった内容が示されていた。裁判所は，専門家委員会が結論を示すことに躊躇しているとして，さらに複数の専門家に当事者Vについての検査報告を求めた。これによれば，Vは軽度の精神遅滞であるとあらためて明らかにされた。問題を複雑にしたのは，V本人が子どもを好み，子どもをもつことを望んだという事実による。政府側代理人は，「子どもが子どもを育てるようなもので，困難である」こと，妊娠の維持に際してVがなした「同意」は法的にみても，事実からみても「同意」とはいえないことなどを述べた。これに対し，Vは精神遅滞であって精神障害ではなく，したがって中絶には本人の同意が必要であることを強く主張する意見が提出された。裁判所はそこで，「パレンス・パトリーの管轄権」[22]の枠組みの中で自由意思としてVが同意できるか否かを，すなわち当事者の同意がいかなる外的影響によるものでもないことを疑いなく示すことができるかどうかを検討した。その際，さまざまな側面からこの点について検討を加えている。

まず，身体的な面でいえばVは妊娠および出産にかかわる深刻な問題はないこと，しかし精神的な面でいえば自立して生活するには難しく，また，出産や育児についてはほとんど理解していないこと，経済的な面でいえば自ら働き，自活することは困難であること，また，子どもが生まれたとしても母親のみならず父親の監護が受けられない状態であることなどの問題が示さ

れた。

　法的には，世界的にみても精神遅滞のものが親となり得るか否かという点について統一された見解はないということは本命令でも触れられている。そのうえで，法的には「親として自立していること（self-standing）が期待され，またはそれが求められている」としている。そして，現実をみても当事者Vは家族からの支援や財政的支援を受けたり，あるいは職について収入を得たりすることなどは困難であり，社会的環境や知的障害者が親となることについての社会的受容が一朝一夕に進展するとは言い難いとし，当事者Vが親としての負担を背負うことについての疑問を呈している。

　さらに，Vが最近精神的に不安定であると報告されていることは自身に起きた暴行に起因するものと考えられ，暴行と妊娠との関係について理解していないがために妊娠の継続について合意しているものであって，現在および将来における責任などを理解した上での合意とは考えられないとし，Vの精神状態や身体的障害が疑われる状態にかんがみて，妊娠の継続はVの精神状態にいっそうの害を及ぼすと考えられると結論付けた。そして，チャンディーガル政府に対して，Vへの早急な中絶処置をとるように命令した。

(3)　最高裁命令（2009年8月28日）

　上述の2009年7月17日付パンジャーブ・ハリヤナ高裁命令に対し，特別上告許可訴訟が提起された。同年7月20日に最高裁はこの事案を取り上げることとし，代理人および専門家の意見を聴取する必要があるということで，上記の高裁命令の仮差止めが命じられた。

　そのうえで，結論を見出すには「高裁が当事者女性の同意を得ることなく妊娠中絶を命令することが正しいことか否か」という点と「たとえ当事者女性が精神的に決定を下すだけの能力がないとして，裁判所が「パレンス・パトリー」の管轄権を行使するのに適切な基準は何か」という点について検討する必要があるとしている（para. 4, 以下パラグラフ番号）。

　前者に関連しては，1971年医療的妊娠中絶法において「成年女性」で「い

かなる精神病」をも罹患していない者については，患者の同意が必要であると明確に示されており，また，「精神病」と「精神遅滞」とは明らかに異なるものとされていることなどを最高裁は示している。そして高裁命令により設置された専門家委員会の報告を改めて紹介し，その結論は妊娠の継続を認めうるものであったのに対して，高裁は2009年7月17日付で中絶を命令したことを示した。そのうえで最高裁は高裁命令を否定している（para. 10）。Vは子どもをもつことへの期待を明確に示しており，その意思はその他の要因に比べても優先されるべきであるとした。そして，たとえ精神遅滞の女性であっても，妊娠の中絶に当たっては本人の同意が不可欠であるとした。

　まず，あらためて1971年医療的妊娠中絶法の第3条の内容が示された。第3条の内容は，下記のとおりである。

　第3条　妊娠は登録された医療従事者により中絶することができる。
⑴インド刑法の規定にかかわらず，登録された医療従事者は本法の規定にしたがい妊娠を中絶したかぎりにおいて，インド刑法又はその他の法令により罪とされることはない。
⑵第4項の規定にしたがい，次のときに登録された医療従事者は妊娠を中絶することができる。
　(a) 妊娠が12週を超えておらず，当該医療従事者が善意で（i）又は（ii）のとおりの意見をもつとき　又は
　(b) 妊娠が12週を超えるものの20週を超えておらず，二人以上の医療従事者が善意で（i）又は（ii）のとおりの意見をもつときであって，
　　(i) 妊娠の継続が妊娠している女性の生命に重大な危険を及ぼし，もしくはその身体的若しくは精神的健康に大きな害を与えると考えられる又は
　　(ii) 子どもが出生したとき，深刻な障害となる身体的若しくは精神的異常をもつ実施的な危険がある
　原注1：妊娠が強姦によるものであるとき，その妊娠による苦悩は，

妊娠した女性の精神的健康に対して著しい害を構成するとみなされる。

　　原注２：既婚の女性若しくは男性による産児制限のための器具もしくは手法使用の失敗により妊娠したとき，その希望せざる妊娠による苦悩は，妊娠した女性の精神的健康に対して著しい害を構成するとみなされる。

(3) 妊娠の継続が第２項に定める健康に対する危険又は害を含むか否かの決定に当たり，妊娠している女性について現在の又は合理的に予見しうる環境を考慮に入れることができる。

(4) (a) 18歳に達していない女性又は18歳に達している女性で精神障害がある女性については，その監護者の筆記による合意なしに妊娠を中絶することはできない。

(b) 前号の規定にかかわらず，妊娠している女性の合意なくその妊娠を中絶することはできない。

　上記の条文をそのまま読むかぎりにおいては，法制度上特定の条件の下でのみ妊娠中絶を認めていると解釈することができる。この1971年法はイギリスの1967年中絶法に影響されたものであるといわれ，その立法目的は中絶の権利を認めることにあったとされている。この中絶の権利とかかわり本判決では，リプロダクティブの面での選択について，憲法第21条「生命への権利」の一側面であるとしており，女性のプライバシー，尊厳，そして身体的統合への権利は尊重されなければならない，としている (para. 11)。そして，リプロダクティブ・ライツには女性が妊娠し，出産して育児に当たるまでの権限を含むとしたうえで，妊娠の中絶は特定された条件を満たす場合に限られるもので，1971年法の規定はリプロダクションにおける選択肢を行使するに当たっては合理的規制であると考えられるとしている。

　そして，第３条２項ⅰ号又はⅱ号に該当する場合にかぎり中絶が認められるとするならば，本人の同意は不可欠であると考えられるとし，さらに本件に関しては同意が不要となる例外，すなわち第３条４項 a 号に定める本人が

18歳未満の場合や本人が「精神病」の場合，あるいは第5条1項に定める「医療従事者が，妊婦の生命を保護するために直ちに必要な場合」のいずれにも該当しないことは明らかであるとし（para. 12）。また，国は，妊娠した被害者が孤児であり，公立の施設に居住していることから監護の対象としうるが，妊娠の中絶まで機械的に拡大してよいとはいえないとしたうえで，1971年法は第3条4項a号において「精神異常」という文言が「精神病」という文言におき換える形で2002年に改正されており，このことから監護者が妊娠中絶について決定することのできる対象が「精神病者」に限定されることが明確にされたとしている。1995年障害者法や1999年福祉信託法第2条でも「精神病者」と「精神遅滞」とは明確に区別されていることも付言し，国は精神遅滞者に対して，妊娠中絶に関しては個人の自治を尊重しなければならないとした（13-15）。なお，高等裁判所が1995年障害者法や1999年福祉信託法において「精神病」と「精神遅滞」との区別が失われており，これと同様のことがさまざまな差別是正事業においても行われていると指摘し，これを理由に1971年法においても「精神病者」と「精神遅滞」とを同等に扱うべきであると結論付けていることに対し，最高裁判所はそれらの区別が行われていないのはそれぞれのカテゴリーに含まれる者のエンパワーメントのためであり，個人の自治を阻害する目的でそのような取扱いをすべきではないとしている（para. 16）。

つぎに，今回の事案において高裁が，1971年法第3条の文理解釈を超えて，妊娠中絶を当事者の「最大の利益」に資するものと判断するために，パレンス・パトリーの法理を用いたことは誤りであったとしている。そのうえで，裁判所が精神遅滞者の生殖面での決定について判断するに当たり，依拠することのできる基準としては「最善の利益（The Best Interest）」基準と「代理判断（Substituted Judgement）」基準とがあると示唆する（para. 18）。そのうえで，「最善の利益」といってもあくまでも「当事者Vにとっての最善の利益」を考慮すべきであって後見人や社会一般といったその他のステークホルダーの利益を優先的に考えるべきではないこと，そして実際に当事者Vは将来

的に支援を必要とし，そのためには費用が発生するとしても，リプロダクティブ・ライツの否定の理由にはならないことを指摘した（para. 19）。また，「代理判断」についていえば，あくまでも当事者が精神的に無能力であることが必要であるのに対し，本件でいえば当事者Ｖは「軽度の精神遅滞」であって，専門家委員会の報告からも彼女が自らの事柄について決定することについて完全に無能力とはいえないことは明らかであるとして，本件について検討するに当たっては「最善の利益」基準のみを採用すべきであるとしている（para. 20）。

当事者Ｖの現状からみて，他者の意見に影響されやすい傾向があり，それが妊娠を継続させたいという意思にもみられるとはいえ，もう一点気をつけるべき事柄として，高裁命令が発せられた時点ですでに妊娠19週に入っていたということが挙げられている。これは法的に中絶が認められる20週に近く，これを超えると母体に危険を及ぼしうるとする。こうした知見から，このような時期において妊娠の中絶を命じた高裁命令は，当事者Ｖの身体に悪影響を及ぼし，また，本人の合意がないことから精神面でも苦痛を与えうるものと考えられるとしている（para. 24）。

なお，最高裁は，この結論について国際法的にも認められているとし，国連「精神遅滞者の権利に関する宣言」を挙げている。とくにその第7条で，「精神遅滞者がその障害が重いために有意義な方法で彼らのあらゆる権利の行使が不可能な場合又はそれらの権利の一部若しくはすべての制限若しくは否定が必要となる場合は常に，これらの権利の制限又は否定のために用いられる手続きは，すべての形態の濫用に対する適正な法的手段を含まなければならない。この手続きは資格ある専門家による精神遅滞者の社会的能力に関する評価に基づかなければならず，定期的に審査を受け，および上位機関に申立てを行う権利がなければならない。」とされていることから，1971年法もこれに基づいた手続きであるとしている（para. 25-26）。

そして最終的に，Ｖの妊娠については本人の合意なく中絶してはならないとし，そのための手続きは彼女の「最善の利益」にはならないとあらためて

述べている (para. 30)。

(4) 小括

本件については，高裁と最高裁とで判断がまったく分かれるかたちとなった。高裁は，妊娠の継続を望む本人Ｖの意思について，現在および将来の育児などについて理解をしたうえでのものとはいえず，将来の育児の困難などを考慮に入れたうえで政府にＶの妊娠の中絶措置を命じたのに対し，最高裁はあくまでも軽度の精神遅滞であるＶについては，その意思を尊重し，また，本人の最善の利益を考えても妊娠の継続をさせなければならないと結論付けている。このように判断が分かれた背景には，「精神遅滞者のリプロダクティブ・ライツ」についてどのように考えるかというちがいが存在したということができよう。

最高裁の判決が示すように，リプロダクティブ・ライツを憲法第21条「生命への権利」のひとつとして考えるならば，本人の意思を尊重するという最高裁の理由付けは自然なものである。この点に関して，高裁は精神遅滞者の同意ということについて当事者が外部からの影響を受けやすいという点を強調し，当事者の意思の尊重という点については留保している印象を受ける。また，パレンス・パトリーの法理を援用し，当事者Ｖの後見役としてその妊娠の中絶を求めるという政府の方針を高裁は認めた形になっているが，最高裁はこの法理を用いることを誤りとしている点も注目される。

高裁はその命令の中で，社会的環境に付言しつつ精神遅滞者が育児などを行うことの困難さを挙げて妊娠の中絶を求める理由としているのに対し，最高裁は妊娠中絶を行うことが当事者の最大の利益に資するとはいえないとしたうえで，その他のステークホルダーにとっての最大の利益を優先しないように注意している。

なお，判決の中で最高裁は，本件により精神遅滞の人々を損なう社会的ステレオタイプや偏見に向きあう機会ができたとし，また，当事者Ｖが家族の監護を受けられなかったことが性的被害を受けるきっかけにもなったと考

えられることから，公立の福祉施設の運営に対し警鐘を鳴らしているとも述べている。さらに，軽度の精神遅滞者であればよい親になり得るとしたうえで，精神遅滞者に対する強制的断種や妊娠中絶の理由づけともされたいわゆる優生思想について，これは完全に非民主的なものであり，憲法第14条に定める法の前の平等に反するものであると強調している[23]。

本件は，障害者のリプロダクティブ・ライツについての重要な判例ということができ，今後の同種の争いについて障害者の権利を基盤においた法解釈がなされうる可能性がある。

おわりに

本章では，まずインドにおける女性障害者の現状について概観したうえで，法的整備の必要性が示されている事項について紹介した。その中では，教育や労働の場面で女性障害者は男性障害者に比べても厳しい状況におかれていることが示され，女性障害者の権利保護のための政策が求められることが明らかとなった。さらに，法整備に関連してはNGOの報告書などにおいて障害者の法的能力をより認めることが提言されていた。

法的能力に関しては，後見人の決定が財産の処分や施設への入所などについて本人の意思に優先する場合があることなどが問題とされていたが，法律の改正により障害者の権利を保護し，当事者の意思を尊重するという方向性もみられるようになってきている。

そこで，女性障害者の法的能力について検討するに当たり，そのリプロダクティブ・ライツを焦点に検討した。リプロダクティブ・ライツはとくに女性のプライバシーにかかわるものであり，個人の法的人格の尊重を基礎においているものである。すなわち，女性障害者のリプロダクティブ・ライツについて検討することは，女性障害者の法的人格についてどのようにとらえられているかということにつながると考えられるためである。そして，判例に

おいても女性障害者の法的能力を認め，当事者の意思を尊重する方向性のものがみられた。

　その一例として挙げられるのがスチタ判決である。このケースは，高裁レベルにおいては行政側からの申立てに沿った命令が出ていたのに対し，最高裁では逆に本人の意思を尊重する方向で命令が出されたものであった。これは，あくまでも一例ではあるが障害者の権利の拡大を判例の中で示したものということができる。障害者の権利条約に適合的な新たな法律を先取りした内容の判例であるといえ，今後の障害者法制改革についてひとつの視座を提示したものである。

　とくにこの判決でも指摘された，障害者に対する社会的ステレオタイプや偏見を否定し，当事者の意思を尊重するという司法の方針が，今後インド社会における女性障害者の地位向上につながりうるものとなるか，注目される。それは，スチタ判決により直ちに女性障害者の法的権利が全面的に認められるにいたったとまではいえないものの，こうした判決の蓄積が今後行政の対応や立法の面で法的権利確立の方向に進む可能性が期待されるためである。その意味で，スチタ判決は女性障害者の権利保障に関して大きな意義をもつものということができよう。

〔注〕
⑴　社会正義・エンパワーメント省のウェブサイト参照のこと。http://socialjustice.nic.in/nppde.php?pageid=13　（2015年12月8日アクセス）
⑵　2011年国勢調査については，以下のページから，資料を参照した。http://www.censusindia.gov.in/2011census/population_enumeration.html（2016年4月18日アクセス）
⑶　村などのレベルから県レベルまでの，農村部における地方政府をいう。
⑷　Self Employed Women's Association の略。自営の女性労働者らによる組合組織から始まり，現在貯蓄事業，ヘルスケア，能力向上プログラムなど多岐にわたる事業を実施している。http://www.sewa.org/　（2015年12月15日アクセス）
⑸　初等教育の普及を目的とするプログラム。詳細については浅野（2015a）参照。
⑹　1項および2項で規定する刑罰については，罰金を併科することができる。

(7) 10カ条の規定は「第12章女性の障害者」として規定されている。その内容は浅野（2015b, 6-7）に示したとおりであるが，ここに再掲する。

第1条　障害がある女性及び女子は重複した差別の下にあることを認識し，すべての関連する機関は，人権及び基本的自由を完全かつ平等に享受することができるよう，適切な措置をとらなければならない。

第2条　すべての関連する政府機関は，本法に定める人権及び自由の享受の保障を目的に，女性の完全な発展，向上及びエンパワーメントのために適切な措置をとらなければならない。

第3条　第2章第8条a号の定義規定に定める必要な修正を，個別の障害にもとづきすべての女性に施さなければならない

第4条　障害のある女性及び女子は，家庭の内外にかかわらず，暴力，傷害，虐待，ネグレクト，搾取等のリスクが高いことを認識し，すべての関連する政府機関は，ジェンダー（差別）にもとづくものを含むすべての形態の搾取，暴力及び虐待から保護するため立法，行政，社会，教育及びその他の措置をとらなければならない。

第5条　すべての関連する政府機関は，すべての形態の搾取，暴力及び虐待を防ぐため，障害がある女性及びその家族ならびに介護者への，ジェンダー及び年齢に注意した支援で，搾取，暴力及び虐待の防止または報告にかかわる情報及び教育を含むものを提供しなければならない。すべての政府機関が提供する前掲の事業は，年齢，ジェンダー及び障害に配慮したものでなければならない。

第6条　すべての形態の搾取，暴力及び虐待の発生を防ぐため，すべての関連する政府機関は，障害がある女性のための施設又は事業が，独立した機関により効果的に監視されるようにしなければならない。

第7条　すべての関連する政府機関は，障害のある女性で搾取，暴力又は虐待の被害を受けた者の身体面，認知面及び心理面での回復，リハビリテーション，及び社会的統合を促進させるために保護サービスを含む適切な措置をとらなければならない。こうした回復及び再統合は，健康，福祉，自尊心，尊厳を促進させるものでなければならず，ジェンダー及び年齢に応じたニーズに配慮しなければならない。

第8条　すべての関連する政府機関は，障害のある女性に対する搾取，暴力及び虐待を発見し，調査し，場合により提訴することを確かにするため，女性に焦点を当てたものを含む有効な立法及び政策を導入しなければならない。

第9条　すべての関連する政府機関は，障害がある女性に対する，婚姻，親族，親子などに関して差別をなくすために，下記の事項を確かなものとするために適切で有効な措置をとらなければならない；

a．障害がある女性で婚姻適齢にある者が，自由かつ合意に基づき婚姻し，親族をみつける権利
　　b．障害がある女性が自由かつ責任を持って子どもの数等を決める権利を行使するために必要な手段
　　c．障害がある女性がその生殖能力を保持すること
　　第10条　すべての関連する政府機関は，すべての障害がある女性が家族生活に関して平等な権利を持つことを保障しなければならない。これらの権利を具体化するため，及び障害がある女性の隠匿，遺棄，ネグレクト，隔離を防ぐために，関連するすべての政府機関は，障害がある女性及びその家族に対し，早期かつ包括的な情報の提供を行わなければならない。
⑻　改正法案の規定内容については，浅野（2015b）を参照のこと。
⑼　第14条１項「すべての関連する政府機関及び地方政府は，家庭の内外におけるすべての形態の虐待，暴力及び搾取から保護するため，行政，社会，教育及びその他の措置をとらなければならない。」
⑽　第17条１項「関連する政府機関は，障害者が家族及びリプロダクティブ計画について平等に情報にアクセスできるよう努めなければならない。」第17条２項「障害者が自由かつインフォームド・コンセントなしに不妊状態にする医療行為はなされない。」
⑾　インドにおいて障害者政策の中心を担うのが，社会正義・エンパワーメント省（Ministry of Social Justice and Empowerment），そしてその下にある障害者エンパワーメント局（Department of Empowerment of Persons with Disability）である。2014年12月までは障害者問題局という名称であったが，同月９日の通達により名称が変更された。同局の下で今後様々な障害者向けの政策がとられることになるが，ナレンドラ・モディ政権において障害者政策に関し，それまでと何らかの変化がみられるのか注目される。
⑿　下記のウェブサイトを参照（2015年12月10日アクセス）。
　http://www.reproductiverights.org/sites/crr.civicactions.net/files/documents/V4Repro%20Rights%20Are%20Human%20Rights%20-%20FINAL.pdf
⒀　インド憲法の翻訳については，孝忠・浅野（2006）を参照した。
⒁　*Javed & Others vs. State of Haryana*, AIR 2003 SC 3057.
⒂　詳細につき，浅野（2004）参照。
⒃　*Suchita Srivastava and Another vs. Chandigarh Administration*, JT 2009 (11) SC 409.
⒄　本章では，裁判所の文書において「Mentally retardation」として記載されているものについて「精神遅滞」，「Mentally ill (persons)」と記載されているものについて「精神病（者）」として直訳している。
⒅　*Chandigarh Administration vs. Unknown*, on 9 June, 2009, CWP 8760 of 2009.

⑲　同日に被害届が提出された。
⑳　なお，このほかに被害者が入所していた施設への定期的視察，入所者への待遇に関する定期的報告，入所者の記録のアップデート，コミュニティキッチンの実施，女性入所者がいる場合は男性職員のみを雇用する慣行を停止することなども命令に含まれている。
㉑　*Chandigarh Administration vs. Unknown*, on 17, July, 2009, CWP 8760 of 2009.
㉒　直訳としては「後見人としての国」「国親」とされる。伝統的に，幼児や精神遅滞者など法的能力に制約のある者に対し，国王が保護者としての権限を有するという考えをいう。
㉓　前掲注 8，para. 27-28。

〔参考文献〕

＜日本語文献＞

浅野宜之 2004.「子どもの数と地方選挙に関わる欠格事由――インド・ハリヤナ州法に関する判例と論考をもとに――」『聖母女学院短期大学研究紀要』第33集　39-46.

─── 2010.「インドにおける障害者の法的権利の確立」小林昌之編『アジア諸国の障害者法――法的権利の確立と課題――』アジア経済研究所　149-182.

─── 2015a.「インドにおける障害者教育と法制度」小林昌之編『アジアの障害者教育法制――インクルーシブ教育実現の課題――』アジア経済研究所　193-223.

─── 2015b.「インドにおける障害とジェンダー」（小林昌之編「開発途上国の女性障害者」調査研究報告書　アジア経済研究所，http://www.ide.go.jp/Japanese/Publish/Download/Report/2014/2014_C29.html）.

孝忠延夫・浅野宜之 2006.『インドの憲法――21世紀「国民国家」の将来像――』関西大学出版部.

小林直三 2013.『中絶権の憲法哲学的研究――アメリカ憲法判例を踏まえて――』法律文化社.

佐藤幸治 2011.『日本国憲法論』成文堂.

辻村みよ子 2008.『ジェンダーと人権――歴史と理論から学ぶ――』日本評論社.

ヌスバウム，マーサ・C. 2012.　神島裕子訳『正義のフロンティア――障碍者・外国人・動物という境界を越えて――』法政大学出版局.

松尾瑞穂 2013.『ジェンダーとリプロダクションの人類学――インド農村社会の不妊を生きる女性たち――』昭和堂.

リドル，ジョアンナ／ラーマ・ジョーシ 1998. 重松伸司（監訳）『インドのジェンダー・カースト・階級』明石書店.

＜英語文献＞

Addlakha, Renu 2010. "From Invalidation and Segregation to Recognition and Integration: Contemporary State Responses to Disability in India" (Occasional Paper, No. 55) New Delhi :Centre for Women's Development Studies.

Arora, V. 2015. *Universal's Women Laws*, New Delhi :Universal Law Publishing.

Davar, B.V. and T.K.S. Ravindran 2015. *Gendering Mental Health: Knowledges, Identities, and Institutions*, New Delhi :Oxford University Press.

HRW (Human Rights Watch) 2014. *"Treated Worse than Animals" Abuses against Women and Girls with Psychosocial or Intellectual Disabilities in Institutions in India,* Human Rights Watch. (https://www.hrw.org/report/2014/12/03/treated-worse-animals/abuses-against-women-and-girls-psychosocial-or-intellectual)

Kosgi, S., Hegde VN, Rao S, Bhat US, Pai N. 2011. "Women Reproductive Rights in India: Prospective Future, " Online Journal of Health and Allied Science, 10 (1) Jan.-Mar.: 1-5.

Nagaraj, Vasudha 2015. "Adjudicating Illness and Capacity: Notes from a Custody Trial," In *Gendering Mental Health: knowledges, identities, and institutions*, edited by B.V. Daver and T.K.S. Ravindran, New Delhi: Oxford University Press, 51-70.

Nayak, Bandana 2013. "Problems, Challenges and Status of Women with Disabilities in Odisha: A Study in India," *American International Journal of Research in Humanities, Arts and Social Sciences* 3 (2) : 185-193.

Parens, Erik and Adrienne Asch 2000. *Prenatal Testing and Disability Rights*, Washington, D. C.: Georgetown University Press.

Rao, Indumathi, [n.d.] "Equity to women with disabilities in India." (A strategy paper prepared for the National Commission for Women, India). (http://g3ict.org/download/p/fileId_940/productId)

Singh, Mahendra P. 2013. *V. N. Shukla's Constitution of India* (12th edition), Lucknow : Eastern Book Company.

＜国勢調査資料＞

GOI (Government of India) 2011. "Distribution of Disabled by Type of Disability, Sex, Literacy Status and Residence".

＜法令資料＞

GOI (Government of India) 2012. "The Draft Rights of Persons with Disabilities Bill,

2012." Ministry of Social Justice and Empowerment, Department of Disability Affairs.

索引

【アルファベット】

BRAC（Bangladesh Rural Advancement Committee） 169, 203, 204
BMF（Biwako Millennium Framework） → びわこミレニアム・フレームワークを見よ
CEDAW（Convention on the Elimination of All Forms of Discrimination Against Women） → 女子差別撤廃条約を見よ
CRPD（Convention on the Rights of Persons with Disabilities） → 障害者権利条約を見よ
DPI（Disabled Peoples' International） 69, 111, 115-117, 119, 120, 122, 123, 127, 134
DPO（Disabled People's Organization） → 障害当事者団体を見よ
DV（Domestic Violence） 17, 21, 65, 76, 81, 83, 94, 107, 127, 164
ESCAP（United Nations Economic and Social Commission for Asia and the Pacific） 4-6, 22, 24, 25, 36, 87, 99, 105, 106, 109, 125
HIV/AIDS 13, 24, 158
IL（Independent Living） → 自立生活を見よ
LGBT 128, 150, 158
MCDP（Magna Carta for Disabled Persons） → 障害者のマグナカルタを見よ
MCW（Magna Carta of Women） → 女性のマグナカルタを見よ
OHCHR（Office of the United Nations High Commissioner for Human Rights） → 国連人権高等弁務官事務所を見よ
well-being 31, 35, 170, 176, 178-180, 201, 202, 205, 207

【あ行】

アクセシビリティ 16, 21, 80, 93, 100, 153-156, 158, 159, 161, 171, 172, 175, 196
アクセス 11, 13, 16, 24, 26, 27, 29, 30, 41, 69, 78, 79, 85, 86, 91, 100-103, 123, 125, 132, 148, 152, 154-156, 159, 161, 174, 205, 216-218, 239
アジア太平洋障害者の10年 22, 24, 87, 99, 105, 107
アファーマティブ・アクション 7
インクルーシブ教育 172-174
インチョン戦略 24, 31, 41, 87, 99, 105, 107
インド 5, 22, 23, 26-28, 30, 33, 36, 38, 162, 177, 207, 211-214, 217, 220, 223-226, 231, 236, 237, 239
インフォームド・コンセント 13, 15, 224, 239
エンパワメント（エンパワーメント） 6, 24, 27, 29, 31, 34, 37, 41, 60, 67, 98, 101-103, 109-111, 115, 122, 125-127, 132, 133, 144, 147, 170, 176-178, 180, 202, 207, 215, 221, 233, 237-239

【か行】

カースト 39, 211, 222
開発援助 4, 170, 176
開発計画 34, 47, 68, 76, 77, 96-99, 101, 102, 104, 140, 143, 172, 173
開発戦略 27, 34, 110, 125, 132, 134
格差 3, 5, 9, 14, 25, 33, 50-52, 66, 67, 84, 112, 122, 123, 133, 138, 161, 164, 174, 178
可視化 3, 4, 7, 9, 14-16, 21, 22, 25, 26, 31-33, 35, 37, 40, 113, 203
韓国 5, 22, 23, 25, 26, 28, 29, 31, 33, 34, 37, 38, 47-50, 52-57, 59, 61, 63, 65-71, 162

カンボジア　5, 22, 23, 25, 27, 29, 34, 75-77, 80-84, 86-97, 99, 100, 103-107
救済　13, 23, 32, 35, 38, 39, 47, 48, 55, 57, 60, 62, 63, 67, 68, 111, 131, 147, 215, 218
教育　5, 9, 11, 26, 27, 32, 40, 47, 49-51, 58-60, 64, 65, 79, 83, 85, 89-91, 93, 94, 99-103, 105, 113, 115, 117, 122, 124-126, 132, 138, 141, 148, 151, 155, 158, 159, 164, 171-175, 181, 183, 186, 189-193, 196, 199, 205, 212, 214-219, 223, 225, 228, 236-239
強制不妊手術　12, 13, 20, 29, 30, 66, 156, 159
グラミン銀行　169, 195, 203, 206, 207
ケイパビリティ　31, 35, 169, 170, 176, 178-180, 184, 196-203, 207
────アプローチ　35, 170, 176, 178-180, 202, 207
刑法　8, 28, 33, 57, 62, 219, 231
憲法　56, 86, 88, 89, 91, 93, 94, 106, 120, 140, 171, 204, 211, 225, 226, 232, 235, 236, 239
強姦（レイプも見よ）　26, 28, 30, 62, 218-220, 226-228, 231
後見人　13, 19, 233, 236, 240
交差的差別　12, 13, 38
合理的配慮　56, 63
国連アジア太平洋経済社会委員会
　　→　ESCAPを見よ
国連人権高等弁務官事務所　15, 21, 69, 87
国家人権委員会　64-66, 68, 70, 71
雇用　5, 9, 23, 27, 40, 47, 49, 52, 57, 58, 60, 61, 64, 90-93, 95-101, 112, 113, 117, 123, 158, 171, 172, 187, 212, 215-217, 223, 228, 240

【さ行】

最善の利益　13, 30, 229, 233-235
裁判所　30, 38, 94, 149, 217, 226-230, 233, 239

差別禁止（差別の禁止）　17, 23, 26, 28, 29, 31, 34, 47-49, 55-57, 62-65, 68-70, 90, 91, 93, 94
ジェンダーと開発　137, 140, 143, 170
ジェンダー平等　6, 24, 26, 27, 29, 32, 37, 101, 102, 140, 141, 143, 144, 152, 173, 174
視覚障害　53, 81, 122, 153, 156, 163, 213
肢体不自由　76, 77, 156, 163, 213
社会開発　36, 123, 125, 134
就学　5, 32, 47, 51, 78, 79, 138, 155, 173, 174
収入（所得も見よ）　5, 40, 97, 170, 183, 185, 187-196, 201, 204, 214, 230
就労　5, 52, 78, 90, 92, 93, 98, 100-103, 111, 114, 122-126, 128, 133, 145, 206
手話　93, 99, 116, 154-156, 158, 163
障害者インターナショナル
　　→　DPIを見よ
障害者運動　20, 31-34, 40, 68, 109-111, 115, 119, 120, 122-125, 127, 131-134
障害者権利委員会　12-15, 29, 34, 37, 48, 50, 52, 64-67, 69, 71
障害者権利条約　3-6, 8-14, 17, 21-23, 26, 31, 36-40, 42, 48, 52, 63-66, 59, 71, 111, 120, 123, 125, 126, 144, 169-171
障害者国家政策　212
障害者差別禁止法　26, 28, 29, 31, 34, 48, 49, 56, 62-65, 68, 69
障害者政策総合計画　59, 66
障害者団体　39, 60, 70, 71, 83, 100, 109, 111, 115, 116, 122, 124, 128, 131-133, 154, 163, 171, 201, 204, 221
障害者登録　25, 49, 69, 173
障害者の権利と保護法　171
障害者の権利法案（2012年草案）　221, 222
障害者のマグナカルタ　23, 27, 28, 35, 144-146, 148-150, 162, 163
障害者福祉法　23, 49, 171
障害者法　5, 17, 23, 26, 27, 31, 33, 36, 48,

索　引　245

　　　88, 93, 117, 119, 121, 150, 162, 212,
　　　220, 227, 228, 233, 237
障害者リーダー　32, 34, 35, 111, 117,
　　　119, 121, 122, 125, 132, 139, 153
障害当事者運動　5, 31, 33, 109, 115, 131
障害当事者団体　15, 76, 84, 86, 91, 99,
　　　103, 104, 109, 126, 156, 162, 163,
　　　183, 215, 220
女子差別撤廃条約　6-8, 11, 14, 18, 22,
　　　23, 27, 37, 75, 93, 97, 106, 140, 144,
　　　161
女性家族省　47, 57-61, 70
女性障害者開発戦略（行動）4カ年計画
　　　27, 34, 110, 125, 132
女性発展基本法　47, 56-58, 67
女性のマグナカルタ　27-29, 35, 141,
　　　144-146, 148-150, 162, 163
所得（収入も見よ）　35, 50, 51, 54, 59, 65,
　　　138, 161, 164, 178, 179, 189, 194,
　　　195, 198, 200, 202, 206
自立生活　90, 118-121, 127, 142
人権　3, 5-7, 10, 12, 14, 15, 17-22, 26-28,
　　　31, 33, 39, 40, 52, 58, 64-66, 68-71,
　　　75, 76, 81, 85-87, 89, 93-95, 99,
　　　102, 103, 105, 106, 110, 111, 129,
　　　171, 172, 221, 225, 238
スチタ判決　30, 226, 237
精神障害　18, 29, 88, 93, 99, 115, 122,
　　　186, 213, 218, 222, 228, 229, 232
精神遅滞　30, 226-231, 233-236, 239,
　　　240
精神病　19, 217, 218, 224, 227, 231, 233,
　　　239
性的虐待　13, 40, 52, 69, 94
正当な便宜　63-65, 71
性と生殖　12, 13, 18, 20, 38
性別　9-11, 17, 39, 48, 50, 58, 61, 64, 66,
　　　68-70, 79, 83, 85, 94, 112, 113, 121,
　　　128, 151, 171, 175, 204, 211, 222
性別役割分業　17, 29
性暴力　13, 26-30, 32, 35, 38, 39, 52, 55,
　　　57, 59-63, 65-67, 70, 76, 82, 83,
　　　105, 130, 131, 139, 151-154, 163,
　　　164

　　　――特例法　28, 52, 62
世界女性会議　18, 20, 140
セクシャル・ハラスメント　26, 28, 58,
　　　130, 137, 155, 219, 220
セクシャル・マイノリティ　112, 128, 129
積極的差別是正措置　7, 8, 57
セン，アマルティア　178, 179, 203
選択　65, 87, 94, 100, 114, 123, 128-130,
　　　176, 178-180, 188, 194, 196-198,
　　　201, 203, 205, 232
戦略的国家障害計画　27, 29, 34, 77, 99-
　　　104
総括所見　34, 48, 50, 66, 67, 69, 71
訴訟　30, 212, 224, 226, 227, 230

【た行】

タイ　5, 22, 23, 29, 31, 32, 34, 109-116,
　　　118-122, 124, 126, 129-131, 133,
　　　134, 162
代理決定　13, 229, 230, 233, 234
代理判断　233, 234
男女平等　56-58, 112, 113, 121, 128
男性障害者　3, 5, 13, 14, 27, 32, 34, 39,
　　　40, 50-52, 54, 55, 62, 65, 79, 80, 84,
　　　106, 119-125, 128, 131-133, 138,
　　　151, 155, 175, 184, 201, 204, 214,
　　　236
知的障害　26, 28-30, 38, 40, 52, 61-63,
　　　115, 129-131, 134, 164, 182, 186,
　　　199, 213, 217, 220, 230
聴覚障害　26, 28, 81, 116, 122, 127, 186,
　　　213
貯金　184, 185, 187-189, 192, 195, 196
ツイン・トラック・アプローチ　9, 16,
　　　21, 37
統計　5, 9, 20, 47, 48, 50, 54, 55, 64, 66,
　　　69, 75, 101, 124, 131, 150, 164, 170,
　　　171, 174, 176, 205, 212
トガニ法　52
ドメスティック・バイオレンス
　　　→　DVを見よ

【な行】

妊娠　13, 19, 20, 24, 28-30, 36, 59, 60, 63-65, 78, 94, 129, 146, 148, 155, 212, 218, 225-236
年金　25, 96, 99, 171-175, 190, 195
能力開発　3, 10, 95, 97, 117, 122

【は行】

発達障害　63
バリアフリー　21, 40, 41, 93, 120, 133
パルダ規範　175
バングラデシュ　5, 22, 23, 25, 26, 31, 35, 169-176, 180, 183-185, 188, 194, 195, 197, 199-207
非識字率　214
びわこミレニアム・フレームワーク　22, 40
貧困　4, 11, 18, 40, 83, 96, 97, 99, 101, 141, 143, 152, 158-160, 180, 195, 203, 206, 207
ファンクショニング　35, 178-180, 188, 189, 194-198, 202-206
フィリピン　5, 22, 23, 25, 27, 28, 30, 32, 35, 37, 137-142, 144, 147, 148, 150, 152-155, 157, 159-164
フェミニズム　114, 121, 137, 142
複合差別　3-8, 14, 15, 22, 24-27, 31-34, 36-41, 48, 55, 56, 68, 69, 123, 124, 126, 149, 160, 161, 164
複合的差別　13, 17, 103
福祉信託法　220, 233
ヘルスケア　217, 222, 223, 237
法的能力　13, 30, 37, 38, 212, 222, 224, 225, 236, 237, 240
暴力　4, 6, 10-18, 21, 22, 24-30, 32, 33, 35, 37-41, 52, 53, 55, 57-63, 65-67, 70, 76, 81-83, 94, 100-103, 105, 130, 131, 137, 139, 142, 146-149, 151-154, 163, 164, 214, 218, 221, 222, 225, 238, 239

【ま行】

マイノリティ女性　7, 14, 67
ミレニアム開発目標　94, 96, 97, 126
メンタル・ヘルス法　217, 220, 222, 224, 227
モニタリング　71, 87, 97, 99, 140, 156
モヒラクラブ　182-188, 190-202, 204-207

【や行】

優生思想　30, 37, 129, 236
優生手術　19, 20
優生保護法　19-21
豊かさ　→　well being を見よ
善き生　→　well being を見よ

【ら行】

ライフコース　110, 111, 128
リハビリテーション　9, 11, 23, 49, 90, 91, 96, 99, 101, 110, 111, 117, 149, 151, 162, 169, 185, 216, 220, 238
リプロダクティブ・ヘルス　13, 18, 20, 21, 27, 29, 31, 35, 102, 103, 139, 153, 155, 156, 201, 225, 226
リプロダクティブ・ライツ　6, 12-15, 18, 20-22, 24-30, 36-38, 40, 54, 103, 114, 130, 142, 212, 221, 222, 224-226, 232, 234-236
両性平等基本法　47, 56, 58, 67
レイプ（強姦も見よ）　13, 137, 142, 149, 154, 155, 174
ろう者　116, 127, 154, 155, 163
ろう女性　122, 153, 154, 163
労働　8, 9, 27, 50, 57, 60, 61, 66, 78, 88-94, 98, 101-103, 106, 112, 113, 115, 133, 138, 150, 151, 158, 188, 189, 206, 213-215, 223, 236, 237

複製許可およびPDF版の提供について

　点訳データ，音読データ，拡大写本データなど，視覚障害者のための利用に限り，非営利目的を条件として，本書の内容を複製することを認めます（http://www.ide.go.jp/Japanese/Publish/reproduction.html）。転載許可担当宛，書面でお申し込みください。

　また，視覚障害，肢体不自由などを理由として必要とされる方に，本書のPDFファイルを提供します。下記のPDF版申込書（コピー不可）を切りとり，必要事項をご記入のうえ，販売担当宛ご郵送ください。折り返しPDFファイルを電子メールに添付してお送りします。

〒261-8545　千葉県千葉市美浜区若葉3丁目2番2
　　日本貿易振興機構 アジア経済研究所
　　研究支援部出版企画編集課　各担当宛

　ご連絡頂いた個人情報は，アジア経済研究所出版企画編集課（個人情報保護管理者－出版企画編集課長 043-299-9534）が厳重に管理し，本用途以外には使用いたしません。また，ご本人の承諾なく第三者に開示することはありません。
　　　　　　　　　　　アジア経済研究所研究支援部 出版企画編集課長

PDF版の提供を申し込みます。

小林昌之編「アジア諸国の女性障害者と複合差別
　　　　──人権確立の観点から──」【研究双書 629】2017年

住所 〒

氏名：
職業：
電話番号：
電子メールアドレス：

小林　昌之（アジア経済研究所新領域研究センター）

崔　栄繁（DPI日本会議）

四本　健二（神戸大学大学院国際協力研究科教授）

吉村　千恵（熊本学園大学社会福祉学部講師）

森　壮也（アジア経済研究所開発研究センター）

金澤　真実（一橋大学大学院経済学研究科博士課程）

浅野　宜之（関西大学政策創造学部教授）

――執筆順――

アジア諸国の女性障害者と複合差別
―――人権確立の観点から―――　　研究双書No.629

2017年3月15日発行　　　　　　定価［本体3100円＋税］

編　者　　小林昌之

発行所　　アジア経済研究所
　　　　　独立行政法人日本貿易振興機構
　　　　　〒261-8545　千葉県千葉市美浜区若葉3丁目2番2
　　　　　研究支援部　　電話　043-299-9735
　　　　　　　　　　　　FAX　043-299-9736
　　　　　　　　　　　　E-mail syuppan@ide.go.jp
　　　　　　　　　　　　http://www.ide.go.jp

印刷所　　日本ハイコム株式会社

Ⓒ独立行政法人日本貿易振興機構アジア経済研究所 2017
落丁・乱丁本はお取り替えいたします　　　無断転載を禁ず
ISBN978-4-258-04629-4

「研究双書」シリーズ

(表示価格は本体価格です)

No.	タイトル	概要
629	**アジア諸国の女性障害者と複合差別** 人権確立の観点から 小林昌之編　　2017年　246p.　3,100円	国連障害者権利条約は，独立した条文で，女性障害者の複合差別の問題を特記した。アジア諸国が，この問題をどのように認識し，対応する法制度や仕組みを構築したのか，その現状と課題を考察する。
628	**ベトナムの「専業村」** 経済発展と農村工業化のダイナミズム 坂田正三著　　2017年　179p.　2,200円	ベトナムでは1986年に始まる経済自由化により，「専業村」と呼ばれる農村の製造業家内企業の集積が形成された。ベトナム農村の工業化を担う専業村の発展の軌跡をミクロ・マクロ両面から追う。
627	**ラテンアメリカの農業・食料部門の発展** バリューチェーンの統合 清水達也著　　2017年　200p.　2,500円	途上国農業の発展にはバリューチェーンの統合がカギを握る。ペルーを中心としたラテンアメリカの輸出向け青果物やブロイラーを事例として，生産性向上と付加価値増大のメカニズムを示す。
626	**ラテンアメリカの市民社会組織** 継続と変容 宇佐見耕一・菊池啓一・馬場香織共編　2016年　265p.　3,300円	労働組合・協同組合・コミュニティ組織・キリスト教集団をはじめ，ラテンアメリカでは様々な市民社会組織がみられる。コーポラティズム論や代表制民主主義論を手掛かりに，近年のラテンアメリカ5カ国におけるこれらの組織の関係性を分析する。
625	**太平洋島嶼地域における国際秩序の変容と再構築** 黒崎岳大・今泉慎也編　2016年　260p.　3,300円	21世紀以降，太平洋をめぐり地政学上の大変動が起きている。島嶼諸国・ANZUS（豪，NZ，米）・中国などの新興勢力による三者間のパワーシフトと合縦連衡の関係について，各分野の専門家により実証的に分析。現代オセアニアの国際関係を考えるための必読書。
624	**「人身取引」問題の学際的研究** 法学・経済学・国際関係の観点から 山田美和編　2016年　164p.　2,100円	人身取引問題は開発問題の底辺にある問題である。国際的アジェンダとなった人身取引問題という事象を，法学，経済学，国際関係論という複数のアプローチから包括的かつ多角的に分析する。
623	**経済地理シミュレーションモデル** 理論と応用 熊谷聡・磯野生茂編　2015年　182p.　2,300円	空間経済学に基づくアジア経済研究所経済地理シミュレーションモデル（IDE-GSM）についての解説書。モデルの構造，データの作成，パラメータの推定，分析例などを詳記。
622	**アフリカの「障害と開発」** SDGsに向けて 森壮也編　2016年　295p.　3,700円	「障害と開発」という開発の新しいイシューを，アフリカ大陸の5つの地域・国と域内協力について論じた。SDGsでアフリカの開発を念頭に置く際に，障害者たちの問題を取り残さないために必要な課題を整理。
621	**独裁体制における議会と正当性** 中国，ラオス，ベトナム，カンボジア 山田紀彦編　2015年　196p.　2,400円	独裁者（独裁政党）が議会を通じていかに正当性を獲得し，体制維持を図っているのか。中国，ラオス，ベトナム，カンボジアの4カ国を事例に，独裁体制が持続するメカニズムの一端を明らかにする。
620	**アフリカ土地政策史** 武内進一編　2015年　275p.　3,500円	植民地化以降，アフリカの諸国家はいかに土地と人々を支配しようとしたのか。独立や冷戦終結は，その試みをどう変えたのか。アフリカの国家社会関係を考えるための必読書。
619	**中国の都市化** 拡張，不安定と管理メカニズム 天児慧・任哲編　2015年　173p.　2,200円	都市化に伴う利害の衝突がどう解決されるかは，その都市または国の政治のあり方に大きく影響する。本書は，中国の都市化過程で，異なる利害がどのように衝突し，問題がいかに解決されるのかを政治学と社会学のアプローチで考察したものである。
618	**新興諸国の現金給付政策** アイディア・言説の視点から 宇佐見耕一・牧野久美子編　2015年　239p.　2,900円	新興諸国等において貧困緩和政策として新たな現金給付政策が重要性を増している。本書では，アイディアや言説的要因に注目して新たな政策の形成過程を分析している。
617	**変容する中国・国家発展改革委員会** 機能と影響に関する実証分析 佐々木智弘編　2015年　150p.　1,900円	中国で強大な権限を有する国家発展改革委員会。市場経済化とともに変容する機能や影響を制度の分析とケーススタディーを通じて明らかにする。